7 ÉTAPES

pour guérir son enfant intérieur et libérer son moi

Susanne Hühn

Traduit de l'allemand par Ursula Monnier

7 ÉTAPES
pour guérir son enfant intérieur et libérer son moi

Avant-propos de Stefanie Stahl

Éditions
Médicis

ISBN : 978-2-85327-683-2
Susanne Hühn

Titre original : *Die Heilung des inneren Kindes.*
Sieben Schritte zur Befreiung des Selbst

Traduit de l'allemand par Ursula Monnier

15e édition février 2018

Pour la traduction française :

19, rue Saint-Séverin
75005 Paris

contact@editions-medicis.fr
www.dervy-medicis.fr

Composition : Anke Müller, Schirner en utilisant # 322022117
(© BABAROGA), # 203177821
(© BABAROGA), # 185415722 (© Bariskina) et # 115590538 (© Melamory),
www.shutterstock.com

Logo « Mains » : Murat Karaçai, Schirner

Avant-propos de Stefanie Stahl

Mon premier contact personnel avec Susanne Hühn eut lieu par mail à l'occasion d'un compte rendu critique qu'elle avait rédigé pour un important catalogue de libraires à propos d'un de mes livres. Elle m'avait alors demandé si sa teneur me convenait. Bien sûr qu'elle me convenait, tellement sa critique était favorable ! Alors même que mon livre était en concurrence avec ses propres ouvrages. Chapeau, ce geste témoignait vraiment de la générosité de Susanne. D'autres à sa place n'auraient pas nécessairement agi de cette élégante manière. Ayant depuis lors fait personnellement connaissance avec elle, je suis maintenant persuadée que sa générosité est sincère. Susanne vit vraiment ce qu'elle écrit. Elle est authentique et affectueuse. De plus, elle aspire réellement à aider les autres.

Par le biais de ses ouvrages et séminaires, Susanne s'engage dans une voie quelque peu différente de la mienne. Elle est spirituelle, ce que je ne suis malheureusement pas. Malgré tout, je trouve ses livres très convaincants, ils me plaisent beaucoup. J'apprécie aussi tout particulièrement le fait que Susanne fasse constamment référence à la dimension physique. Elle possède des connaissances approfondies du fonctionnement du cerveau humain, qu'elle sait transmettre d'une façon aisément compréhensible. Ses exposés psychologiques concernant les empreintes reçues dans la petite enfance sont facilement intelligibles. Comme beaucoup de thérapeutes, Susanne travaille à partir de l'aspect de la personnalité désigné en psychologie sous le terme « enfant intérieur ». Elle explique non seulement en détail les empreintes reçues par notre enfant intérieur mais aussi l'influence considérable que celui-ci exerce sur notre vie lorsque nous sommes devenus adultes. À travers ses nombreuses méditations et exercices, elle offre une aide merveilleuse à ses lectrices et lecteurs, leur permettant ainsi de vaincre la peur, la honte, le deuil et le doute de soi. Susanne est intimement persuadée de l'existence de phénomènes tels les anges gardiens ou encore les maîtres d'une dimension supérieure, etc. Lorsque, dans un tel contexte, je lui fis une remarque empreinte de scepticisme, elle déclara : « Steffi, peu importe que tu y croies ou non, toujours est-il qu'en tout état de cause, ton enfant intérieur, lui, le fait ! » Ce qui est parfaitement le cas. Ses méditations sont incroyablement réconfortantes et salutaires, indépendamment du fait qu'on soit soi-même attiré par la spiritualité ou non. J'ai moi-même déjà expérimenté quelques exercices de Susanne qui se sont révélés bénéfiques auprès de certains de mes patients. C'est avec énormément de compassion et une créativité pleine d'imagination que Susanne se confronte à l'enfant intérieur blessé. Ses exercices contribuent à la guérison de l'enfant intérieur ainsi qu'à l'affirmation de ses aspects joyeux et spontanés.

Dans cet ouvrage, Susanne présente dans un premier temps sept règles conduisant à une vie plus authentique, plus heureuse. Ses explications sont extrêmement précises et vivifiantes. D'ailleurs,

Susanne a pris le parti de rédiger son texte à l'image de sa propre personnalité, de manière vive et directe. Ne se contentant pas de nous guérir, elle s'emploie également à nous divertir. Bon nombre de ses lectrices et de ses lecteurs lui en sauront sûrement gré. Celles et ceux d'entre eux ne se contentant pas d'un simple divertissement mais aspirant également à progresser dans la voie de leur développement personnel devront néanmoins se confronter aux exercices, cette contrainte étant cependant valable pour tout ouvrage d'ordre pratique. Un certain degré d'application est bien évidemment nécessaire, la guérison ne tombe pas tout simplement du ciel. Il s'agit donc d'assumer progressivement la responsabilité de soi-même et de son enfant intérieur. L'importance fondamentale de cette responsabilité nous est très efficacement communiquée par Susanne, notamment à travers le travail avec l'adulte intérieur. La lectrice ou le lecteur ne se contentant pas de lire cet ouvrage mais mettant réellement en application les conseils prodigués y trouvera à coup sûr une aide précieuse.

Chère Susanne, je te remercie de ce magnifique travail avec lequel tu apportes ta contribution à la thématique de l'enfant intérieur et je suis intimement persuadée qu'il constituera une aide précieuse pour de nombreuses personnes !

Très cordialement,

Steffi

Introduction

Cet ouvrage a pour sujet l'élément le plus essentiel de ta vie pour peu que tu aspires à mener une vie heureuse et épanouie, je veux parler de ton enfant intérieur. Dès lors que ce dernier se sent en sécurité et à l'abri, tu es débordant d'énergie, de joie, de confiance en toi et d'appétit de vivre. Si au contraire il souffre de solitude, de blessures, de tristesse ou de colère, tu as l'impression que ta vie s'arrête. Tu es alors constamment confronté aux mêmes interrogations, la réussite se fait attendre et, pour finir, tout te semble vide. Quel que soit le domaine de ta vie que tu prennes en considération, tu te heurtes toujours aux mêmes problèmes, jamais rien ni personne ne te procure ce dont tu as vraiment besoin, une fois de plus, tu te sens délaissé, rejeté, tes qualités ne sont pas reconnues, tu as en permanence l'impression qu'on ne t'offre pas suffisamment d'affection, d'argent, d'amour, ou qu'on ne te propose pas assez d'opportunités. Indépendamment de tous les efforts que tu peux fournir, tu connais toujours le même genre d'échec. Tu es toujours la victime, ou bien de la société, ou bien d'un homme, ou encore des exigences de ton épouse, de ton employeur ou de tes collègues tout en ayant constamment l'impression de ne jamais vraiment parvenir à prendre ta vie en main.

C'est pourtant très simple, si sur cette terre, tu aspires à agir et à te comporter en accord avec ton âme, si tu veux savoir si tes rêves et tes besoins spirituels résistent à la pesanteur, s'ils sont adaptés à l'équilibre statique de la réalité, tu auras besoin d'un enfant intérieur courageux et sûr de lui. Faute de quoi les dimensions intimidées et découragées de ta personnalité mettront constamment toutes leurs craintes et leurs stratégies d'évitement en travers de ta route afin d'empêcher la réalisation de tes rêves.

Dès que j'évoque la notion d'enfant intérieur, la plupart de mes interlocuteurs se mettent à sourire avec amabilité, voire un peu d'ironie, en songeant à cet aspect qu'on décrit communément comme « l'enfant qui sommeille en tout homme » ou bien « la princesse qui sommeille en toute femme », ou encore « le côté Fifi Brindacier ». De temps à autre, nous sommes pourtant prêts à accorder un peu d'espace à cet enfant, il a parfois même le droit de se commander une glace, bien que cela soit en contradiction totale avec notre programme diététique, ou bien nous l'autorisons à s'arrêter devant une vitrine exposant une installation de trains électriques. Nous affichons certes parfois un comportement généreux vis-à-vis de cet enfant intérieur. De temps à autre, il a le droit de jouer un peu puisque c'est ainsi qu'il contribue à notre bien-être. Nous minimisons et sous-évaluons l'importance de l'enfant intérieur à un tel point qu'il nous effraie dès lors qu'il nous fait ressentir sa puissance réelle ainsi que son immense influence sur notre vie, ses blessures dramatiques autant que l'extrême joie qu'il est en capacité de nous apporter.

C'est l'enfant intérieur dont les yeux se mettent à briller à chaque fois que tu t'accordes cette coupe glacée pourtant interdite, certes. Mais c'est également l'enfant intérieur qui a la faculté de te pousser à te contrôler toi-même ainsi que les autres jusqu'à l'excès, à les accaparer ou à te laisser accaparer par eux. C'est l'enfant intérieur qui est si profondément solitaire que tu ne parviens pas à adopter un autre comportement que de recourir à certaines drogues, quelles qu'elles soient, c'est lui qui suscite en toi ce vague sentiment d'insécurité, ces doutes de tes propres capacités qui te font encore et toujours reculer devant les aventures que la vie t'offre pourtant. C'est cet enfant intérieur qui a la faculté de faire échouer les relations au sein de ton couple parce que tu t'enfonces encore et toujours dans les mêmes conflits, c'est lui qui provoque ton insatisfaction sur le plan professionnel parce que tu n'endosses pas la responsabilité de tes désirs et de tes besoins.

La partie la plus profondément blessée de ton enfant intérieur se manifeste dans ces instants de la vie pendant lesquels tu en as par-dessus la tête et tu ressens au plus profond de toi-même que plus rien ne fait sens. Il surgit lorsque tu as l'impression de ne plus servir à rien, lorsque tu as honte d'avoir un tant soit peu besoin d'amour et de tendresse, lorsque tu te fais tout petit et que tu essaies constamment d'être au service des autres, à l'excès, parce que sans cela, tu ne crois plus disposer d'aucun droit à l'existence. Il se montre lorsque tu aspires à contrôler ton entourage, mais avant tout toi-même, lorsque tu ne t'autorises pas à éprouver ce que tu ressens pourtant réellement, lorsque tu joues un rôle, portes un masque, veux ressembler à ce que tu crois que les autres exigent de toi.

Mais c'est aussi ton enfant intérieur qui te procure l'énergie dont tu as besoin pour vaincre avec courage toutes les craintes et les doutes, pour rester fidèle à ton cœur. Dès lors qu'il se sent en sécurité, il possède la faculté de t'offrir l'énergie et la vivacité nécessaires pour te permettre de venir à bout de toutes tes obligations avec grâce et facilité. Au gré de son état d'esprit, ton enfant intérieur peut ou bien te permettre de traverser la vie en dansant, ou bien t'obliger à la parcourir en traînant les pieds d'épuisement.

La construction émotionnelle complexe composée des différents aspects de l'enfant intérieur te permet un accès direct et non falsifié à ton passé. C'est ici que ta vérité émotionnelle est emmagasinée. L'enfant intérieur représente ton corps émotionnel véritable, toutes les émotions que tu n'aurais pas pu supporter y sont ancrées, aussi bien l'amour que le deuil, la honte, la déception, la peur, les chocs, la colère, mais aussi le caractère sauvage ainsi que la joie de vivre débordante. L'enfant intérieur est composé d'un enchevêtrement d'expériences, de désirs, de rêves et d'aspirations. Toutes les expériences que tu as vécues étant enfant y sont accumulées. À savoir de manière totalement subjective, exactement de la même façon dont tu as ressenti ces événements avec ton cerveau d'enfant d'alors, insuffisamment mûri, qui ne maîtrisait pas encore la pensée abstraite et analytique. Quelle que soit la manière dont tu as vécu ton enfance, tes véritables émotions sont stockées au niveau de ton enfant intérieur, ou plus exactement dans le système limbique de ton cerveau. Non seulement celles-ci, mais également, et nous voici au cœur du propos de cet ouvrage, tes réactions d'enfant à tout ce que tu as vécu. Car ce sont ces réactions infantiles qui continuent à te poser problème aujourd'hui. Pourquoi en est-il ainsi ? Parce que même encore aujourd'hui, pour peu que tu ne te rendes pas compte de la présence de ton enfant intérieur, que tu ne prennes pas soin de lui, tes réactions sont principalement déclenchées de manière inconsciente par cette stratégie d'évitement infantile.

De quelle manière un enfant perçoit-il le monde ? Un enfant en bas âge n'est pas un être qui réfléchit, il se contente d'éprouver et de ressentir les événements qui se passent autour de lui. Mais surtout, il n'en est absolument pas conscient. Il est incapable de faire la différence entre lui-même et le monde qui l'entoure. Tout ce qu'il perçoit fait partie de son vécu immédiat. En tant que nourrisson, tu attends de manière inconsciente et parfaitement justifiée qu'on prenne soin de toi et qu'on t'aime, qu'on veille à ta sécurité et à ta protection, à ton bien-être. La sécurité est d'une importance capitale pour un nourrisson, encore plus essentielle que le fait d'être aimé. Car même si un enfant est très aimé, il peut arriver que les personnes prenant soin de lui ne soient pas en capacité de lui procurer la sécurité nécessaire, par exemple pour des raisons financières, des problèmes de santé ou d'autres circonstances défavorables de la vie. Même s'il n'est pas capable d'assurer la sécurité, l'amour reçu en tant que tel est déterminant pour le sentiment fondamental qu'un bébé développe envers lui-même. La sécurité et l'amour procurent conjointement un sentiment de protection et de bien-être.

Que cela signifie-t-il, être aimé ? Dès lors que ta simple présence rend tes parents heureux, le sentiment d'être précieux s'ancre profondément dans tes cellules et ton tronc cérébral tout en établissant le fondement de ton développement émotionnel. Il va de soi que cette estime de soi naturelle est fragile, qu'elle est susceptible d'être durablement traumatisée par des expériences douloureuses. Elle forme néanmoins un fondement sur lequel tu peux te permettre de construire, indépendamment de la profondeur de tes blessures. J'entends par sentiment d'estime de soi dans ce contexte la ferme conviction intérieure que ta simple existence, ton essence pure, possède la faculté de te rendre heureux, de te réjouir et d'en faire autant en ce qui concerne autrui. Dans la mesure où tu sens que tu possèdes le privilège de rendre les autres heureux, il va de soi pour toi d'offrir tes dons au monde et à autrui, d'en faire profiter autour de toi.

Que signifie la notion de sécurité pour un enfant ? Cela équivaut à ce que tes besoins soient pris en compte, qu'au moins une personne soit en capacité de satisfaire ces besoins aussi rapidement que possible. Tu as besoin de calme, de chaleur, ou tu as au contraire besoin d'être mis à l'abri de la chaleur, tu as faim et soif, tu as des besoins de propreté, d'intégrité physique et émotionnelle. Tu as besoin de stimulation et de mouvement, de la possibilité de t'épanouir et de mûrir. Tu as besoin de quelqu'un qui te permette de l'accaparer avec tes besoins, qui éprouve du plaisir à s'occuper de toi de manière fiable. Tu as besoin d'une personne qui soit en mesure de te rendre l'immense service de mettre son corps à ta disposition pour que tu puisses y grandir et prospérer, et, dans le meilleur des cas, c'est elle qui entre dans une relation symbiotique avec toi.

Pourquoi une relation pour prendre soin de toi n'est-elle pas suffisante, pour quelle raison celle-ci doit-elle également être symbiotique ? Parce que la mère, de son côté aussi, développe une dépendance et possède même le droit de le faire. Cette dépendance maternelle par rapport à son enfant garantit qu'elle fasse passer la vie de celui-ci avant la sienne propre, qu'elle soit prête à tout pour protéger son enfant. Dès lors qu'une mère engagée dans une relation symbiotique avec son enfant est en mesure de le protéger, de le nourrir, de satisfaire ses besoins, elle-même connaîtra une profonde plénitude, et qui plus est, un profond sentiment de privilège d'être au monde. Ce privilège rejaillit sur l'enfant, lui permettant non seulement de se sentir en sécurité, mais également d'avoir le sentiment d'être précieux et puissant au même titre que sa mère. Il comprend qu'il a la faculté de rendre heureux. Par ce biais, une estime de soi tout à fait naturelle se développe. L'enfant se vit en tant que cadeau précieux. Il fait l'expérience du plaisir ressenti par autrui alors en train de répondre à ses besoins. Étant donné qu'un nouveau-né ne fait pas encore la différence entre lui-même et son entourage, qu'il ne se rend donc pas compte qu'il y a quelqu'un en face de lui, il éprouve dans le meilleur des cas la sensation que le monde est un lieu sûr, joyeux et protégé. Ultérieurement, l'enfant peut retrouver facilement cette sensation que lui a procurée sa mère étant donné qu'il ne perçoit pas de différence entre lui-même et sa mère, que pour lui, la sphère intérieure et extérieure ne forme qu'une seule entité.

Tout ce que la mère lui donne, que ce soit positif ou négatif, l'enfant se l'attribuera ultérieurement quoi qu'il en soit, même si cela s'avère nocif pour lui, ou tout du moins n'est pas bénéfique à son bien-être. Car au début de son existence, le bébé identifie sa mère à la vie tout entière, à lui-même, à tout ce qui l'entoure.

Pour quelle raison le rôle de la mère est-il si essentiel ? Parce que l'enfant grandit dans son ventre. Dès lors que le corps de la mère n'accepte pas son enfant, celui-ci meurt. Si le corps maternel accepte certes cet enfant et que celui-ci grandit donc, mais que la mère elle-même n'aspire pas à devenir mère, la mère, comme l'enfant, connaîtra une profonde solitude malgré l'existence de cette relation symbiotique. En dépit de la présence de cette symbiose, une profonde solitude caractérisera durablement cette relation entre mère et enfant. Ce sera comme s'il y avait un fossé profond en lieu et place de la compréhension non verbale entre la mère et son enfant. La souffrance résultant d'une telle situation pour les deux parties concernées est aisément imaginable ! Si la mère est heureuse, même si elle est parfois en proie à quelques craintes ou doutes, l'enfant se sent protégé et en sécurité en grandissant, car il est uni à sa mère par des liens forts, il se sent en harmonie avec elle. Ces liens étroits représentent un bon fondement qui fait cruellement défaut à l'enfant si la personne qui le rejette est la mère elle-même.

Je viens justement de lire aujourd'hui cette phrase : « Même la solitude n'est qu'une image », ou quelque chose de ce genre. Pour l'amour du ciel ! La solitude d'un enfant est équivalente à l'angoisse mortelle vécue dans ses tréfonds : elle représente la sensation d'être coupé du reste du monde et de soi-même sur le plan énergétique et émotionnel, car le bébé ne fait pas encore la différence entre lui-même et l'extérieur. Il lui est impossible de rester relié à lui-même alors qu'il ne connaît que l'expérience du rejet autour de lui. À défaut d'une relation compréhensive, aimante, symbiotique à laquelle il peut faire confiance, l'enfant ne s'ouvrira jamais entièrement lorsqu'il entrera en relation avec autrui plus tard, même pas à lui-même. Une partie de lui-même restera toujours inaccessible, aussi bien à lui-même qu'à autrui.

Une symbiose saine signifie également que la dépendance se limite à la relation saine et nécessaire entre l'enfant et sa mère. La mère (non pas la personne dans son ensemble, mais la partie maternelle en elle) se reconnaît elle-même en tant que telle à travers le nourrissage, la présence de son enfant ainsi que sa relation avec lui. Une mère a besoin de son enfant, autrement, elle ne peut être mère, c'est aussi simple que cela. Mais elle en a besoin pour être mère et non pas autrement.

En revanche, une symbiose malsaine est tout à fait différente, elle fait référence à des aspects qui n'ont rien à voir avec la relation entre une mère et son enfant, par exemple à l'enfant intérieur solitaire de la mère elle-même. Dès lors que l'enfant intérieur de cette mère a besoin du nourrisson, s'il est jaloux, envieux, dépendant de cet enfant extérieur afin de se sentir lui-même aimé et moins solitaire, des éléments exigeant de l'énergie sous forme d'attention et d'amour de la part de l'enfant extérieur s'insinuent dans cette relation mère-enfant. Une mère en bonne santé n'exige rien de son enfant, elle se contente de le nourrir. En revanche, l'enfant intérieur de cette même femme peut être très exigeant et de ce fait nuire à son enfant. Bien entendu, tout cela est également valable en ce qui concerne le père.

Ce rôle symbiotique peut-il également être rempli par une autre, voire plusieurs personnes après la naissance ? Oui, bien entendu. L'essentiel étant la présence d'une personne de référence qui transmette ce sentiment de sécurité, de compréhension, et qui prenne plaisir à le faire.

C'est environ à partir du sixième mois de la vie du nourrisson que cette symbiose se relâche. L'enfant commence à développer l'intuition de sa propre existence. Cette symbiose positive est essentielle pour le développement de l'enfant. Si elle fait défaut, il est impossible pour l'enfant de développer une confiance profonde. Pourquoi en est-il ainsi ? Parce qu'il est impossible que la confiance se développe sans que l'enfant ait fait des expériences positives. Si ces dernières font défaut ou si elles ne sont vécues que de manière sporadique, la confiance reste fragmentaire, se basant davantage sur l'espoir que sur un vécu à proprement parler. Tu feras tout ce qui est en ton pouvoir afin de gagner, en fin de compte, l'amour et les conditions de sécurité qu'on t'a déniés étant petit. L'enfant en mal de sentiment de protection et de bien-être en toi se battra la vie entière pour l'amour et l'acceptation affectueuse de ses parents, même si ce phénomène restera souvent assez discret.

Si ton enfance a été marquée par une certaine froideur émotionnelle, les craintes, le mépris et la solitude, l'expérience d'un sentiment de sécurité et de protection te sera refusée à jamais. La vie même semble ne susciter que souffrances et peines, du moins telle qu'elle est vécue par le nourrisson. Il est incapable de faire la différence entre les réactions hostiles de ses parents et sa propre existence. Tout cela est identique pour lui, c'est ainsi que tout refus, toute négation de son existence propre représente une dénégation qui prend naissance en lui-même, qui y puise sa substance, qui s'y ancre profondément et de manière totalement inconsciente. La négation constante ou occasionnelle de ta personne de la part de tes parents se transforme automatiquement en une dénégation de toi-même. Chaque bébé est en symbiose avec sa mère, même lorsque celle-ci s'y refuse. Aspirant à survivre, l'enfant ne peut agir autrement. C'est cette symbiose négative qui provoque une souffrance durable, le sentiment d'insécurité, la peur, la honte ainsi qu'une solitude incommensurable. Le pire entre tout est que l'enfant ne dispose d'aucune possibilité de modifier cette situation. Ne possédant aucune marge de manœuvre, l'enfant ne peut pas agir « comme il faut ». Il a besoin de sa mère pour survivre. Malgré tout, le bébé fera alors tout ce qui est en son pouvoir pour créer une symbiose positive et omettra toute action pouvant se révéler douloureuse. Il ne le fera bien évidemment pas de manière consciente. Ce rôle est joué par le complexe amygdalien dans lequel se situent les aires de plaisir et de récompense.

Dès lors qu'un bébé est confronté à la peur, que ce soit la sienne propre ou celle d'une personne de son entourage proche, l'aire de la peur de ce même complexe amygdalien réagit en donnant un ordre explicite au tronc cérébral, tu es en présence d'un danger imminent, tu dois immédiatement soit fuir, soit attaquer, ou bien faire le mort, tout cela, bien évidemment, en fonction de la situation donnée et des facultés de chacun. Étant donné que le bébé n'est pas en mesure d'attaquer, il se met donc à crier ou bien il se fige. Si quelqu'un prend maintenant l'enfant dans ses bras, comble ses besoins, le caresse et le console, la sensation de peur s'estompe. L'aire de la peur retrouve son calme, l'enfant fait inconsciemment l'expérience que, même lorsqu'il lui arrive d'avoir peur, quelqu'un est là pour le consoler. Il s'agit donc d'une expérience positive. L'enfant apprend inconsciemment à faire confiance à la survenue de cette aide, même si une situation semble difficile de prime abord. Si personne ne prend soin de l'enfant dans ces instants-là, le cerveau dissocie la situation ayant provoqué la peur et essaie de l'éviter à l'avenir. Combien de fois les parents ne se rendent-ils pas compte, ne sont-ils même pas en capacité de se rendre compte que leur enfant a peur ? Ou encore, combien de fois négligent-ils cette peur ? D'autant plus qu'il ne s'agit bien souvent même pas de la propre peur de l'enfant. Le cerveau de l'enfant tente donc parfois d'assumer une peur qui n'est même pas la sienne propre. En fin de compte, il ne peut réagir que par une stratégie de dissociation et d'évitement. C'est à partir de cette dissociation que naît l'enfant intérieur qualifié de sombre dont nous nous occuperons dans la deuxième partie de cet ouvrage.

Dès lors qu'un enfant ne reçoit pas ce dont il a besoin ou qu'il en obtient trop peu par rapport à ses besoins, lorsque son propre espace au sein du mode de fonctionnement n'existe donc pas ou qu'il est dangereux pour lui de l'occuper, l'enfant choisit instinctivement une place dans ce système, à laquelle il se sent en sécurité et où il n'est pas contraint d'éprouver la souffrance. Ou bien il s'agit d'un espace qui est déjà vacant, ou bien l'enfant crée lui-même cette place en se rendant indispensable à sa manière. Cet enfant fait alors le choix de prendre des responsabilités, il adopte une attitude de sollicitude, endosse le rôle du clown en faisant rire tout le monde, il se rend invisible, insaisissable, se replie sur lui-même ou encore tente de maintenir la cohésion familiale. Cet espace sûr au sein du mode de fonctionnement garantit à l'enfant de ne pas se sentir constamment menacé ou insuffisamment pris en compte. Il se fond dans le rôle qu'il adopte tout en devenant progressivement incapable d'établir la distinction entre lui-même, son propre besoin de sécurité et la fonction qu'il détient au sein de la famille. Ce phénomène peut aller si loin que l'enfant finira par ignorer fondamentalement qui il est s'il n'occupe pas un rôle fixe au sein de la famille. Il n'existe donc plus qu'à travers sa fonction d'animateur, de sauveur, de clown, et non pas en tant qu'être humain autonome avec ses propres besoins, desseins et désirs. La plupart du temps, ces enfants fonctionnent extrêmement bien, ils ne sont en revanche pas en état de faire valoir leurs propres exigences. Ce phénomène peut aller jusqu'à ce que leur vie entière, voire leur vocation supposée, reste axée sur l'accomplissement de cette fonction au sein de la famille afin que leur place dans l'organisation reste assurée.

Ce phénomène est appelé codépendance. Tu n'existes qu'à travers la relation à autrui et non pas à travers la relation à toi-même. Tu n'existes qu'à travers la relation à autrui même si celle-ci est très douloureuse et accablante. Non seulement tu subordonnes tes propres désirs et besoins à la relation à autrui, tu ne réalises donc pas qu'ils existent, mais tu nies également l'existence même de besoins en ce qui te concerne. Ces personnes particulièrement courageuses à qui nous nous adressons souvent en ces termes : « Je ne sais pas comment tu peux y arriver » sont bien souvent celles qui n'ont pas d'autre choix que d'y arriver car autrement, elles sont incapables de ressentir leur propre existence. En tant que personne codépendante, tu préfères mille fois vivre une relation pour laquelle tu te sacrifies, pour laquelle tu es donc « important », plutôt que de ne pas vivre de relation du tout. Car n'ayant jamais été établie de manière saine, la relation à toi-même a toujours été chargée de culpabilité ; dans le pire des cas, elle a même été dangereuse.

Je voudrais te procurer les outils grâce auxquels tu parviendras à établir une relation affectueuse, protectrice envers toi-même, envers tes dimensions intérieures qui n'ont pas la faculté de se protéger elles-mêmes. Car celles-ci existent toujours. L'enfant intérieur est la part en toi qui est réellement dans le besoin, qui est « trop sensible » et qui n'est pas en état de prendre soin d'elle-même. Il n'est même pas obligé d'apprendre, il a le droit de rester infantile. Il représente l'enfant que tu as été, celui que tu fus véritablement, pas celui dont tu connais l'existence de manière consciente et pas non plus celui que connaissent tes parents. C'est ton enfant intérieur (ou plus exactement tes enfants intérieurs car tu en possèdes de nombreux, de tous âges et dans chaque état émotionnel que tu as vécu) qui connaît tes véritables sentiments par rapport à ce qui t'est arrivé lorsque tu étais enfant, c'est également lui qui tente de te faire revivre les côtés positifs et de te faire éviter les aspects douloureux. Ce phénomène semble faire sens, mais ne contribue néanmoins pas à organiser ta vie de manière libre, autodéterminée et créative. La stratégie irréfléchie d'évitement de la souffrance ainsi que la satisfaction immédiate des désirs ne constituent pas toujours les meilleurs conseillers, d'autant moins si tu aspires à vivre ta vie en prenant tes responsabilités vis-à-vis de toi-même.

Mais tu es maintenant devenu adulte, ta personnalité abrite désormais des aspects mûris susceptibles d'assumer parfaitement la responsabilité de tes besoins.

L'enfant intérieur ne devient saisissable que dans la mesure où nous l'autorisons à nous toucher au fond du cœur. Le royaume de l'enfant intérieur n'est pas pénétrable avec les arguments de la logique, ni avec l'intellect, il n'y réagit d'ailleurs nullement. Son univers est purement émotionnel et magique, c'est le monde des représentations mentales, des symboles et de l'enchantement. Si tu comprends ce qui s'est passé durant ton enfance, pour quelle raison tu es blessé, pourquoi tu réagis de telle ou telle manière, c'est certainement très utile, cela ne change cependant absolument rien. L'enfant intérieur n'en est ni impressionné ni touché, bien au contraire. Sauf que tu es maintenant en mesure d'observer de manière parfaitement consciente ta façon habituelle de réagir qui est sans doute totalement incompréhensible pour autrui. Tu sais désormais pourquoi tu réagis ainsi mais tu n'es malgré tout pas en mesure de modifier ton comportement. Les enfants intérieurs n'agissent pas quelque part dans l'ombre, ils se montrent au contraire directement dans toutes les situations dans lesquelles d'anciennes blessures sont effleurées.

Si ton enfant intérieur est blessé, et je te mets au défi de me désigner une seule personne dont l'enfant intérieur ne le soit pas, il a besoin d'une force immense, autant dire d'une sacrée énergie, pour te permettre de vivre en paix avec lui, et cette force est la compassion. Aussi bien envers toi-même qu'envers les autres. C'est certes extrêmement facile à écrire ; dans la vie quotidienne en revanche, lorsque tu es touché exactement là où tu as si mal que tu n'aspires qu'à te figer, t'enfuir ou te rendre invisible, il est pour ainsi dire impossible de faire preuve de compassion, ni envers autrui, ni envers toi-même. Tu te sens donc offensé, tu te mets à bouder, tu lances des remarques acerbes ou glaciales à la cantonade, tu te lamentes, tu te vis en tant que victime et tu fermes tes écoutilles, ou plus exactement tes chakras.

Je me répète car c'est d'une importance fondamentale. Comme nous l'avons déjà évoqué, dans le ventre de ta mère, tu te trouves dans une dépendance absolue d'elle et de ses facultés physiques et psychologiques de prendre soin de toi. Dès ta naissance, tu prends toi-même quelques fonctions biologiques en charge, mais tu restes dans un premier temps excessivement dépendant. Tu as alors besoin d'une personne prenant en toute conscience la décision de s'occuper de toi, même si cette situation n'est pas très confortable pour elle-même dans l'état actuel des choses. Tu as besoin d'une personne qui soit prête à entrer dans cette symbiose avec toi. Cette personne doit être en état de t'écouter, de reconnaître tes besoins, voire de ressentir leur présence ainsi que de les satisfaire. Tu n'es pas conscient de ta propre existence, tu es innocent. Tu as besoin de quelqu'un qui t'offre des réactions affectueuses positives, qui se réjouisse de te voir et de prendre soin de toi, qui t'aime. Si tu ne disposes pas d'une telle personne de référence, tu peux survivre malgré tout, en revanche, ton développement ne sera pas sain, ni du point de vue physique, ni du point de vue émotionnel. L'amour seul n'est pas suffisant si la faculté de prendre soin de toi fait défaut à la personne en question. Prendre soin de toi n'est pas non plus suffisant si tu ne reçois pas de feed-back émotionnel positif, je veux dire d'amour. Cette symbiose garantit que la mère (ou la personne qui prend soin du bébé) s'en rende compte lorsque quelque chose ne va pas chez l'enfant. Elle la met en état de communiquer de manière quasiment télépathique avec le bébé et de ressentir ce dont il a besoin. Un enfant est dépendant du fait que quelqu'un ressente et comprenne ses besoins, que quelqu'un soit en mesure de les reconnaître et de les satisfaire.

L'hormone ocytocine sécrétée par la mère après la naissance et qui déclenche chez elle ce regard plein d'extase dès qu'elle aperçoit son bébé, son désir de le toucher, de lui donner le sein est d'une importance vitale pour l'enfant afin qu'il puisse connaître un développement stable du point de vue émotionnel. Connais-tu ce sentiment d'exaltation lorsque tu observes un bébé animal ou un bébé humain dont la vue te touche vraiment ? Cette profonde émotion qui te rendrait capable d'entreprendre tout, absolument tout ce qui est dans ton pouvoir, afin de protéger cet être ? La constitution d'un bébé attend ces réactions, cette exaltation. Si elles font défaut, le bébé sera irrité dans son auto-perception encore parfaitement inconsciente. Quel est le sens de cette affirmation ? L'ensemble de la structure d'un bébé, sa façon de réagir, la manière dont son cerveau se développe, la façon dont il mûrit, fonctionne de telle sorte qu'il a besoin de la présence de quelqu'un qui veille affectueusement sur lui et qui prenne soin de lui. Un enfant humain, censé être en état de gérer ultérieurement des émotions très hétérogènes et complexes, à la manière de tous les êtres humains, a besoin d'une réaction émotionnelle stable de la part des personnes qui prennent soin de lui. C'est ainsi que se déroule sur cette terre la vie des mammifères, contrôlée par l'ocytocine.

Le minimum dont un enfant a besoin pour survivre est une attention intermittente. L'enfant fait absolument tout pour obtenir celle-ci. Il se tait, il accepte les blessures, il mendie cette attention, il se fait violence. Il ne peut faire autrement. Pour quelle raison ? Parce que son tronc cérébral sait que l'enfant mourra si personne ne s'en occupe. La perte d'attention de la part d'autrui signifie pour l'enfant qu'il court le danger d'être laissé seul. Si un enfant est laissé seul sans que personne ne prenne soin de lui, il meurt au bout de deux jours. Son centre de survie le sait. Mais si quelqu'un n'a jamais fait expressément et consciemment l'expérience que non seulement il doit porter la responsabilité pour lui-même et son propre bien-être, mais qu'il en a également le droit, qu'il en possède les facultés, la programmation mentale précédemment décrite continuera de fonctionner.

Mon propos peut te paraître radical, mais la réalité l'est véritablement. Le deuil, la honte, la solitude de l'enfant que tu fus, la peur d'être abandonné, les chocs émotionnels subis en étant petit continuent à faire leur effet tout au fond de toi, même lorsque tu es adulte. Tu les as inconsciemment refoulés afin de pouvoir continuer de vivre et c'est très bien ainsi. Mais que se passe-t-il lorsque le deuil, la solitude, la honte et la peur sont refoulés ? Un phénomène qualifié de faux moi se produit alors, l'apparition d'un moi de substitution qui est au service des circonstances et des mécanismes du refoulement et qui fonctionne d'ailleurs bien souvent parfaitement. Il agit au niveau de la sphère extérieure en veillant à ce que tu n'entres en aucun cas en relation avec les thématiques émotionnelles de ton enfance. Même ce faux moi abrite un enfant intérieur, il s'agit de l'enfant intérieur sombre. Ne faisant pas réellement partie de ton moi, lui aussi est une construction mentale. Simultanément, tu éprouves le désir puissant, également inconscient, de résoudre les problèmes de ton enfance, d'accomplir ce qui ne l'a pas été, de gagner en fin compte l'amour de tes parents, de faire l'expérience d'un sentiment de justice, d'acquérir enfin le droit d'exister, de tenter de sauver finalement tes parents, bien évidemment en fonction du moteur qui anime ton for intérieur inconscient. C'est ainsi qu'un combat intérieur se déclare, tandis qu'une composante en toi fait tout pour éviter les blessures de l'enfance, une autre s'efforce tout autant d'obtenir enfin tout ce dont tu languis depuis si longtemps. Tu es constamment en quête de relations, qu'elles soient professionnelles ou privées, au sein desquelles les thématiques de ton enfance sont réactivées. L'impulsion de refoulement produit alors son effet, tu te trouves donc en proie à des difficultés relationnelles tout en ignorant simultanément le mécanisme grâce auquel tu as mis toi-même ces difficultés en scène.

L'enfant intérieur est souvent assimilé à la vivacité et à l'exubérance infantile ou, dans sa forme offensée, à la solitude et à la vacuité intérieure. Mais il va bien au-delà de tout cela, il est d'une complexité extrême car il possède aussi bien des aspects sombres que clairs. Faire connaissance avec ton enfant intérieur, avec sa puissance toute particulière, représente une expérience très libératrice, c'est également une des plus belles qui tu puisses faire.

La notion d'« enfant intérieur » est évoquée dans de nombreux contextes différents. J'entends par là son aspect réellement ludique, infantile, extrêmement émotif qui ne peut pas devenir adulte et qui n'en a d'ailleurs pas besoin. Cet aspect-là a besoin de protection, d'un sentiment de sécurité et de bien-être ainsi que de guérison, mais aussi d'un espace intérieur dans lequel il peut déployer sa magie. L'enfant intérieur, resté prisonnier de ses différents stades de maturité dont d'autres approches se préoccupent essentiellement, représente une personnalité qui n'a pas encore mûri par rapport à certaines dimensions. L'enfant intérieur que nous évoquons ici est cette créature intérieure incroyablement imaginative, véridique, innocente que nous abritons tous au fond de nous-mêmes.

Dans la première partie de cet ouvrage, tu feras la connaissance de sept règles qu'il te suffira d'observer afin de mener une existence décontractée, heureuse et satisfaisante. Tu y découvriras non seulement ce dont ton enfant intérieur a généralement besoin, mais tu apprendras aussi quelles sont les situations qui le figent ou le font douter de lui-même. Tu sauras également de quelle manière gérer de telles situations. Et bien entendu, je te communiquerai aussi les règles utiles destinées à l'adulte en toi. Car tu as certainement très souvent entendu que tu dois prendre tes responsabilités parce que tu es un adulte, mais on ne t'a certainement pas répété aussi souvent que tu peux prendre cette responsabilité en premier lieu pour ton propre bien-être et que tu dois également le faire pour cette même raison !

Dans la deuxième partie de cet ouvrage, tu auras l'occasion de te consacrer à tes différentes blessures. Tu comprendras d'abord la manière dont fonctionnent les différents aspects de l'enfant intérieur en particulier, puis ce dont ils ont besoin afin de pouvoir guérir. Tu reconnaîtras leur complexité, tu découvriras les répercussions de l'enfant intérieur sur ta vie, les énergies dont il dispose, la manière dont il se manifeste. Et bien entendu, tu apprendras, car c'est ce qu'il y a de plus essentiel, la manière dont tu peux toi-même prendre soin de ton enfant intérieur. En sus de tes propres dimensions mûries et adultes, l'énergie et la sagesse de certains personnages de contes de fées et d'autres héros de l'enfance seront les outils qui viendront à ta rescousse.

En travaillant avec l'enfant intérieur, en voulant le rencontrer sur tous les niveaux, la psychologie seule se heurte rapidement à ses limites. Car l'enfant intérieur possède des dimensions magiques et spirituelles inconscientes. Les enfants croient à l'existence des anges, à celle de l'âme. Ils croient à l'existence d'elfes, de fées, du Père Noël, de l'Enfant Jésus et des personnages de contes de fées. Puisqu'il en est ainsi, il est utile de présupposer au moins l'existence d'un monde spirituel et de l'intégrer dans l'univers imaginaire de l'enfant intérieur dès lors que l'on travaille avec lui. L'enfant intérieur possède des dimensions émotionnelles, physiques et psychiques. Nous ne progresserons pas beaucoup en décidant de nous priver sciemment d'intégrer le niveau psychique ainsi que le niveau des créatures de consciences supérieures parce que nous excluons par ce biais toute la palette des complices incroyablement précieux susceptibles de se mettre au service de l'enfant intérieur ! Faire venir un ange gardien à la rescousse de l'enfant intérieur même si toi-même, tu ne crois pas à l'existence des anges est tout simplement une bonne idée, c'est pourquoi il serait peu judicieux de vouloir se priver de cette possibilité. Loin de moi l'intention de vouloir rédiger un ouvrage exclusivement ésotérique parce que je voudrais parvenir à vous atteindre tous, mais je ne dissimulerai néanmoins rien de ce à quoi je crois, je n'escamoterai absolument rien de ce que je propose, rien de ce que j'estime être essentiel, comme j'ai toujours eu l'habitude de le faire. Le travail chamanique et le travail énergétique en font expressément partie. De la même manière qu'il n'est pas judicieux de proposer des contenus spirituels sans y intégrer la dimension psychologique, il ne fait pas sens pour moi de travailler sur le niveau psychologique sans reconnaître la dimension spirituelle. Le corps, l'âme et l'esprit ne sauraient être séparés, sauf si cette séparation est opérée de manière arbitraire et consciente. C'est pour cette raison que je plaide expressément pour la prise en compte du monde spirituel, immatériel dans la relation avec l'enfant intérieur, peu importe que l'on y croie ou non. Elle simplifie les choses. Pourquoi l'enfant intérieur ne disposerait-il pas d'un animal totem en peluche ? Pourquoi n'y aurait-il pas un géant qui le protège ? L'expérience a prouvé à quel point il est salutaire d'admettre tous les univers sans exclusion aucune lors du travail avec l'enfant intérieur. Tout ce qui est imaginable ne saurait être séparé de l'univers imaginaire de l'enfant intérieur. Vouloir en exclure certaines énergies, qu'elles soient imaginaires ou réellement existantes, pour des raisons philosophiques ou idéologiques serait tout simplement regrettable.

Une dernière remarque. Si je suis capable d'imaginer une certaine énergie et que celle-ci provoque un effet authentique, je peux partir du principe qu'une partie du cerveau a été stimulée. Que ces énergies existent réellement ou non n'a aucune importance. Si elles sont capables de provoquer une certaine stimulation cérébrale, cela constitue bien une raison suffisante pour s'en servir, n'est-ce pas ? La plupart des personnes refusant catégoriquement les forces spirituelles le font généralement parce qu'elles ont été amèrement déçues, voire abandonnées par ces mêmes énergies à un moment ou à un autre de leur vie. Mais croyez-moi, cela vaut la peine de conclure la paix avec elles et de les reconquérir afin de s'en servir au profit sa propre vie.

PARTIE 1

Chère lectrice, cher lecteur, c'est sans doute uniquement pour la simple raison que tu ne réalises pas toi-même à quel point ils sont nocifs pour toi, à quel point ils pompent ton énergie, à quel point ils te rendent triste et à quel point tu es offensé en les acceptant que tu es amené à supporter certains comportements ou actions de la part d'autrui. Dès lors que quelqu'un t'offre un minimum d'attention et d'amour, dès que quelque chose te fait un tant soit peu de bien, de quelque manière que ce soit et pour peu que ce comportement ne soit pas totalement et ouvertement offensant, tu trouves une excuse pour ce genre d'agissements désobligeants de la part d'autrui, n'est-ce pas ?

Nous connaissons tous ce récit de la grenouille et de la casserole d'eau. Si tu introduis une grenouille dans une casserole d'eau chaude, elle se sauve aussitôt en sautant à l'extérieur, elle survivra donc. Si, en revanche, tu l'installes dans une casserole d'eau fraîche que tu réchauffes tout doucement, elle ne s'en aperçoit pas et finira par mourir. Si tu t'es donc lentement habitué à une souffrance, quelle qu'elle soit, si le fardeau devient progressivement toujours un peu plus lourd, tout comme l'eau qui se réchauffe doucement, tu finiras par t'y habituer. C'est tout au moins ce que tu crois. En réalité, tu possèdes bien évidemment une limite intérieure. Même si tu es parfaitement entraîné à la dépasser sans cesse, elle se manifestera un jour en provoquant une réaction à un moment donné. Soit tu tombes malade, soit tu adoptes un comportement insupportable ou irrité, soit tu développes des douleurs indéfinissables. Les dépressions, addictions, douleurs, attaques de panique et autres accidents constituent bien souvent une tentative de la part de tes forces d'auto-guérison de t'avertir qu'il est grand temps de quitter la casserole.

Nous commençons donc par établir quelques règles précises que l'enfant intérieur choisirait probablement de mettre en place pour peu qu'on l'y autorise.

— Dès lors que quelqu'un adopte un comportement odieux avec toi, tu as le droit de pleurer, tu n'es plus obligé de le fréquenter.

— Contente-toi de prendre le temps de ne rien faire, observe tout simplement les nuages et va cueillir des fleurs.

— Ne sois pas si craintif, contente-toi de sortir et de faire ce dont tu as envie.

— Cesse de faire ce qui ne te procure aucun plaisir.

— Fréquente les personnes qui te prennent dans leurs bras, qui t'aiment, à qui tu peux non seulement exprimer sans réserve ton amour mais qui t'encouragent également à le faire.

— Permets-toi de te comporter parfois tout simplement de manière quelque peu puérile et cesse de faire toujours attention aux commentaires ou aux jugements d'autrui.

— Si tu ignores de quelle manière effectuer telle ou telle chose, demande de l'aide. Souviens-toi que tu n'es pas obligé de toujours tout accomplir tout seul.

Tout cela peut paraître certes très libérateur, mais également un peu trop simpliste, n'est-ce pas ? Tu es certainement d'ores et déjà en mesure d'avancer des milliers de raisons pour lesquelles tout cela n'est pas vrai ou pour lesquelles tout cela n'est pas aussi facile à réaliser. C'est que la stratégie d'évitement de la souffrance fonctionne également dans le cas présent. Pourquoi s'agirait-il donc dans ce cas de figure d'une stratégie d'évitement de la souffrance ? Parce que le fait de prendre en compte les besoins de l'enfant intérieur est douloureux. Après tout, tu es parfaitement entraîné à les dissimuler, surtout vis-à-vis de toi-même, afin de parvenir à gérer en définitive ta propre vie. Tu ne pouvais pas faire autrement. Jadis. Mais désormais, tu es devenu adulte et tu disposes de meilleurs instruments te permettant de prendre soin de toi. En mûrissant, tu as acquis la faculté d'agir. Néanmoins, une part importante de toi-même l'ignore peut-être encore.

Passons encore une fois les propositions de l'enfant intérieur en revue. Il se pourrait qu'il soit au courant de quelque aspect que tu aurais oublié.

RÈGLE NUMÉRO
1

Dès lors que quelqu'un adopte un comportement odieux avec toi, tu as le droit de pleurer, tu n'es plus obligé de le fréquenter

Dis donc, ce serait pas mal, non ? Pourquoi ne pas quitter la pièce, la relation ou le poste de travail si tu y es malmené ? Pour quelle raison accepterais-tu de te laisser harceler, exploiter, bercer de vaines promesses, offenser, rejeter ou couvrir de honte ?

Assise dans l'avion l'autre jour, j'entendis un homme signaler à son épouse qu'elle n'avait pas vraiment inventé le fil à couper le beurre tout simplement parce qu'elle ne parvenait pas à fermer correctement sa ceinture de sécurité. Elle s'efforça d'en rire. J'eus immédiatement envie de le gifler.

De mon côté, après m'avoir vue récemment à la télévision, une connaissance m'apprit que j'avais vraiment eu l'air affreux, que je faisais beaucoup plus vieille que mon âge et que je ne ressemblais absolument pas à la personne que j'étais réellement. Je m'efforçai d'en rire mais j'aurais nettement préféré lui en coller une. Qu'est-ce que cela signifie ? Pourquoi tolérons-nous de tels comportements ? Pourquoi sommes-nous capables d'être à l'écoute des autres, de les défendre en exprimant notre colère, notre rage, mais en revanche, pour quelle raison sommes-nous incapables d'agir de la même façon dès lors qu'il s'agit de nous-mêmes ? À l'encontre de violeurs d'enfants, nous réclamons très facilement une condamnation à la réclusion criminelle à perpétuité assortie d'une période de sûreté illimitée tandis que notre propre enfant intérieur peut être violé, couvert de honte et offensé outrageusement par autrui. Que se passe-t-il lorsque nous recevons une gifle verbale ou réelle, pour quelle raison nous évanouissons-nous intérieurement au sens propre du terme dès que cela se produit ?

Eh bien, ce n'est pas exactement ce qui advient, tout au moins pas uniquement. Tu subis un choc, certes, mais simultanément, tu réagis exactement de la manière dont cet ouvrage te le recommande expressément : tu prends soin de l'enfant intérieur, seulement, il ne s'agit malheureusement pas du tien propre. Car dès l'instant où tu ne comprends pas exactement pour quelle raison l'autre agit ainsi, ne le protèges-tu pas déjà automatiquement, ne réprimes-tu pas immédiatement tes propres sentiments, ne prends-tu pas d'ores et déjà soin de lui ? « Il ne peut pas agir autrement, son père le traitait déjà de la même manière » ; « Ce n'est pas ce qu'elle a voulu dire » ; « Il faut que tu considères également son point de vue » ; « Il craint seulement pour son poste de travail car il souffre d'un complexe d'infériorité par rapport à toi. » Il se peut bien que tout cela soit parfaitement vrai, mais est-ce une raison suffisante de se comporter ainsi ? Sabrina Fox[1] prononçait récemment cette phrase très simple lors d'une de ses conférences : « Nous ne devons pas tolérer qu'autrui nous malmène. » Que ça semble facile et ô combien a-t-elle raison ! Pourtant, combien de fois n'avances-tu pas des arguments pour excuser le comportement de celui qui se le permet malgré tout, n'est-ce pas ?

Pourquoi agissons-nous ainsi ? Pourquoi notre attention intérieure se focalise-t-elle involontairement sur celui qui offense, qui rejette, qui affiche un comportement insolent ou qui en demande beaucoup trop ? Eh bien, il se peut que la réponse soit assez facile à trouver, il est en effet probable qu'on t'ait rigoureusement et méthodiquement désappris à prendre soin de toi.

Te souviens-tu encore de cette scène qui s'est déroulée autrefois sur l'aire de jeux ? Tu étais en train de jouer dans le bac à sable, occupé avec tes petits moules, tu n'aspirais qu'à t'amuser tranquillement tout seul. Un autre enfant en bas âge, un de tes frères ou sœurs, ou un enfant inconnu, est alors arrivé en exprimant le désir de jouer avec toi, mais tu savais d'expérience qu'il ne ferait que te déranger dans ton jeu, qu'il finirait même par casser toutes tes réalisations. Tu n'avais envie ni de céder tes petits moules, ni de perdre le contrôle de tes gâteaux de sable. Tu as donc repoussé cet enfant, celui-ci a commencé à pleurer, sur quoi un adulte est intervenu en te disant : « Ne sois donc pas si égoïste, sois raisonnable, laisse participer cette petite ou ce petit à ton jeu… » Tu connais cette situation pour l'avoir vécue maintes et maintes fois, n'est-ce pas ?

Inversement, il se peut que tu te souviennes également d'un autre incident comme celui-là. Tu voulais à tout prix rester assis à table

1 Autrice de plusieurs ouvrages sur le développement personnel.

parmi les adultes, car tu trouvais que c'était fascinant d'écouter leur conversation. Tu n'avais nullement l'intention de les déranger, ni même d'intervenir dans cette conversation, tu voulais juste rester présent. Bien entendu, tu fus renvoyé. Il fallait que tu ailles jouer, que tu comprennes que ce genre de conversation n'était pas fait pour les oreilles d'un enfant. Pour peu que tu te sois mis à pleurer ou que tu aies exprimé ta colère, tu entendais alors peut-être ce qui suit : « Tu es encore beaucoup trop petit pour ce genre de discussion, tu ne la comprendras que bien plus tard, allez, sors maintenant, va rejoindre les autres enfants. » Alors que tu n'en avais nullement envie.

En voici la troisième variante : « Dis gentiment bonjour à la tante (ou à mémé). Ne fais pas tant de manières, mon enfant, il suffira de lui donner un petit bisou... » Mais tu ne voulais pas donner de bisou à la tante, tu n'avais envie d'embrasser personne, ce que tu exprimais clairement. Suite à ton comportement de refus, la tante se fâchait et ne t'offrait pas ton cadeau, ou bien on te poussait gentiment mais fermement vers elle. « Sois gentil, sois un enfant sage », tel fut le message, qui en vérité signifiait : « Réprime ta résistance, agis conformément aux désirs de la dame, tout particulièrement à ceux de son enfant intérieur afin qu'elle ne se sente pas offensée. Fais plutôt violence à toi-même qu'à autrui, montre-lui que nous t'avons bien élevé, confirme-la dans son opinion que nous avons parfaitement réussi notre rôle de parents. »

En revanche, on ne cesse de te répéter qu'il ne faut surtout pas suivre ce monsieur inconnu qui peut parfois te paraître très gentil. Ça alors, mais de quelle façon faut-il se comporter à la fin ?

Mais que s'est-il donc passé ? Par trois fois, tu fus incité de différentes manières à réprimer tes propres sentiments, à les renier afin de faire plaisir aux autres et de satisfaire prioritairement leurs besoins. Toi-même, l'enfant que tu fus, étais alors ignoré. On t'a exhorté à te comporter de manière à ce que les autres se sentent bien. Tes propres besoins ne comptaient guère. Le caractère partiellement approprié et justifié de ces exigences ne revêt aucune importance dans le contexte présent. Certes, un certain nombre de discussions entre adultes n'est pas destiné aux oreilles d'un enfant, par ailleurs, il faut également dire que nous nous réjouissons fréquemment du comportement raisonnable de nos enfants lorsqu'ils autorisent les autres enfants à partager leurs jeux.

Mais il est ici question de toi, de l'enfant que tu fus et qui continue de vivre en toi. Quel genre d'enseignements as-tu tiré de ces expériences ? Sois toujours bien gentil, fais ce que les autres te demandent, renie tes propres sentiments, fais preuve de compréhension en ce qui concerne les besoins d'autrui et débrouille-toi avec tes propres désirs et sentiments. Eh bien, c'est exactement ce que tu fais. Tu passes rapidement sur tes propres préjudices sentimentaux, tu réprimes tes larmes et tu te tais. N'as-tu pas aussi entendu très souvent cette phrase : « Il faut que tu apprennes à gérer tes déceptions » ? À un moment donné, tu as fini par le croire réellement, n'est-ce pas ? Certes, cette phrase est juste. Mais apprendre à gérer la déception signifie avant tout quitter un lieu où on est fréquemment déçu ! Évidemment, tu ne pouvais pas le faire, étant enfant.

Tu commençais alors à dissimuler tes véritables sentiments, à te mettre à fonctionner parfaitement, à diriger ton attention sur autre chose. Un peu plus tard, tu as peut-être même tenté de découvrir un sens quelconque derrière ce qui s'était passé. Eh bien, quel « sens » un cerveau d'enfant est-il en règle générale en mesure de découvrir lorsqu'il est traité de manière injuste ? Quelque chose en lui ne doit pas convenir ; ou bien il a fait telle ou telle chose qu'il ne fallait pas, ou bien il représente lui-même le fond du problème. Souviens-toi : un cerveau d'enfant n'a pas encore la faculté de faire la part des choses. Peu importe que le comportement des adultes soit parfois tout simplement stupide. L'enfant le sent, certes, mais il est incapable de se rassurer de manière rationnelle et cognitive, d'accepter ce fait en tant qu'explication suffisante et de retrouver la paix avec lui-même. Alors que c'est bien souvent simplement le comportement purement arbitraire des adultes qui déclenche la déception des enfants. Pour les adultes, il ne s'agit que d'une question d'éducation ou parfois même de confort. Un enfant est incapable de trouver un sens à une interdiction si elle n'en comporte pas. Il est néanmoins obligé de digérer sa déception.

Comment apprendre à gérer la déception si on ne cesse de te répéter que tes réactions, c'est-à-dire le fait de taper du pied, de pleurer ou de crier, sont inadaptées et inconvenantes ? N'en serait-il pas autrement si, dans ces moments, quelqu'un te serrait entre ses bras, si quelqu'un comprenait tes réactions en compatissant tout simplement un tant soit peu à tes déceptions ? À un moment donné, tout enfant cesse de taper du pied, et si en cet instant il sent la présence de quelqu'un qui le comprend, qui approuve sa réaction, son cerveau d'enfant parvient parfaitement à assimiler, à digérer ce sentiment de déception. Nous sommes constamment confrontés aux déceptions. Il est vital pour nous d'apprendre à les gérer afin de savoir ultérieurement contrôler nos besoins de manière raisonnable lorsque nous sommes adultes. Tu convoitais un bonbon ou une glace, mais tes parents étaient obligés de t'imposer des limites parce qu'ils t'aiment et que la satisfaction de tes caprices ne peut être une priorité lorsque ta santé est en jeu. Et c'est justement pour cette raison que c'est si important d'avoir le droit d'être déçu de manière si jouissive et sauvage. Pour que tu puisses apprendre que tu survis à tes déceptions. Le fait de pouvoir exprimer physiquement la déception fait décroître la vague d'émotion, la vie peut ensuite joyeusement suivre son cours. En revanche, dès lors que tu es contraint de réprimer ta déception ainsi que la réaction tout à fait naturelle qui s'ensuit, elle reste accumulée dans ton corps. Tu as donc appris que les déceptions sont très graves parce qu'en plus d'être déçu, il faut te renier toi-même.

Il est tout à fait possible de répondre à un enfant : « Je comprends parfaitement que tu puisses être en colère, laisse-lui libre cours. Tu n'auras néanmoins pas cette glace. Je te tiens dans mes bras, je suis là pour toi, tu as le droit de ressentir colère et déception. Je suis en mesure de te tenir, toi, avec l'intégralité de tes sentiments. »

Nous sommes fréquemment confrontés à toutes sortes de déceptions qui nous paraissent naturelles, logiques, mais aussi parfois à des déceptions artificielles, arbitraires. Ce sont ces dernières qui te nuisent gravement parce qu'elles sont beaucoup plus difficiles à gérer du point de vue émotionnel. Si tu obtiens une mauvaise note parce que tu ne t'es pas suffisamment appliqué, c'est certes fâcheux, tu es déçu, mais tu sais au moins pourquoi il en est ainsi, tu es donc capable de gérer cette déception, d'en tirer les conséquences. Tu possèdes la faculté de comprendre que tu n'as pas fourni assez d'efforts, tu peux modifier ton comportement en conséquence afin d'éviter que ce résultat négatif ne se reproduise la prochaine fois. Étant donné que tu as la possibilité d'agir, tu te vis en tant qu'individu fort. Si tu tombes amoureux et que le garçon ou la jeune fille ne s'intéresse pas à toi, cela te fait très mal. Tu es certes profondément déçu, mais tu sais que tu n'y peux rien et un aspect très sain, très résistant en toi commence lentement à digérer cette souffrance intérieure. Il y a au fond de toi une certaine force psychique, qualifiée de résilience, qui empêche que tu sois brisé par les événements extérieurs.

Si en revanche tu n'as pas le droit de mettre la robe rouge, si tu dois laisser participer quelqu'un à ton jeu alors que tu n'en as pas envie, si quelqu'un t'a donc déboussolé de manière purement arbitraire ou à cause d'un principe d'éducation mal compris, il te sera beaucoup plus difficile de retrouver ton équilibre intérieur. Dès lors que quelqu'un prétend que quelque chose est pour ton bien alors que tu sais pertinemment que ce n'est pas vrai, tu ne parviens pas à t'en sortir. Ta propre impression n'est pas en accord avec l'opinion que l'on tente de t'inculquer. Tu n'as néanmoins pas d'autre choix que d'accorder confiance à tes parents car tu te trouves en situation de dépendance par rapport à eux. Tu renies donc ton propre sentiment en te dissociant inconsciemment de tes propres perceptions, de ta propre intuition de ce qui est vrai ou faux. Tu cesses de croire en toi et c'est ce processus qui est parfaitement fatal.

Qu'as-tu donc appris tout au long de ton enfance ? Que tu dois réprimer tes désirs, tes besoins, et avant tout tes sentiments, faute de quoi tu dois être prêt à être déçu et rejeté, tout cela avec l'objectif de ne pas mettre tes parents en difficulté. Que tu dois écouter leurs impertinences, leurs méchancetés tout en leur faisant confiance car ils savent ce qu'ils font puisqu'ils n'agissent ainsi que pour ton bien. Dans le doute, fais confiance à ceux qui te disent ce qui est juste et bon et ce qui ne l'est pas, mais en aucun cas à toi-même.

Eh bien, les parents savent pertinemment qu'ils ne se rendent pas toujours compte de ce qu'ils font et aussi qu'ils sont eux-mêmes très souvent mis à rude épreuve bien au-delà de leurs limites de sérénité et d'amour. Cet aspect est en revanche totalement ignoré par l'enfant, toi-même, tu ne l'as certainement jamais su en tant qu'enfant. La parole de tes parents faisait loi et si elle n'était pas en accord avec ta propre vérité intérieure ressentie, c'était toi qui te trompais, et non pas ta mère ou ton père, pas vrai ?

Qu'as-tu donc appris ? Que tes propres sentiments et perceptions sont toujours malvenus dès lors qu'ils mettent les autres en difficulté. Que tu dois apprendre à comprendre autrui (alors que la plupart du temps, tu ne te comprends déjà pas toi-même lorsque tu es enfant) et pour peu qu'il y ait quelque chose que tu ne comprennes pas, tu dois tout simplement le croire et te comporter en conséquence.

Pour un enfant, il est tout simplement inconcevable et insupportable que ses parents ne soient pas infaillibles, que tout ce qu'ils disent ne soit pas obligatoirement vrai et qu'ils ne souhaitent pas toujours le meilleur pour lui puisque la vie de l'enfant dépend de la confiance qu'il a en eux. Comment un enfant pourrait-il survivre ne serait-ce qu'une seule journée s'il ne refoulait pas tout ce qui pourrait le faire douter de la pureté des intentions de ses parents ? Comment un enfant pourrait-il dans ces conditions oser grandir, s'ouvrir à la vie ?

Un foyer parental est sûr aux yeux d'un enfant parce qu'il doit obligatoirement en être ainsi, quelle que soit son instabilité réelle. Les enfants ne peuvent faire autrement que de refouler et nier cette dernière, même si elle existe. Un chez-soi protégé est bien plus indispensable à un enfant que n'importe quelle vérité.

« Tes parents n'aspirent qu'à ton bien (même si tu n'en as nullement l'impression). Personne n'est méchant avec toi, c'est toi au contraire qui es un peu trop susceptible. » Voilà le contenu du message que tu as reçu en permanence et dont tu as certainement fait l'expérience à travers toutes les cellules de ton corps. Eh bien, les enfants sont susceptibles, à savoir tous les enfants, aussi bien les enfants intérieurs que les enfants extérieurs, physiques.

Pour la simple raison que tu as autrefois été obligé de respecter les enfants intérieurs de tes parents, car en fin de compte, ta vie dépendait de ta faculté de faire preuve de retenue, tu continues aujourd'hui de le faire. Tu continues tout simplement de faire ce que tu as appris, c'est-à-dire que tu essaies de comprendre pour quelle raison l'autre adopte un comportement odieux envers toi. Tout cela est certes très important et représente un grand pas dans la bonne direction. Les êtres humains ne se battent plus en duel, ils essaient de faire preuve de compréhension mutuelle et c'est très bien ainsi. Mais développe, s'il te plaît, en tout premier lieu de la compréhension à l'égard de toi-même, veux-tu ?

Comment apprendre à développer de la compréhension à l'égard de soi-même ? Pour ce faire, tu as besoin d'un outil essentiel qui est la prise de conscience de tes vrais sentiments. Car sans elle, comment pourrais-tu reconnaître qu'une situation te blesse outre mesure, qu'elle est nocive pour toi et qu'elle détruit ton estime de toi, ta dignité et ta confiance en toi ? Pour revenir encore une fois à l'exemple de cette pauvre grenouille, comment veux-tu pouvoir t'échapper de l'eau chaude si la sensibilité de ton organe récepteur de la chaleur a été désactivée ?

Afin de pouvoir entrer en relation avec ton enfant intérieur, tu dois être en capacité d'éprouver tes sentiments de manière consciente ou tout au moins être prêt à développer de nouveau cette sensibilité. Les mécanismes de refoulement sont beaucoup trop puissants pour que tu puisses faire confiance à ton simple bon sens. Tout ton savoir ne te sert strictement à rien si tu ne ressens pas ce qui se passe en toi parce que dans ce cas, tu n'auras ni le pouvoir ni la faculté de déclencher une réaction. Bien évidemment, tu éprouves malgré tout tes sentiments, même si ce n'est pas de manière consciente, ils continuent d'agir en toi, ton corps finira par tomber malade. La plupart du temps, nous réagissons avec un décalage dans le temps, peut-être cette réaction surviendra-t-elle seulement des jours, des semaines, voire des années plus tard, l'essentiel étant qu'il y ait réaction.

Aux yeux de l'enfant intérieur, il n'y a pas de temporalité. C'est comme si ton disque vinyle intérieur était rayé au passage où tu as été offensé. Si tu ne prends pas conscience de tes blessures, tu es incapable de savoir si tu es tout simplement triste d'une manière générale ou si tu es en présence d'une situation actuelle qui est nocive pour toi. La bonne nouvelle est que tu deviens plus libre, plus lucide et plus conscient dès que tu commences à éprouver cette sensibilité. Tu abandonnes enfin ton attitude de victime, tu commences à prendre la responsabilité de ta propre vie. Tu redeviens capable de réagir, de laisser certaines situations derrière toi ou bien de les gérer autrement. C'est pour cette raison que la première partie de cette règle dit : « Tu as le droit de pleurer », et que ce n'est que dans la deuxième partie qu'il est précisé : « Tu n'es plus obligé de le fréquenter. »

Tu n'as pas besoin d'entreprendre énormément d'actions afin d'apprendre cette sensibilité consciente, contente-toi d'éviter de réprimer tes sentiments. Respire profondément, prends ton temps pendant quelques minutes et dirige toute ton attention sur ton corps. Comment est-il ? En songeant à une certaine situation au cours de laquelle tu as été offensé ou durant laquelle tu ne te sentais pas à l'aise, quelle est la réaction de ta respiration ?

Devient-elle saccadée ? Devient-elle plus lourde ? As-tu l'impression qu'un poids se pose sur tes épaules ? Quelle est ta première réaction ? Quelle serait ta réaction prioritaire en te remémorant cette situation ?

EXERCICE

Explorer les véritables sentiments de ton enfant intérieur

Prends de quoi écrire et complète la phrase suivante.

Si cela ne tenait qu'à moi, je :

- m'enfuirais ;
- donnerais des coups ;
- pleurerais ;
- démissionnerais ;
- m'accrocherais à lui ;
- la chasserais du domicile ;
- lui cracherais à la figure ou lui donnerais un coup de pied dans les tibias ;
- ...

Il s'agit de ton enfant intérieur, tu n'as donc nul besoin de te préoccuper d'afficher des réactions d'adulte, bien au contraire. Autorise-toi à être parfaitement honnête. Si tu ne permets pas à ton enfant intérieur de se montrer tel qu'il est, d'éprouver ce qu'il ressent, ton moi adulte ne sera pas non plus en mesure de faire preuve d'actions précises et univoques. Dans ce cas, la blessure de l'enfant reprendra le dessus, tes réactions seront en quelque sorte bizarres, peu précises, tu réagiras un peu comme le ferait un enfant, mais pas non plus tout à fait…

Te reconnais-tu dans ce comportement ? Essaies-tu généralement de maîtriser la situation comme le ferait un adulte ? Mais dans la mesure où tu ne reconnais pas tes sentiments, en particulier ceux de ton enfant intérieur, et qu'en conséquence, tu ne sais pas les gérer convenablement, tu ne sais pas exactement ce que tu veux vraiment ni ce dont tu as réellement besoin. Tu tentes ensuite de mettre de l'ordre dans tes pensées, mais finalement, il n'en sort rien parce que la situation ne peut pas être tirée au clair dans la mesure où la dimension la plus essentielle reste ignorée. Pour finir, tu recherches du réconfort, de la considération auprès d'autrui puisque tu ne prends pas ton enfant intérieur clairement et consciemment en compte dans la mesure où tu ne prends pas personnellement soin de lui. Mais personne d'autre que toi-même n'est en capacité de te donner ce dont tu as besoin. Tant que tu ignores et que tu n'acceptes pas cette réalité, tu resteras emprisonné dans ce cycle de la carotte et du bâton. Tu acceptes d'être rejeté, offensé, tout en espérant réconfort et soutien de la part de cette même personne qui te punit et te méprise, n'est-ce pas ? Ça aussi tu le connais pour l'avoir vécu pendant ton enfance. Ta mère, ton père ou bien ta sœur ne t'ont-ils pas réprimandé et critiqué de la même manière pour ensuite te consoler ? Ne t'a-t-elle ou ne t'a-t-il pas ignoré, accusé, couvert de honte, rappelé à l'ordre pour entamer quelques jours plus tard une discussion avec toi, pendant laquelle il ou elle suscitait ta compréhension verbalement ou par un geste ? N'a-t-on pas exigé de toi d'accepter ce geste hésitant et maladroit, cette vague excuse, peu précise, ne t'a-t-on pas demandé d'être en fin de compte plus intelligent que celui ou celle qui t'a offensé ? Ne t'a-t-on pas exhorté à considérer le peu qu'il ou elle t'a donné comme une déclaration d'amour ? N'as-tu pas été parfaitement entraîné à ne causer d'ennui à personne, à prendre soin d'autrui, à te laisser consoler précisément par ceux ou celles qui t'offensent ? Réalises-tu maintenant à quel point tu devais obligatoirement devenir dépendant de cette relation, donc codépendant[2] ?

Quelle initiative peux-tu donc prendre lorsque tu te sens offensé, que la situation est malsaine, qu'elle te fait mal, peu importe que ta vulnérabilité soit proportionnelle au préjudice ou non ? Car même dans ce cas, tu as le droit, et même le devoir, de réagir. Combien de fois te trouves-tu dans des situations, qu'elles soient personnelles ou privées, dans lesquelles tu ne parviens plus à faire la distinction entre une blessure réelle et une réaction excessive de ta part ? Je vais te confier maintenant un secret : tes réactions ne sont jamais excessives. Tu ne fais que réagir simultanément à différentes situations. Parfois, la plupart du temps même, les situations difficiles que tu dois affronter en tant qu'adulte ne font rien d'autre que déclencher à nouveau les chocs que l'enfant intérieur a subis suite aux réprimandes dont il a été victime, c'est précisément cet enfant qui veut t'inciter à réagir de manière peut-être excessive. Tu sembles ainsi réagir de façon totalement inadéquate, tu as soudain l'impression d'être dans la peau d'un enfant alors que la situation exigerait la réaction d'un adulte mûr. Tu ne comprends pas ce qui se passe, peut-être même es-tu persuadé de ne pas connaître ces dimensions craintives, vexées, offensées ou rétives de ta personnalité. Mais bien évidemment que tu les connais. Afin de pouvoir réagir réellement de manière adéquate à une situation donnée, tu as besoin de deux

2 Toute forme d'addiction implique un phénomène qualifié de codépendance. Cela signifie que la personne dépendante amène son entourage à dissimuler son addiction.

stratégies différentes, une sur le plan intérieur, l'autre sur le plan extérieur.

Au niveau intérieur, il faut que tu t'occupes d'abord de l'enfant, car autrement il crie si fort que tu ne parviendras pas à gérer correctement la situation extérieure en question. À l'extérieur en revanche, tu peux et tu dois même rester adulte, calme, imperturbable, même si tu es en proie à des sentiments que tu aurais peut-être envie d'exprimer. Agis en fonction des exigences de la situation. Bien sûr que tu comprends qu'il fait peu de sens de te mettre à taper du pied face à ton supérieur hiérarchique ou de te retirer dans un coin pour bouder. Mais c'est exactement ce que tu feras si tu ne prends pas soin de ton enfant intérieur, même si tu t'efforces de faire l'impossible pour garder la maîtrise de ton comportement. Debout face à ton supérieur hiérarchique, tu donnes alors l'impression d'avancer des arguments objectifs, mais toutes les personnes présentes voient en toi l'enfant, certes en costume trois pièces ou en tailleur strict, en train de bouder dans un coin, je dis bien toutes, à l'exception de toi-même.

Seras-tu donc obligé d'apprendre à te maîtriser encore davantage ? Non. Bien au contraire. Il est grand temps de te consacrer à ton enfant intérieur. Tu as la faculté de découvrir comment prendre soin de toi-même. Ton imperturbabilité extérieure se transformera alors en état naturel reflétant la paix que tu as conclue avec ton enfant intérieur.

De quoi auras-tu donc besoin ? Dans un premier temps, tu as besoin d'un moment de repos. Si tu es dans l'impossibilité de te l'accorder immédiatement, informe alors ton interlocuteur que tu n'as rien à ajouter à ce sujet dans l'immédiat, mais que tu ne manqueras pas de revenir ultérieurement vers lui, puis retire-toi.

VOYAGE INTÉRIEUR :
ÉTABLIR LA RELATION AVEC L'ENFANT INTÉRIEUR

Ferme les yeux et prends quelques respirations profondes. Essaie ce faisant de te rendre autant que possible compte de la présence de ton propre corps. As-tu toujours l'impression d'être fondamentalement sur la brèche ? Te raccroches-tu constamment à quelque chose ? Ton visage est-il tendu ? Respire doucement, régulièrement en direction des zones tendues de ton corps. N'essaie pas de les modifier, contente-toi de te rendre compte de leur présence, continue de diriger ton attention sur toi-même. Tu finiras automatiquement par te calmer en dirigeant ton attention sur ton for intérieur, en te percevant toi-même, en t'écoutant.

Dans ton imagination apparaît alors un merveilleux paysage qui te correspond en tous points de vue. Il se peut que tu le connaisses déjà, mais il est également possible qu'il soit en cet instant en train de naître dans ton imaginaire. Regarde calmement autour de toi, détends-toi, promène-toi un petit peu dans ce paysage.

Il y a là un petit sentier que tu empruntes en marchant tranquillement, paisiblement. Tu prends conscience de l'ensemble de ce paysage à travers tous tes sens, tu te détends, tu te laisses conquérir par cet environnement. Prends le temps de te poser, d'explorer le paysage. Il est quasiment magique, tu te sens immédiatement à l'aise, détendu.

À un moment donné, tu parviens à une clairière. Tout est calme, tu ressens cependant qu'ici, un événement particulier t'attend. Tu finis par t'approcher de la clairière, toujours en état de pleine conscience.

Tout à coup, tu découvres la présence d'un petit enfant, d'une petite fille ou d'un petit garçon (ne sois cependant pas surpris, tu peux tout à fait avoir un enfant intérieur masculin en tant que femme et vice versa). Peut-être connais-tu déjà cet enfant. Mais il se peut également que tu aies l'impression de ne l'avoir jamais rencontré. Sois particulièrement attentif au fait qu'il te reconnaisse et qu'il s'approche de toi. Il se peut que cet enfant soit très blessé. Peut-être est-il en train de jouer paisiblement avec les animaux dans ce coin de verdure ou dans la forêt où il se trouve. Observe-le tranquillement, comporte-toi avec lui comme si c'était un enfant que tu aimais beaucoup, que tu voudrais avant tout protéger. S'il t'adresse la parole, demande-lui s'il a besoin de quelque chose. S'il ne le fait pas, installe-toi tout simplement à proximité de lui en lui laissant le temps de faire ta connaissance.

Demande-lui de quoi il a besoin afin de se sentir bien et en sécurité. Autorise cet enfant à te désigner précisément la situation dont il a l'impression de se souvenir, l'ancienne souffrance qui a été touchée en lui. N'essaie pas de l'en dissuader, ne tente pas d'enjoliver la situation, ne lui explique pas pour quelle raison papa ou maman ont été obligés d'agir de telle ou telle manière, mais efforce-toi au contraire de l'écouter. Peut-être est-ce la première fois de ta vie et, de ce fait, aussi la première fois de la sienne. Écoute-le attentivement, permets-lui de te raconter son histoire, peu importe la manière dont tu considères ces faits à travers tes yeux d'adulte.

En faisant preuve de compassion, de patience, tu facilites la survenue de la guérison. Pour une fois, ne minimise pas les sentiments de l'enfant, mais permets-leur tout simplement d'exister. Tu n'as nullement besoin de t'en préoccuper, admets-les tout simplement. Eux aussi font partie de ton paysage intérieur, peu importe que tu les comprennes ou non, que tu les apprécies ou pas. Autorise l'enfant à se montrer, à se confier à toi sans le juger, sans le dissuader de son point de vue. Fais preuve de respect devant cet enfant car tout ce qu'il dit est vrai. Peut-être n'est-ce pas l'unique vérité, mais certainement une part essentielle de celle-ci. Tu n'as même pas besoin de trouver une solution, contente-toi de l'écouter.

Si tu en es capable et si tu en as envie, prends-le dans tes bras ou approche-toi au moins intérieurement de lui. Si tu préfères écrire, consigne le message que l'enfant veut te communiquer. Tu peux également peindre ou dessiner si tu es davantage attiré par ce moyen d'expression. Ou encore, rédige un poème ou bien les paroles d'une chanson. En revanche, mets en tout état de cause ton intelligence critique trop instruite à l'écart. Tu es ici en présence d'un enfant, d'un enfant qui est passablement blessé quelle qu'en soit la raison, que tu ne parviendras à calmer ni avec tes arguments, ni avec tes suggestions. Tout ce dont cet enfant a besoin est ta protection ainsi que la possibilité de se montrer et de s'exprimer. Tout ce qu'il veut, c'est qu'enfin quelqu'un soit à son écoute.

Ce n'est qu'en sachant de quelle manière ton enfant intérieur a vécu cette situation particulière que tu pourras la considérer avec tes yeux d'adulte. C'est alors que tu comprendras de quoi il s'agissait réellement, que tu pourras te rendre compte si la personne en question affichait vraiment un comportement odieux ou si tu devrais au contraire faire preuve d'indulgence envers elle. Tu découvriras en revanche également les situations dans lesquelles, fidèle à tes habitudes, tu n'as pas bien écouté, et dans lesquelles tu as rapidement enjolivé les choses. En autorisant cet enfant à se montrer réellement à toi tel qu'il est, tu permets aussi à la force qui te soutient et qui est également capable de démêler l'écheveau de cette situation de grandir en toi. Tu comprendras alors enfin à quel point tu as été agressé ou exploité, à quel point on ne t'a pas pris au sérieux. C'est exactement dans ces conditions que tu acquiers ta faculté d'action.

Encore un aspect essentiel. Tu connais désormais l'existence de ce complexe amygdalien au niveau du cerveau, nous l'avons évoqué plus haut. Ce complexe amygdalien représente donc le sismographe de tes situations de stress émotionnel. Si tu as été offensé de nombreuses fois, il sonne constamment l'alarme, il n'arrête pas de te signaler : « Attention, danger imminent » dès lors qu'une situation te rappelle ne serait-ce que de très loin un traumatisme vécu. Ce mécanisme se produit de manière inconsciente. Afin de pouvoir effacer ce phénomène qualifié de *stimulus* déclencheur, tu as besoin d'expériences émotionnelles positives dans une situation émotionnelle similaire (vue de l'extérieur, la situation peut paraître totalement différente, toujours est-il qu'elle affecte les mêmes sentiments). Tu ne parviens à atteindre ce complexe amygdalien qu'à travers les sentiments et non pas par la pensée, ni à travers l'intellect. Il est donc primordial d'éprouver des sentiments afin de pouvoir guérir.

En faisant donc consciemment l'expérience des phénomènes déclenchés par le comportement d'autrui à l'intérieur de toi et avant tout à l'intérieur de ton enfant intérieur, tu finiras par acquérir la faculté de mettre un terme à ton attitude de protection d'autrui, tu seras donc enfin en mesure de t'accorder de l'attention à toi-même. Tu parviendras alors à cesser de jouer le rôle de complice du coupable, tu deviendras capable de faire alliance avec toi-même. La sollicitude envers toi-même est ainsi enfin réactivée, et il est grand temps. En tant qu'enfant en bas âge, tu n'avais pas d'autre choix que de t'allier au coupable dans la mesure où tu étais totalement dépendant de lui. Le simple fait de te refuser son aide, que ce soit à cause de sa propre détresse ou à cause du refus inconscient de se rendre compte du danger de la situation, transforme déjà un adulte en coupable. Aujourd'hui, pour peu que tu éprouves consciemment les sentiments de l'enfant intérieur, tu acquiers la faculté de prendre tes distances, tu ne restes désormais plus prisonnier de ce sentiment d'impuissance caractéristique de la victime. Simultanément, tu comprends mieux la situation, ce qui signifie que tu as renoué avec la possibilité de réagir de manière adulte, précise et adaptée ; également de manière moins dramatique que tu en avais l'habitude, mais en revanche de façon plus catégorique, plus autonome, tout en affichant un comportement moins craintif.

Tu as expressément le droit de prendre fait et cause pour ton enfant intérieur et tu sais également le faire. Il est de toute façon grand temps que quelqu'un s'y mette enfin, n'es-tu pas aussi de cet avis ?

Ton enfant intérieur représente la dimension la plus vivante et créative de ta personnalité. Es-tu capable d'imaginer ce qui peut arriver si tu permets que cet aspect soit constamment critiqué, bafoué, dédaigné ? Quelque chose s'éteint dans ton for intérieur, ta vie devient ennuyeuse, prévisible, se déroule toujours selon le même schéma routinier. Le feu de ton enthousiasme et de ta joie de vivre s'étiole jusqu'à un point où tu ne le ressens plus.

Est-ce que cela signifie pour autant que tu doives démissionner de ton travail parce que ton supérieur hiérarchique affiche un comportement inacceptable envers toi, parce qu'il ne cesse de t'agresser, qu'il ne te prend pas au sérieux ? Eh bien, je l'ignore. Mais de manière générale, il n'est pas nécessaire d'en arriver à cette extrémité.

La plupart du temps, il est largement suffisant que l'adulte prenne enfin soin de son enfant intérieur. « Tu n'es plus obligé de le fréquenter », voici la deuxième partie de cette règle. Elle s'adresse avant tout à ton enfant intérieur. Imagine tout simplement que tu accompagnes ton enfant intérieur dans une sorte d'école maternelle, dans un espace dans lequel il est protégé et en sécurité pendant que tu te rends à ton travail. Ou bien laisse-le simplement à la maison, allongé dans son lit, ou installe-le sur le canapé. Imagine que tu aies la possibilité de ne pas emmener ton enfant intérieur dès que tu sais que tu seras confronté à des situations au cours desquelles tu dois prendre des responsabilités. Qu'en penses-tu ? Il aurait le droit de rester à la maison pour faire des câlins au chat ou pour regarder des films de Disney. De surcroît, il y aurait également la présence d'une nounou intérieure, très affectueuse. Peux-tu imaginer cette situation ? Es-tu capable de concevoir à quel point elle peut fonctionner ?

Tente le coup. Cette idée peut se révéler extrêmement libératrice ! Il est possible que tu réagisses immédiatement de manière beaucoup plus détendue, voire que tu sois tout de suite moins susceptible. Sur le long terme cependant, tu pourras réellement découvrir la possibilité de quitter les situations qui te blessent sérieusement. Si personne n'est obligé d'apprendre à se baigner dans l'acide chlorhydrique, toi non plus, tu ne dois pas t'appliquer à rester dans la même pièce que les personnes qui veulent t'offenser.

Tu perds une énergie incalculable si ton enfant intérieur est blessé à répétition et que tu n'es pas en mesure de modifier cette situation, tant d'énergie que tu finiras probablement par tomber un jour réellement malade physiquement.

Tous tes refus intérieurs d'affronter la situation donnée déclenchent en toi un processus de prise de conscience. Tu deviens plus courageux, plus détendu et aussi plus libre intérieurement. Tu cesses d'afficher un comportement de victime. Tu as désormais établi une relation stable avec ton enfant intérieur, tu subordonnes enfin les besoins émotionnels d'autrui aux désirs de ton enfant intérieur. Que les autres s'occupent enfin tout seuls de leurs propres affaires, non seulement tu peux, mais tu dois également poser cette exigence. Il faut bien dire qu'il est assez souvent nécessaire de subordonner les besoins émotionnels d'autrui à ceux de ton enfant intérieur. Toi non plus, tu n'as pas l'obligation de tout donner sous prétexte que tu es désormais un adulte.

Même face à tes propres enfants, tu as le droit de prendre au sérieux les désirs et les besoins de ton enfant intérieur car c'est ton enfant intérieur qui est le plus important. Dès lors qu'il n'est pas heureux et satisfait, dès lors qu'il ignore si ses besoins seront satisfaits, si on lui procure les soins dont il a besoin, tu ne peux pas vraiment être présent de manière détendue pour tes enfants en tant que père ou mère parce que dans ce cas, ton enfant intérieur se met tout bonnement à devenir jaloux ; d'ailleurs, pour quelle raison ne le ferait-il pas ? Sois sans inquiétude, la plupart du temps, l'enfant intérieur est beaucoup moins exigeant qu'un enfant extérieur, physique. Il n'a pas besoin de grand-chose. De plus, pour peu que tu prennes soin de lui, il sait être très coopératif.

RÈGLE NUMÉRO 2

Contente-toi de prendre le temps de ne rien faire, observe tout simplement les nuages et va cueillir des fleurs

Pour le cas où tu l'aurais oublié : prendre le temps de ne rien faire veut dire ne pas se rendre utile et n'être prévenant vis-à-vis de personne, mais baguenauder simplement tout en éprouvant du plaisir à le faire. Cette attitude implique ni plus ni moins que tu adoptes un comportement motivé par tes propres impulsions, même si cela a pour résultat que tu traînes par exemple la moitié de la journée au lit en lisant un ouvrage qui contribue exclusivement à ta distraction. Elle te permet de chantonner, de ne t'acquitter d'aucune obligation, quelle qu'elle soit. Les tâches que tu accomplis de gaieté de cœur mais qui possèdent néanmoins une utilité n'en font pas partie. Cette attitude te permet de te lancer dans une activité qui te procure tout simplement du plaisir sans qu'elle renferme un objectif quelconque. Elle n'a pas besoin de te rendre plus mince, d'être bénéfique à ta santé ou de contribuer à augmenter ton savoir. Elle n'est pas obligée de te rapporter de l'argent, ton appartement ne doit pas être plus beau ni plus propre une fois que tu l'as exercée. Des chercheurs ont prouvé que le fait de ne rien faire stimule des capacités de créativité insoupçonnées parce que dans ce cas, certaines parties du cerveau communiquent entre elles, qui autrement n'ont pas grand-chose à se dire, tout simplement parce qu'elles n'en ont pas le loisir. Ne rien faire, c'est donc un peu comme si tu offrais la possibilité aux différentes parties de ton cerveau de se rencontrer pour une fois en ton absence...

Une occupation correspondant à ces critères te vient-elle spontanément à l'esprit ? Une activité qui te ferait uniquement plaisir sans pour autant posséder une quelconque utilité ? Probablement pas, non ? « Et pour quoi faire ? », te demandes-tu peut-être. « Pourquoi ne pas joindre l'utile à l'agréable ? » Parce que tu dois prendre soin de ton enfant intérieur si tu veux être heureux, satisfait et comblé intérieurement. Il fait sens de procurer de l'espace à la vie en ne poursuivant pour une fois aucun objectif, en s'ouvrant en revanche intérieurement à tout ce qui peut se présenter, en s'abandonnant à ce qui se passe au moment présent. L'enfant intérieur ressemble à un puits qui s'emplit de vie, d'énergie, de joie, pour peu qu'on ne le ponctionne pas constamment, pour peu qu'il ne soit pas toujours obligé de justifier d'un rendement quelconque. Il est tout simplement temps pour toi de recharger tes batteries, c'est en donnant libre cours à la vie que ce mécanisme fonctionne le mieux. S'abandonner représente un acte de dévouement. Tu recharges tes batteries, ce qui veut dire que tu abandonnes pour un temps tes intentions, tes désirs et tes objectifs en te mettant intérieurement à l'écart. En apprenant de nouveau à baguenauder à la manière d'un enfant, à ne faire que ce dont tu as envie en cet instant précis sans te préoccuper d'une utilité quelconque, tu permets à la vie d'ouvrir de nouvelles voies en toi. Elle parviendra alors à s'insinuer dans les espaces consumés et vides. En ne te posant aucune question quant à une éventuelle fonction ou utilité, en prenant en revanche tout simplement ton temps, en ne faisant rien d'autre que ce dont tu as envie, tu permets à la joie de vivre naturelle de reprendre possession de toi. Tu te considères de nouveau en tant qu'élément actif et vivant d'un tout, et non plus en tant que rouage se contentant de fonctionner à l'intérieur d'un mécanisme. Tu n'en as pas le temps ? Tu dois t'occuper des enfants, du linge, des repas, de ton travail et du jardin ? Oui, bien évidemment. Mais en premier lieu, il faut que tu t'occupes de ton enfant intérieur, car dès lors que cet aspect en toi est insatisfait, malheureux et éreinté, tout le reste te paraît doublement et triplement difficile.

Ce pas est incroyablement compliqué. Tu n'as certainement pas l'habitude de ne pas être efficace, oui, tu éprouves peut-être même une réelle angoisse devant l'inefficacité. As-tu souvent entendu des phrases comme celles-ci en étant enfant : « N'as-tu pas mieux à faire ? » ; « Ne traîne donc pas à ce point ! » ; « Ne sois pas si paresseux ! » ; « Mais que vas-tu donc devenir plus tard ? »

Eh bien, tu as certainement malgré tout fini par devenir quelqu'un, n'est-ce pas ? Peut-être es-tu même victime d'une légère addiction au travail ou es-tu un peu anxieux de ne pas pouvoir répondre correctement à toutes les exigences que la vie t'impose (le fait de se sentir constamment un peu contrarié peut également signifier la présence d'une inquiétude). Peut-être ne sais-tu parfois pas où donner de la tête, voire dois-tu faire un effort démesuré sur toi-même afin de tout garder sous contrôle. Peut-être une bonne partie de ton estime de toi et de ta sécurité intérieure provient-elle justement de cette faculté de faire cet effort sur toi-même et de garder le contrôle sur tout, n'ai-je pas raison ? Hum, c'est pas mal. Mais il ne s'agit certainement pas d'une « condition garantissant le bien-être » d'un enfant heureux, joyeux et vivace, n'est-ce pas ?

Pour quelle raison avons-nous tous besoin d'un enfant intérieur heureux ? Pour la simple raison qu'autrement, il serait malheureux. La question de savoir si oui ou non tu possèdes un enfant intérieur n'est malheureusement pas d'actualité. Il va de soi que tu en as un, il te suffit de te projeter un tant soit peu à l'intérieur de toi-même. Oui, exactement, cette composante en toi, qui a l'air si triste et désespérée, celle-là même qui affiche un si grand appétit de vivre, qui éprouve tant de désir de liberté et d'amour, voilà ton enfant intérieur. Tu le tiens en échec à grands coups de travail et de tentatives de concrétisation de tes exigences, mais cela ne te sert strictement à rien car lorsque tu te comportes ainsi, ton désir de liberté et de vivacité, de légèreté et d'accomplissement agit en arrière-plan en te harcelant sans cesse vigoureusement. Tu viens justement de terminer fièrement ta journée de travail, de t'occuper du ménage, de préparer le repas ou de conclure d'importants contrats quand un petit oiseau s'envolant dans les airs détourne ton attention, et tu es immédiatement en proie à cette mélancolie, cette tristesse apparemment injustifiée. Eh bien, ce sentiment n'est absolument pas infondé, il s'agit de ton enfant intérieur qui se souvient de prairies fleuries, qui a soif d'insouciance même si toi-même, tu n'as jamais vécu ces situations. Il s'agit d'un archétype ancré en toi, et pour peu que tu permettes à ton enfant intérieur de te prendre de temps en temps par la main, il te montrera en quoi réside l'essentiel de la vie. Comment savoir ce qui est vraiment essentiel dans ta vie ? Tu le ressentiras dès que tu t'en approcheras. Tu fais partie de la vie, tu fais indissociablement partie de ce grand fleuve. Il y a une énorme différence entre ce qui est essentiel à un moment donné et ce qui est essentiel dans la durée. Le premier aspect est censé nourrir le second.

En passant avec toi-même un temps uniquement destiné à te procurer de la joie, tu acceptes que le fleuve de la vie t'incorpore de nouveau dans son courant. Tu parviens à ressentir ce flot en toi dès lors que tu n'imposes aucune orientation précise à ton énergie, en te contentant de l'accepter sans pour autant la transformer immédiatement en une dimension utile.

Comment peux-tu donc pour une fois arriver à ne rien faire ? Et comment parviendras-tu à prendre le temps nécessaire ? Voici la bonne nouvelle : une demi-heure est déjà suffisante, même dix minutes valent mieux que rien.

Peut-être voudrais-tu tout de suite t'installer, prendre de quoi écrire et établir la relation avec ton enfant intérieur ? Pour ce faire, sers-toi du voyage intérieur « Établir la relation avec l'enfant intérieur » du chapitre précédent (p. 52). Ferme les yeux, demande-lui d'apparaître devant toi. Si tu ne peux pas faire autrement, imagine-le tout simplement. Si tu n'y parviens pas non plus, installe une poupée ou un nounours devant toi sur la table, et fais comme si l'un ou l'autre était ton enfant intérieur. Les impulsions rejailliront de toute manière à partir de ton for intérieur, même si tu n'as pas encore réussi à établir la relation avec ton enfant intérieur, tout au moins pas une relation que tu aies pu identifier comme telle. Contente-toi de faire comme si. Il finira bien par se frayer un chemin dans ta conscience.

EXERCICE

Reconnaître les véritables désirs de son enfant intérieur

Assieds-toi donc tout d'abord afin de rédiger une liste de vœux. Commence à nouveau par le début de la phrase.

Si cela ne tenait qu'à moi, je :

- partirais faire un tour à cheval (peu importe que tu saches déjà faire du cheval ou non, l'essentiel est de suivre tout simplement ton intuition !) ;
- peindrais ;
- chanterais ;
- m'achèterais une poupée ;
- mangerais une glace à la fraise ;
- mettrais une perruque pour sentir enfin ces longs cheveux m'effleurer la peau du visage comme j'en rêvais toujours lorsque j'étais enfant ;
- m'habillerais d'une robe légère pour aller danser dans les champs ;
- danserais follement sur une musique tonitruante à fort volume, peut-être même une musique que je n'accepterais jamais d'écouter dans d'autres circonstances ;
- ferais du patin à glace (il existe des cours pour débutants) ;
- ...

Ton enfant intérieur a peut-être une préférence pour la musique pop, ou bien il voudrait écouter du rock à fond, il se peut également qu'il aime un programme qui contraste avec celui que tu as l'habitude d'écouter. A-t-il envie de cueillir des fleurs dans les champs ? De passer une journée à la mer ? N'essaie pas de compliquer les choses. Ton enfant intérieur est relié avec des énergies tout à fait naturelles, simples, saines. Il n'a aucunement envie de sushis mais plutôt de riz au lait, il ne désire pas de compositions florales onéreuses, il aspire à cueillir de simples marguerites champêtres, il ne veut pas de sorbets aux fruits exotiques sur un lit de sabayon, mais raffole de quelques cerises cueillies sur l'arbre. L'enfant intérieur aime les animaux, la nature, les nuages. Il aime chanter, dessiner, gambader, danser, il adore tourner sur lui-même et préfère les vêtements colorés...

Établis donc une liste énumérant tout ce que tu as toujours désiré lorsque tu étais enfant, même si tout cela te paraît aujourd'hui quelque peu puéril, même si tu dois fournir quelques efforts afin de t'en souvenir. Y avait-il un film que tu aimais particulièrement étant enfant ? Un livre ? As-tu toujours voulu avoir un nounours ? Pourquoi ne te rendrais-tu pas au rayon enfant d'un grand magasin afin d'acheter enfin la robe ou le pantalon que ton enfant intérieur a toujours voulu posséder ? Personne ne s'en apercevra. Apprécie-t-il un film particulier ? Une pièce de théâtre ? Ou désire-t-il nager en compagnie des dauphins ? Ce dernier souhait n'est peut-être pas si facile à réaliser, mais qui t'empêche de prendre ce désir un peu au sérieux, au moins dans un premier temps, et d'essayer de voir ce que tu peux faire pour le mettre à exécution ? Aime-t-il les trains électriques en modèle réduit ? Pourquoi ne pas prendre ton enfant intérieur par la main et aller visiter avec lui un musée consacré aux jouets ?

Tu viens de comprendre qu'il sera peut-être nécessaire de déployer quelques efforts afin de procurer à ton enfant intérieur ce dont il a besoin. Mais n'est-il pas grand temps que quelqu'un s'occupe sérieusement de cet enfant, que quelqu'un se préoccupe enfin de son bien-être ?

Autre chose : non, tes enfants physiques ne vous accompagneront pas. Tu auras besoin de consacrer ce temps-là exclusivement à ton enfant intérieur. N'essaie pas de joindre l'utile à l'agréable, car de qui finiras-tu encore par t'occuper en priorité dans ce cas ? Même si tu trouves que tu ne disposes pas de suffisamment de temps pour t'amuser avec tes enfants physiques, celui que tu passes avec ton enfant intérieur est parfois prioritaire. Car c'est en lui que réside la source de ton énergie.

Tout ce que je viens d'affirmer peut paraître très égoïste, ne penses-tu pas ? Qu'importe ! Si ce comportement te permet de puiser les énergies nécessaires te permettant de te consacrer avec davantage de gaieté de cœur aux autres, il ne saurait être si totalement déplacé. D'ailleurs, de quel droit prétend-on qu'il est plus important de se consacrer aux autres qu'à soi-même ? Sais-tu ce que fait ton enfant intérieur dès lors que tu le négliges ? Il te met des bâtons dans les roues, exactement ! Il sabote tes efforts. Il s'immisce dans ton inconscient, devient sombre et rétif. C'est alors que tu fais l'expérience de la capacité de destruction de ton enfant intérieur. Les solutions pacifiques ne l'intéressent absolument pas, ce qui lui importe, c'est de mener la guerre et il a raison.

Pour te rassurer, voici la différence entre égoïsme et sollicitude saine à l'égard de soi-même. Un des préceptes du chamanisme dit ceci : nourris-toi trois fois. La première fois afin de subvenir à tes besoins. La deuxième fois afin de constituer des réserves pour les temps difficiles. La troisième fois afin de pouvoir en distribuer autour de toi.

En veillant à avoir une sollicitude saine à l'égard de toi-même, tu agis exactement de la même manière. Tu subviens comme il le faut à tes propres besoins et tu veilles également à constituer des réserves. Pour quelle raison ? Afin de ne pas devenir trop rapidement dépendant d'autrui. Car dès que tu n'as plus rien, les autres sont obligés de te donner quelque chose, de prendre soin de toi. En prenant de ta propre initiative soin de toi, tu prends donc également soin d'autrui en veillant comme il faut à ton bien-être et en préservant ta réserve d'énergie. Tu offres et tu distribues ensuite de bon cœur autour de toi tout ce qui va au-delà, mais uniquement le surplus (sauf, bien entendu, s'il y a urgence, mais il ne faut pas que cela devienne la règle).

Tu as une bonne intuition pour flairer ce dont tu as toi-même besoin et tu ne te prives pas non plus de bien te nourrir, car parfois, il te faut plus, parfois moins. D'où la nécessité de la réserve d'énergie. Celle-ci est destinée aux journées pendant lesquelles tu es obligé de prendre soin de toi de manière plus intense parce que la vie te lance des défis, voire te fait subir des coups du sort. Les chevaux constituent en la matière un exemple parfait, ils sauvegardent toujours une réserve d'énergie. C'est pour cette raison que certains chevaux donnent l'impression d'être paresseux. Mais ils ne savent en fin de compte jamais s'ils ne vont pas être obligés de prendre la fuite devant un prédateur qui les agresse et de galoper pour leur vie, auquel cas ils auront besoin d'épuiser toutes leurs énergies. Prenant correctement soin d'eux-mêmes, ils ne s'éreintent jamais sans raison avec le simple objectif de séduire. Quoi qu'il en soit, cela fait déjà plusieurs millions d'années qu'ils vivent sur cette terre. On peut donc dire en quelque sorte qu'ils savent s'y prendre. D'ailleurs, il en va de même pour les chats. Ils somnolent en épargnant leurs forces afin de pouvoir en bénéficier comme il faut dès qu'ils sont obligés d'aller à la chasse. La constitution de toute créature vivante est conçue pour ménager ses forces. En choisissant de ne pas le faire, tu dois disposer au moins d'une raison pertinente, perçue comme essentielle à ta survie.

Dans une attitude égoïste également, tu te nourris d'abord correctement toi-même. Mais tu ne distribues même pas le surplus autour de toi. Pourquoi ne le fais-tu pas ? Pour la simple raison qu'une personne égoïste ne croit tout simplement jamais qu'elle puisse disposer d'un surplus. Elle est tellement envahie de crainte de ne jamais être approvisionnée de manière satisfaisante, elle éprouve une telle sensation de manque, elle est poursuivie par une telle obsession de mourir un jour de faim d'une manière ou d'une autre qu'elle n'a tout simplement jamais l'impression d'être en mesure de donner quoi que ce soit. Cette impression de bénéficier ou non d'un surplus est très subjective. En disposant d'un équilibre émotionnel sain, non seulement tu sais ce dont tu as personnellement besoin, mais tu connais également la quantité que tu peux offrir. Si tu ne bénéficies pas de cet équilibre, tu n'en auras jamais assez, c'est aussi simple que cela.

Il existe également le sentiment opposé (ressenti) de l'égoïsme, je veux parler de la codépendance. En état de codépendance, tu vas jusqu'à distribuer autour de toi tout ce dont tu aurais besoin toi-même, tout en acceptant de te laisser mourir de faim. Tu te contentes de te nourrir juste un petit peu en passant, puis tu distribues illico presto autour de toi tout ce qui te semble représenter ton surplus. Tu as été conditionné de manière à considérer tout ce dont tu disposes en tant que surplus et à n'avoir besoin de rien. Mais en étant honnête vis-à-vis de toi-même, tu sens que tu es dans un très grand besoin. Tu distribues néanmoins aux autres tout ce dont tu as besoin. Cela ressemble à l'altruisme. Mais ce n'en est pas. Car tu exiges énormément en retour, si, si, je veux parler du sentiment d'être aimé et d'être indispensable. Les personnes codépendantes possèdent des canaux parfaitement inconscients très sombres grâce auxquels elles exigent de manière subliminale la restitution de ce qu'elles ont offert apparemment de façon sincère et altruiste. Un ressentiment parfaitement réprimé et l'impression d'être constamment exploitées, d'être bien trop généreuses pour ce monde de méchants caractérisent ces personnes.

Les dimensions sombres de l'enfant intérieur ne sont pas précisément gentilles, elles ne sont pas facilement atteignables, tu ne parviens pas à les toucher en déployant juste un peu de lumière blanche et un soupçon d'amour. En fin de compte, elles prennent tout simplement soin d'elles-mêmes et, ce faisant, de toi. L'enfant intérieur a besoin d'apprendre à avoir fondamentalement foi en toi à tous les points de vue. Il ne sera néanmoins confiant qu'à la condition expresse que tu adoptes envers lui un comportement digne de confiance, c'est-à-dire que tu lui restes entièrement fidèle dans toutes tes actions, que tu te ranges de son côté et que tu le défendes, parfois même contre le monde entier.

Ce n'est pas faire preuve d'égoïsme que de prendre correctement soin de soi-même. Cela constitue même une preuve de négligence de ne pas le faire en espérant qu'autrui s'en chargera à notre place.

Sinon, tu te retrouveras un jour debout dans ta cuisine en train de préparer le repas pour tes enfants tout en éprouvant un sentiment de rancune parce que tu te sentiras exploité, totalement éreinté. Faire une promenade d'une heure et cueillir des fleurs, aller te choisir un chien au refuge parce que tu as besoin d'un bon camarade, faire un voyage en ballon (seul !), aller au cinéma ou tout simplement rester assis là en train de dessiner, tout cela ne constitue pas un comportement égoïste, mais bien la satisfaction d'un besoin élémentaire. De quel droit autrui saurait-il te l'interdire ?

Comprends-tu ce que je veux dire ? Il est temps pour toi de t'engager de fond en comble en faveur de ton enfant intérieur car autrement, il sera une nouvelle fois blessé et dans ce cas, il peut être plus judicieux pour cet enfant de rester réellement dissimulé.

Prends donc ton temps, quels que soient les prétextes que tu es tenté d'avancer et également quelle que soit la réaction de ton entourage. Ton enfant intérieur finira par apprendre à te faire confiance, il deviendra alors pour toi un pourvoyeur d'énergie très libre, heureux et extrêmement enrichissant dont, finalement, tout le monde profitera, mais uniquement à la condition expresse que tu le prennes totalement sous ton aile. C'est à juste titre qu'il est méfiant, car jusqu'à présent, personne n'a fait attention à lui ni ne l'a pris au sérieux. Si tu as vraiment l'intention de changer les choses, prends sérieusement soin de lui et engage-toi à passer du temps avec lui, uniquement avec lui à l'exclusion d'autrui. Ne le repousse surtout pas une nouvelle fois, il ne sera certainement pas en mesure de le supporter. Ne lui donne cependant jamais de promesses que tu n'es pas certain de pouvoir tenir. Prévois une petite activité, rien de particulièrement important, une promesse que tu es certain de pouvoir tenir et réalise-la vraiment.

Tes parents t'ont peut-être fréquemment déçu et blessé, c'est ainsi. Dans l'état actuel des choses, ils n'y peuvent plus rien et toi aussi, tu finiras très certainement par décevoir régulièrement tes propres enfants. C'est tout simplement dans la nature des choses. Toi-même en revanche, tu n'es pas obligé de continuer sur cette voie, tu as le pouvoir de procurer à ton enfant intérieur ce dont il a besoin.

Quelles que soient les autres activités que tu as prévues pour aujourd'hui, rédige une liste contenant toutes celles que ton enfant intérieur aimerait encore entreprendre aujourd'hui et mets l'une d'entre elles à exécution, peu importe laquelle, peu importe son degré apparent de puérilité. Bien entendu, veille ce faisant également à ne jamais t'adonner à une addiction quelconque, de quelque nature qu'elle soit. L'enfant intérieur a besoin d'activités animées, et non pas de dévorer une tablette de chocolat si c'est par ce biais que tu entretiens ton addiction[1]. Tu n'as certainement pas non plus besoin de céder à une subite frénésie d'achat, ni à la pulsion de te rendre au casino si tu es accro aux jeux (mais si tel n'est pas le cas, alors il se pourrait bien que si), sans parler bien évidemment de l'alcool. Ton enfant intérieur ne fume pas et n'aspire pas non plus à se lancer dans une relation pouvant s'avérer nocive.

Si donc des impulsions de ce genre se manifestent en toi, elles sont le signal d'un comportement lié à une addiction et non pas celui d'une réelle vivacité. Il est certes facile de confondre les deux, mais dans le cas présent, le plaisir promis se terminera par un immense coup de cafard. Si, malgré tous tes efforts, tu ne parviens absolument pas à détecter une activité quelconque susceptible d'être bénéfique à ton enfant intérieur, fais comme si. Fais comme si ton enfant intérieur désirait enfin faire de nouveau un tour sur une balançoire, comme s'il aspirait à s'acheter un nounours ou s'il voulait porter des nattes, même si tu es entre-temps devenu adulte et que tu te trouves particulièrement ridicule en affichant un tel comportement. Fais-le exclusivement pour toi-même. Ne te laisse pas paralyser par un quelconque sentiment de honte, même si tu le ressens. Fais-le malgré tout. N'expose en aucun cas ton enfant intérieur à d'autres blessures. Savoure calmement et discrètement la joie de t'offrir ce dont ton enfant intérieur a besoin.

1 Si tu n'es pas victime d'une addiction au chocolat, ce dernier peut évidemment représenter exactement ce que ton enfant intérieur aspire enfin à savourer, je veux parler de la barre chocolatée que tu as tant aimée étant enfant.

Parfois, il est plus judicieux de se taire plutôt que de se laisser offenser encore et toujours. Ultérieurement, lorsque ton état se sera un peu stabilisé, tu pourras toujours raconter aux autres ce que tu fais, à condition que tu en aies envie. En fin de compte, tu le fais pour toi-même. Tu n'as pas besoin de spectateurs. Parfois, ces derniers ne font que te nuire. L'enfant intérieur n'a envie, ni d'être présenté en spectacle, ni de servir d'exemple, il n'aspire qu'à s'amuser dans le calme.

Prendre fait et cause pour ton enfant intérieur signifie lui procurer enfin de l'espace, même si tu le fais dans un premier temps en cachette. L'essentiel est que tu le fasses réellement. Chaque instant que tu passes en compagnie de ton enfant intérieur est salutaire, même si, dans un premier temps, il s'agit d'instants volés si tant est que l'on puisse les qualifier ainsi. En fin de compte, il relève de ta décision personnelle, cette décision t'appartenant exclusivement, de savoir de quelle manière tu passes les vingt-quatre heures que la vie t'offre quotidiennement, n'est-ce pas ? Personne, absolument personne, n'est autorisé à faire valoir des droits sur ton temps. Il représente un cadeau que tu offres d'autant plus volontiers à autrui que tu parviens à préserver de l'espace pour toi-même.

Nombreuses sont les personnes en proie à tant de culpabilité et de honte qu'elles parviennent tout juste à découvrir à quelle activité elles aspirent, mais qu'elles s'interdisent en revanche encore et toujours de les entreprendre réellement.

En conséquence de quoi, examinons maintenant la troisième règle.

RÈGLE NUMÉRO 3

Ne sois pas si craintif, contente-toi de sortir et de faire ce dont tu as envie

C'est très facile à dire. Tout est facile à dire, mais malgré tout, il s'agit bien souvent de la vérité, n'ai-je pas raison ? La plupart du temps, tu n'es pas en proie à la crainte, c'est en revanche un sentiment beaucoup plus fondamental et destructeur qui te paralyse, je veux parler de la honte. Dès lors que l'impulsion d'entreprendre une activité réellement excitante et passionnante se réveille en toi, même s'il ne s'agit que d'une activité insignifiante, le détracteur intérieur se manifeste aussitôt.

As-tu fréquemment été couvert de honte étant enfant ? C'est plus que probable. Après avoir aperçu ne serait-ce qu'une fois ces sourcils levés avec mépris, ce sourire moqueur ou encore entendu cette remarque prononcée avec dédain, tu as fini par ne plus oser te consacrer à cette activité qui te tenait pourtant à cœur.

Tu te sens ridicule, observé, pris au piège dans une sorte d'embarras. Le fait d'éprouver de la honte est extrêmement difficile à supporter ; la plupart du temps, cela t'exaspère, alors tu refoules le sentiment de honte. Ce dernier est beaucoup trop douloureux pour pouvoir être admis. Il te détruit. Afin de pouvoir protéger ton enfant intérieur d'une nouvelle honte, afin de parvenir à le libérer dans toute sa vivacité, tu as besoin d'un adulte intérieur parfaitement stable. Mais où le trouveras-tu donc ?

Je vais te donner un exemple afin que tu comprennes mieux à quoi je veux faire allusion. Il y a quelques années, j'étais partie me distraire et danser dans un club que je fréquentais souvent à l'époque. J'avais déjà un peu plus de quarante ans, je n'accordais alors en règle générale pas une grande importance à mon apparence, encore moins lorsque je me trouvais dans ce club que je connaissais bien. Sauf une fois. Ça s'est passé précisément ce jeudi-là.

J'étais assise dans ce club, seule, mais comme j'avais l'habitude de sortir seule, ça ne me posait pas le moindre problème. La musique était vraiment géniale, au point de me donner des fourmis dans les jambes, j'avais tellement envie de danser, mon enfant intérieur trépignait déjà d'impatience, mais il n'y avait encore personne sur la piste de danse. En temps normal, cela ne m'aurait absolument pas dérangée : dans de tels cas, je me mets à danser toute seule, pour la bonne raison que je suis heureuse quand la musique est bonne. Mais également parce que c'est douloureux de rater une occasion simplement à cause de la honte.

Je voulus donc me lever pour aller danser, mais n'y parvins point. Je me sentais soudain non seulement totalement paralysée, mais aussi déconcertée. J'eus d'un seul coup l'impression d'éprouver cette honte de manière parfaitement consciente afin d'être en mesure de la coucher par écrit ultérieurement. Pendant que j'éprouvais donc intensément cette honte et cette crainte du ridicule, je me demandai ce qui pourrait m'aider afin que je puisse communiquer la solution à autrui.

La voilà donc, la réponse. Elle a certes l'air bizarre, je le sais, mais il s'agit de demander de l'aide. Ce comportement signifie s'ouvrir à ses propres énergies intérieures. Si tu es stimulé par une impulsion intérieure et que, simultanément, quelque chose t'empêche d'y céder, demande qu'on te procure l'énergie nécessaire d'agir malgré tout en fonction de cette impulsion, à ce qu'une occasion appropriée se présente, qu'on te donne le courage d'agir en fonction de ta vivacité. Pour quelle raison ? Parce que, ce faisant, tu t'ouvres à tes propres forces intérieures mais également à certaines énergies d'ordre supérieur susceptibles de t'entourer, de te secourir.

L'aide est arrivée sur-le-champ, sous la forme d'une autre femme se dirigeant tout naturellement vers la piste de danse et commençant à danser tout en restant plongée dans ses pensées. Je parvins aussitôt à l'imiter. D'un seul coup, ce fut infiniment facile, merci mille fois. Je dansai tout en ressentant cette jubilation intérieure, cette immense joie d'avoir agi en fonction de ma vivacité, d'avoir osé demander cette aide, d'avoir pris mon désir au sérieux, de lui avoir procuré de l'espace.

Tu rates ton opportunité de vivre en tolérant que ta honte t'empêche d'aller danser, de cueillir des fleurs ou de dire « je t'aime ». Oui, lorsque tu étais enfant, tu as été si souvent repoussé et couvert de honte que l'obligation de vivre encore une fois ce genre de situation t'anéantirait réellement. En quelque sorte, tu te sens donc tellement maladroit, rigide, que tu donnes l'impression d'être fâché, distancié. Tu as honte. Tu rejettes ces activités en les qualifiant de ridicules alors même qu'une dimension en toi se languit de cette vivacité, de cette faculté d'entreprendre tout simplement ce qui te ferait pourtant du bien. Il n'y a pas de voie facile, seulement celle que la troisième règle suggère : « Fais-le malgré tout. »

Demande qu'on te prodigue l'énergie nécessaire, le courage dont tu as besoin, puis sors, danse sous la pluie, tourne sur toi-même en écartant largement les bras, enlève tes chaussures, fais ce que bon te semble. Tu auras peut-être même honte en le faisant, en revanche, l'énergie qui commencera alors à te parcourir sera si salutaire, si saine, qu'une dimension en toi commencera à se souvenir de ta vivacité de jadis.

Dès que tu te trouves confronté à une situation dans laquelle tu as l'impression d'être paralysé, mets-toi consciemment à la recherche de ton enfant intérieur. Prends-le dans tes bras, remercie-le pour la vivacité intacte avec laquelle il continue à se montrer à toi. Après tout, c'est lui qui aspire à vivre, après tout, c'est lui qui est encore mû par des impulsions, c'est lui qui se manifeste en te fournissant des suggestions passionnantes et captivantes. Tu n'es pas en mesure de t'en servir parce que tu n'oses pas, mais l'enfant intérieur attire au moins ton attention sur elles. T'ai-je perturbé à présent ? Ne s'agit-il pas de l'enfant intérieur lui-même qui est en proie à un sentiment de honte ? Oui et non.

Qui ou quelle dimension en toi, au juste, éprouve cette honte ? Et qui, exactement, te procure ces impulsions ? L'enfant en bonne santé, libre, toujours vif, lumineux, aspire à danser, à faire preuve de son amour, il veut peindre, dessiner ou porter des casquettes de base-ball sympa et projeter d'un coup de pied la canette de coca à travers la rue, même si tu portes des chaussures de ville qui viennent d'être soigneusement cirées pour aller au bureau.

Et puis il y a également cet enfant à la personnalité dissociée, sombre, gravement blessé, qui s'est retiré en lui-même, qui est choqué, en proie à un profond sentiment de honte. Il est incapable de dévoiler ses sentiments, il se bloque, il refuse, se fâche, il devient dur et entêté. La souffrance de cet enfant est insupportable, il ne sait même plus s'il possède encore un droit à l'existence tant il a été submergé de honte. Nous évoquerons plus en détail cet enfant intérieur couvert de honte dans la deuxième partie de cet ouvrage, ne t'inquiète pas.

De quelle manière est-il donc possible d'aider cet enfant, de quoi a-t-il besoin ? Dans un premier temps, pour ainsi dire en tant que mesure de premier secours, tu commences par lui procurer un espace intérieur réellement sûr.

VOYAGE INTÉRIEUR :
LA FORTERESSE SÛRE

Installe-toi confortablement, autorise-toi à te détendre. Prends conscience de l'existence d'une dimension en toi qui a un besoin extrême de protection dont nous, c'est-à-dire toi et moi, allons à présent nous préoccuper.

Imagine que tu sois en train de franchir un portail conduisant dans ton monde intérieur. Ici, toutes les choses revêtent une signification plus profonde, symbolique, les lieux te semblent cependant très familiers. Une fois ce portail franchi, tu empruntes un sentier. Ce sentier te conduit à travers un paysage chargé d'énergie qui s'est développé tout naturellement et qui semble très sain.

À une certaine distance, dans un secteur particulièrement remarquable de ce paysage, tu te rends soudain compte de la présence d'un enfant. Il s'agit de cet enfant intérieur qui a besoin d'aide, qui est honteux, très blessé ou simplement extrêmement sensible.

Approche-toi de cet enfant, mais s'il te plaît, fais-le en prenant toutes tes précautions. Il se peut également qu'il ait peur de toi, il ne te connaît peut-être même pas. Installe-toi près de cet enfant tout en essayant de te rendre compte de son état. Déclare-lui : « Je suis maintenant ici. Je te vois, je t'entends, je me rends compte de ton existence. » Dès cet instant précis, tu seras capable de prendre consciemment soin de ton enfant intérieur. Ne t'inquiète pas, tu n'es pas obligé de le faire seul. Indique à l'enfant : « Je connais un espace sûr où personne ne pourra te faire de mal, où tu te sentiras bien. Si tu veux, je t'y accompagne. Tu ne seras plus jamais obligé d'y être seul, tu y bénéficieras d'une sécurité absolue. »

Conjointement, vous poursuivez votre route, puis, une fois engagé dans le virage suivant, tu aperçois un château fort, une forteresse absolument infranchissable et sûre. Elle possède un pont-levis, mais il y a aussi un gardien digne de toute confiance. Traverse ce pont-levis en compagnie de l'enfant. Le gardien connaît l'enfant, il lui fait un signe de la tête, ton enfant intérieur se sent aussitôt en sécurité. Dès que vous avez traversé le pont-levis, le gardien le relève. Vous vous trouvez alors debout dans l'enceinte ensoleillée, merveilleusement belle, de cette forteresse. Elle est aussi sûre, confortable et agréable qu'on peut l'imaginer, elle dispose de tout ce qui rend ton enfant intérieur heureux, il y a des animaux, des fleurs, des arbres, des chevaliers, des chevaux, de belles damoiselles magnifiquement vêtues, des anges et encore d'autres créatures prêtes à prendre parfaitement soin de lui. Il se trouve dans une sécurité absolue. Personne, absolument personne n'a le droit d'agresser cet enfant. Seuls quelques hôtes expressément conviés sont les bienvenus ici. Peu importe la réaction de tous ceux qui sont contraints de rester à l'extérieur, ils ont en tout état de cause perdu le droit d'approcher cet enfant.

Il est possible que cet enfant soit dans un premier temps comme paralysé et incapable de toute action, mais il se peut que tu ressentes malgré tout son soulagement d'être arrivé dans cette forteresse. Installe-toi près de lui en tant qu'adulte. Dis-lui que tu as pris conscience de sa présence, qu'il se trouvera en sécurité en cet endroit, qu'il y sera protégé. Il ne sera plus jamais contraint de quitter cette forteresse s'il n'en a pas envie. L'enfant trouvera tout ce dont il a besoin à l'intérieur de cette forteresse. Autorise-le à y rechercher la sérénité et sache qu'il s'y trouve en sécurité absolue. L'enfant intérieur est entouré de personnages qui prennent parfaitement soin de lui. Puisqu'il en est ainsi, tu as maintenant le droit de quitter la forteresse. Bien évidemment, tu pourras toujours revenir ici afin de lui rendre visite. Cette forteresse étant située au centre de ton cœur, cet enfant n'est donc pas relégué à l'extérieur de toi, mais il se trouve tout au fond de ton for intérieur, à l'endroit le plus lumineux, là où il est parfaitement en sécurité.

Retrouve maintenant très lentement la pièce dans laquelle tu es installé. Tu viens de mettre ton élément le plus vulnérable en sécurité.

Voici à présent la deuxième partie de la règle : « Fais juste ce dont tu as envie. » Tu viens de mettre en sécurité la dimension honteuse de l'enfant ; maintenant, sors, danse sous la pluie, entreprends ce dont tu as envie, même si tu te sens puéril en le faisant. Tu ne pourras malheureusement pas éviter cette sensation car dès l'instant où tu commences à te montrer, tu libères toutes les incertitudes que tu ambitionnais justement de dissimuler. Mais dans la mesure où l'enfant intérieur est maintenant à l'abri, tu deviens capable de les supporter, de continuer à avancer. Comprends-tu ? Cette dimension en toi, incapable de supporter ce sentiment ne serait-ce qu'une minute supplémentaire, a été mise à l'abri à l'intérieur de la forteresse. Le reste de ta personnalité parviendra assez facilement à gérer cette légère impression d'incertitude. Elle s'améliorera dès que tu auras décidé d'entreprendre réellement les activités qui te procurent du plaisir.

Dès la prochaine fois, ce sera déjà un peu plus facile. L'essentiel est d'avoir mis cet élément offensé en sécurité. Il est impossible de lui infliger des sentiments de honte supplémentaires. Car autrement, il adopterait une stratégie d'évitement en t'énumérant mille raisons de ne justement pas t'adonner à ces activités qui te procurent tant de plaisir. La dimension saine, adulte en toi ainsi que l'enfant en bonne santé sont tout à fait capables d'assumer un peu de honte, de danser avec la vie. Sur le long terme, c'est la joie qui prendra le dessus si tant est que tu le lui permettes.

RÈGLE NUMÉRO 4

Cesse de faire ce qui ne te procure aucune joie

« Et puis après ? Mais que ferais-je donc en lieu et place ? Personne d'autre ne paiera le loyer à ma place ? » Voilà déjà la liste de tes objections qui se rallonge. Peut-être serait-il utile d'observer dans un premier temps d'un peu plus près ce dont il s'agit. Tes craintes (dissimulées sous le manteau de la raison) te font très vite réagir violemment, mais elles ne sont d'aucune utilité dans ce contexte. Il est grand temps pour toi de leur attribuer une place appropriée dans ton mode de fonctionnement. Cette place n'est certainement pas le fauteuil de direction dans lequel elles se sont selon toute vraisemblance incrustées jusqu'à présent.

Commençons par définir la notion de joie. Bien évidemment, tu ne débordes pas constamment d'enthousiasme ni de bonheur. La joie signifie dans ce contexte que les activités que tu entreprends te font avancer, qu'elles sont utiles à ta voie, qu'elles te satisfont. Tu es sur la voie de l'accomplissement de ton rêve. Le sentiment de joie vient du plus profond de toi-même, il te confirme que tu as réellement choisi la voie à laquelle tu aspires à te consacrer. À une plus petite échelle, cette règle t'incite à ne pas accomplir une tâche si tu n'as pas envie de l'effectuer, tout au moins pas maintenant. Ne te contrains pas, même si elle doit être accomplie. Pose-toi d'abord la question de savoir ce dont tu as exactement besoin, ce que ton enfant intérieur désire. Il est très coopératif, en règle générale, il te laisse tranquille, mais de temps à autre, il a tout simplement besoin d'air, de lumière et de joie. Tu connais cette sensation, tu es en train de faire la vaisselle, les courses, tu travailles au bureau, puis soudain, tu t'interromps en te demandant à quoi bon, pour quelle raison au juste tu trimes jour après jour, pour qui tu fais tout cela et quelle est ta place dans tout ça. C'est ton enfant intérieur qui te pose ces questions et il a raison de le faire.

Dans ce cas, cesse sur-le-champ l'activité en cours et demande-toi ce que tu voudrais faire à la place. Agis donc en fonction des impulsions qui se présentent à toi. Libère de l'espace pour toi-même. Abandonne la vaisselle, tu pourras toujours la terminer un peu plus tard. Si tu as organisé ta vie de manière si rigoureuse que tu n'as même plus le temps d'aller te promener pendant dix minutes pour aller cueillir des fleurs, il faut bien dire que d'une façon ou d'une autre, quelque chose ne tourne pas rond.

Que souhaite ton enfant intérieur ? De quoi a-t-il besoin ? Si tu ne lui offres pas ce dont il a vraiment besoin, il prendra de toute façon ce qu'il peut trouver sur son chemin, parmi les choses qui traînent par-ci ou par-là. Dans ce cas, tu auras avalé le morceau de chocolat ou fumé la cigarette bien plus rapidement que tu ne l'aurais souhaité. Tu sais, tu n'as tout bonnement pas le choix, que tu souhaites satisfaire les besoins de ton enfant intérieur ou non. Si tu ne le fais pas, c'est lui qui se saisira tôt ou tard du gouvernail, peu importe que tu le tolères ou non. Mais dans ce cas, ses réactions seront distordues, elles causeront alors un préjudice aussi bien à toi qu'à lui. Tu ne peux tout simplement pas te permettre d'accomplir trop de choses qui ne te satisfassent pas et qui ne te procurent aucun plaisir.

Je comprends bien de quelle manière tu es susceptible d'interpréter mes propos, ils te paraissent irréalistes, ils sont formulés de telle manière que tu es susceptible de te fâcher. Tu es tout simplement obligé de fonctionner ainsi et le simple fait que tu n'aies pas envie de remplir telle ou telle obligation ne suffit pas pour que celle-ci s'accomplisse d'elle-même ! C'est certes vrai, mais peut-être pas exclusivement, ne penses-tu pas ?

Tu finiras de toute façon par l'accomplir, mais peut-être pas à l'instant même. Peut-être ton enfant intérieur a-t-il vraiment besoin d'un peu d'énergie et de lumière en cet instant ? Car ton enfant intérieur entretient un rapport très étroit avec tes véritables besoins. C'est lui qui veille constamment à ce que tu ne t'éloignes pas trop de ton équilibre émotionnel, mental et spirituel en te secouant pour te réveiller, en te rappelant ce qui est essentiel. Il fonctionne à la manière d'un mécanisme intérieur de régulation qui veut te faire comprendre que tu t'es par trop éloigné de la voie et que le flot de la vie coule désormais très loin de toi. L'enfant intérieur ne fait qu'attirer ton attention sur le fait que tu fonctionnes de manière un peu trop parfaite, que tu exerces un peu trop de contrôle, que tu ne ris pas suffisamment. Il se met à tirer sur ton tablier, la jupe de ton tailleur ou ta cravate dès que tu deviens trop sérieux, dès que tu pèches par une mauvaise interprétation du sens des responsabilités.

L'enfant intérieur est incorruptible pour la simple raison qu'il doit l'être. C'est son rôle. Il est impossible de le bercer de vaines promesses, de le tromper, de le duper, il sait exactement ce qui se passe réellement parce qu'il ressent spontanément la présence des énergies qui opèrent. Il agit à la manière d'un sismographe qui se contente d'attirer ton attention sur ton état intérieur, que cela te plaise ou non. Si tu ne lui obéis pas, tant pis. Ton enfant intérieur ne constitue pas une dimension agaçante, agitée de toi-même, dont tu dois absolument garder le contrôle, il représente au contraire ton instrument le plus essentiel qui participe à la stabilité de ton équilibre intérieur, me comprends-tu ?

C'est très certainement par crainte que tu as décidé de ne pas lui obéir. Peut-être as-tu peur de perdre le contrôle. Il se peut même que cela se produise. Mais un phénomène nettement plus positif est simultanément susceptible de se produire, c'est-à-dire qu'en accordant de l'espace à l'enfant intérieur, tu gagnes en énergie, tu deviens ainsi capable de te consacrer également aux tâches que tu n'aimes pas (à la condition expresse qu'elles soient utiles à ta voie). En n'accordant aucune attention à ton enfant intérieur et à ses messages, tu te figes, tu te rigidifies, tu te pétrifies ou tu gèles intérieurement. C'est pour cette raison qu'il est parfaitement judicieux et intelligent de procurer un espace à l'enfant intérieur et de l'accepter en tant que force positive, secourable, parfois même salvatrice.

En fin de compte, cette règle ne sert à rien d'autre qu'à t'apprendre à suivre ton cœur, qu'à te donner confiance sur le fait que tu parviendras à mener ta vie, malgré cela ou justement pour cela.

Définissons donc encore une fois la notion de joie. La tâche que tu accomplis actuellement ou que tu effectueras une fois cet ouvrage mis de côté contribue-t-elle à la réalisation de tes rêves ? Es-tu en train de poursuivre ta propre voie ? Ou te rends-tu compte que tu t'apprêtes à te diriger vers une impasse qui ressemble peu à la vraie vie ? Dilapides-tu ton temps en te démenant en faveur de la relation au sein de ton couple, pour garder ton poste de travail, pour sauvegarder des amitiés ? As-tu introduit dans ton foyer des prédateurs d'énergie qui te pompent ton énergie vitale ?

Dès que tu as l'impression que tout cela te demande certes des efforts, mais que tu suis ta voie, que tu es donc en train de poursuivre des objectifs qui te satisfont profondément (ou que tu es sur la bonne voie pour qu'il en soit ainsi), le gain en sera tellement immense que tu acceptes ces efforts de gaieté de cœur. Ton enfant intérieur le sait et le ressent également, il joue donc tranquillement dans son coin même si tu effectues des tâches qui ne te procurent actuellement aucun plaisir mais qui t'offriront énormément de satisfaction sur le moyen ou le long terme.

Ton enfant intérieur n'est pas contre-productif. Il se contente de veiller simplement à l'équilibre de ton mode de fonctionnement. Dès que tu menaces de glisser en direction d'une vie dans laquelle il n'y a pas de place pour la joie, il t'oblige à rectifier le tir. L'écouter, lui demander son avis sur ce qu'il désire peut donc s'avérer extrêmement utile.

La règle numéro quatre signifie surtout ceci : dès lors que tu ressens un frisson émotionnel dû à un comportement lié à une addiction ou que tu réprimes tes craintes grâce à une activité donnée sans pour autant que celle-ci te procure en retour une véritable énergie, une réelle vivacité, cette activité ne possède aucune utilité pour toi et tu ferais mieux de la cesser. Autrement, l'enfant intérieur se manifestera en se mettant à pleurnicher, en devenant malheureux, conformément à son rôle.

Une réelle joie t'offre une impression de satisfaction, elle te procure de l'énergie. Qui plus est, pour une véritable joie, tu n'es pas obligé de payer en retour un quelconque prix émotionnel, bien ou contraire, tu seras comblé, ta vie sera plus belle, plus accomplie. Une excitation bon marché en revanche exige une rançon. Te rends-tu compte de ta chance ? Si tu demandes à ton enfant intérieur s'il éprouve actuellement de la joie ou s'il se réjouit d'avance du résultat de ce que tu es en train de faire et qu'il te répond par la négative, tu devrais au moins avoir le réflexe de vérifier si ton activité momentanée te fait avancer, si elle contribue ou contribuera à une satisfaction future dans ta vie. Peut-être es-tu englué dans certaines habitudes ennuyeuses. Ou alors vis-tu dans une dépendance affective, ou bien es-tu en train d'essayer de sauver une relation à laquelle tu aurais dû mettre un terme depuis longtemps, peut-être t'accroches-tu à un poste de travail qui ne te satisfait guère, qui ne correspond pas à tes facultés réelles. Peut-être toute ta vie est-elle devenue un peu morne et grise, peut-être le temps de faire souffler un air nouveau est-il enfin arrivé.

Ne tolère pas que tes habitudes ou tes craintes te bloquent. Si telle tâche ou activité donnée ne te procure plus aucun plaisir, cesse de l'effectuer. Il s'agit d'un appel à toi de retourner à la vie, d'oser avancer. Entreprends ce qui te satisfait réellement.

Tu parviendras parfaitement à accomplir quelques obligations ennuyeuses sans éprouver cette impression de paralysie dès lors que le reste de ta vie sera multicolore et joyeux, je veux dire réellement joyeux et non pas caractérisé par une recherche compulsive de l'aventure. La recherche du plaisir peut devenir assez obsessionnelle s'il ne s'agit justement pas d'une joie réelle.

Au cinéma, t'arrive-t-il de te lever et de partir si le film t'ennuie ? Non ? Pourquoi ne le ferais-tu pas ? Après tout, il s'agit de ton temps, ne le dilapide pas. Repasses-tu tes sous-vêtements, même si cela t'énerve ? Crois-tu vraiment que quelqu'un t'offrira une récompense pour cela ? Si tu aimes le faire, je t'en prie, n'hésite pas, défoule-toi ! Mais uniquement dans ce cas. Oses-tu t'interrompre dans ta vaisselle si tu as soudain envie de danser sur la musique d'une belle chanson qui passe à la radio ? Te saisis-tu d'un pinceau afin de peindre en jaune, en rose fuchsia ou encore en lavande cette vieille chaise de jardin pour la simple raison que ton enfant intérieur adore jouer avec les couleurs ? Tresses-tu tes cheveux en nattes que tu attaches avec des rubans multicolores parce que la petite fille en toi aime tant porter de jolis nœuds lisses ou te sens-tu ridicule en agissant ainsi ? Sautes-tu joyeusement pieds joints dans une flaque d'eau au cours de tes promenades ou risques-tu des ennuis à la maison si tu rentres avec des chaussures mouillées ?

Éprouves-tu vraiment du plaisir à rencontrer cet homme, cette femme, ou bien ton enfant intérieur s'en détourne-t-il ennuyé, offensé ou triste parce qu'il ou elle ne t'offre pas réellement ce dont tu as besoin et que tu voudrais pourtant partager ? Ta meilleure amie ne cesse-t-elle de parler d'elle-même ou t'écoute-t-elle également parfois ? Ton travail te satisfait-il ? Ton enfant intérieur est-il incité à y intégrer son potentiel, sa créativité, ou gigote-t-il d'un air entêté sur sa chaise de bureau en proie à l'ennui ? L'enfant intérieur n'a bien évidemment pas à intervenir dans ton travail ni dans tes relations amoureuses, je te montrerai d'ailleurs encore ultérieurement en détail de quelle manière tu peux le laisser à la maison, dans un espace intérieur où il sera parfaitement en sécurité. Tu peux malgré tout lui demander de quelle manière il évalue une relation ou comment il se sent pendant que tu travailles. Car ton enfant intérieur n'est non seulement pas une créature émotionnelle très authentique, mais il sait aussi parfaitement détecter si tu agis en fonction de ce que tu désires au plus profond de toi-même ou non.

Pour quelle raison ton enfant intérieur sait-il qui tu es réellement ? Parce qu'à l'époque de ton enfance, tu profitais d'un accès non faussé à tes propres désirs, à ta volonté, à ton essence. De manière inconsciente. Mais malgré tout extrêmement efficace. Tu faisais alors constamment preuve de ta véritable nature à travers ton comportement, même si personne ne l'a probablement remarqué ou n'a daigné s'en rendre compte.

Dès lors que tu te sens constamment un peu contrarié, que tu as l'impression d'être une victime, sans comprendre ce qui se passe réellement, tu réalises que tu n'as pas emprunté ta voie idéale. Tu n'es pas vraiment concentré sur ce que tu fais, tu es sans cesse obligé de te rappeler à l'ordre. Tu ne sens pas couler en toi ce flot vivace d'énergie créatrice, tu dois au contraire te forcer à te concentrer. Toutes les cinq minutes, tu vas fumer une cigarette ou boire un café. Si tu es honnête, tu ne te sens pas à ta place, tu es à la fois surmené et pas assez sollicité, à la manière d'un musicien qui se serait trompé d'orchestre. Le morceau a beau être magnifique, ce n'est pas le tien. Ce n'est pas pour autant que tu possèdes la faculté d'y remédier sur-le-champ. Mais tu es capable d'écouter le message de ton enfant intérieur, de le prendre au sérieux. Lorsque tu étais enfant, tu ne disposais probablement pas de témoins pouvant attester de tes véritables sentiments, mais maintenant, tu possèdes le meilleur dont ton enfant intérieur puisse bénéficier, je veux parler de toi-même.

Concernant cette règle, je voudrais attirer ton attention sur l'importance de différencier clairement l'envie de la joie réelle. Bien évidemment, tu as envie de chocolat ou d'une cigarette. Tu n'as pas envie d'aller travailler ou de t'occuper de ton ménage, tu n'as certainement pas non plus envie de remplir ta déclaration d'impôts. Mais tu as en revanche envie de t'installer devant la télévision ou de surfer sur Internet.

L'envie, dont l'origine se situe au niveau du centre de récompense dans le cerveau, est très volatile. En te comportant en fonction de tes envies, tu te laisses emporter comme une feuille volant au gré du vent, sans réelle orientation ni objectif précis. L'envie dont il est question ici, mais aussi de manière générale, te signale des besoins superficiels, fugaces dont la satisfaction est tout à fait susceptible de te mettre en difficulté (« J'aime bien fumer » ; « J'ai envie de coucher avec ce collègue de travail, avec cette connaissance » ; « Je mange ça maintenant, même si c'est mauvais pour moi, parce que j'en ai tout simplement envie » ; etc. Tu comprends ?). Tout dépend à quoi ton centre de récompense situé dans le cerveau est rattaché, c'est-à-dire de quel objet déclenchant rapidement une sensation de bien-être tu as fait l'expérience. Chez moi, c'est le sucre. Lorsque j'étais bébé, on me donnait un bonbon dès que je pleurais. Qu'ai-je donc appris ? Le sucre est synonyme de bien-être, il fait naître un sentiment de sécurité et de protection, quelqu'un s'occupe de moi, le sucre calme la douleur. Nous savons tous pertinemment que c'est faux en réalité, qu'au contraire, le sucre ne provoque que davantage de souffrances.

L'envie peut néanmoins se révéler comme étant un magnifique indicateur d'une joie réelle. La joie véritable est à même de satisfaire tes besoins réels, de combler aussi bien ton âme que ton cœur.

Observe maintenant d'un peu plus près cette sensation communément qualifiée d'envie.

« J'aime bien fumer[1]. »

Eh bien. « J'ai besoin de prendre l'air. J'ai besoin de téter quelque chose. Je suis obligé de prendre une profonde respiration. Je ne supporte plus mes propres sentiments, je préfère donc me dissimuler derrière un brouillard. Je suis à la recherche de compagnie, or le fait de fumer crée des liens. Je manque d'assurance, j'ai donc besoin de tenir quelque chose entre mes doigts. Je suis dépendant de la nicotine... » Voilà généralement la vérité concernant le fait de fumer. Il n'y est nullement question de plaisir. Dès que tu reconnais et surtout dès que tu comprends tes véritables besoins, tu peux y réagir de manière adéquate. Tu n'affirmes alors plus : « J'ai envie d'une cigarette », mais tu avoues : « Je suis triste, j'ai besoin de réconfort et de consolation. » Dès lors que tu es capable de ressentir cet état de fait, que tu es prêt à l'accepter, tu as déjà avancé d'un pas de géant.

Bien évidemment que tu sais tout cela. Tu ne parviens néanmoins généralement pas à suivre la règle numéro quatre au pied de la lettre. Car admettons que tu parviennes à mettre un terme à l'activité qui ne te satisfait pas, que peux-tu donc faire à la place ? Cette activité-là vaut toujours mieux que rien du tout, n'est-ce pas ? Eh bien non, cette phrase est en contradiction totale avec toute expérience vécue. Généralement, la vie s'améliore nettement dès lors qu'un individu accepte de se laisser guider par elle.

Malgré tout, il t'est impossible de laisser de côté toutes les craintes sur-le-champ. Il fait cependant partie de tes possibilités

1 Fais ce que tu veux, fume si cela te fait réellement plaisir, dans le cas présent, je n'ai choisi cette activité qu'à titre d'exemple.

d'entreprendre autre chose, et tel est bien l'objectif de cet ouvrage. Tu peux demander à ton enfant intérieur quels petits pas tu as le droit d'effectuer afin d'être heureux. Les grands pas suivront à un moment donné, dès que l'heure sera propice. Tu n'as pas besoin de démissionner de ton travail, tu n'as pas besoin de quitter ton compagnon ou ta compagne, mais essaie au moins pour une fois d'interrompre la vaisselle pendant cinq minutes et d'entreprendre quelque chose que tu n'as pas fait depuis trop longtemps alors que tu l'aurais tant aimé. Ose enfin te sentir un peu ridicule, prends des risques pour le bienfait de ton enfant intérieur. Personne ne le verra. Ose sortir ta Fifi Brindacier intérieure de sa réserve et procure-lui de l'espace, demande-lui ce dont elle a besoin, si elle éprouve suffisamment de joie, si elle est satisfaite, si ta vie suit la bonne voie. Si quelqu'un doit le savoir c'est bien elle dans la mesure où elle possède un regard sain, intrépide pour ce qui est essentiel, qui plus est, son espoir est intact.

EXERCICE

Se mettre à l'écoute de l'enfant intérieur

Prends de quoi écrire ou bien ferme les yeux et entre en relation avec ton enfant intérieur comme tu as appris à le faire au cours des étapes précédentes.

Imagine si tu veux que tu es réellement Fifi Brindacier ou par exemple son pendant masculin, Huckleberry Finn, si tu es un homme. Lui aussi sait ce qui est essentiel.

Demande ensuite à ton enfant intérieur s'il éprouve suffisamment de joie, de quoi il a besoin, mais avant tout, et c'est ça le plus difficile, si tu te trouves sur la bonne voie (il faut cependant que tu sois également prêt à accepter sa réponse). Pose-lui calmement toutes tes questions au sujet des différentes situations de ta vie. Demande-lui si tu dois poursuivre ta voie ou non. Tu n'es pas obligé de tenir immédiatement compte de ses conseils, en revanche, écoute-les attentivement. Si, dans une situation donnée, il est malheureux ou pense qu'on prend insuffisamment soin de lui, cette situation ne fait pas non plus partie de celles qui te satisferont ou qui te feront avancer sur ta voie en direction de ton propre épanouissement, cela fait déjà un certain temps que tu l'as compris. Ne t'inquiète pas, tu n'es pas obligé d'y remédier dans l'immédiat. En revanche, scrute cette situation de manière consciente et scrupuleuse sous tous ses aspects en faisant appel à toutes tes facultés afin que tu sois le cas échéant en état de pouvoir la modifier à terme. Si tu veux promettre à ton enfant intérieur de te consacrer à ta propre énergie, à ta vivacité et à ta propre voie, tu ne pourras éviter de te laisser guider vers d'autres choix sur le long terme.

Tu sais bien que tu n'es pas obligé de le faire tout seul. Dès lors que ton enfant intérieur te suggère d'emprunter d'autres voies, sache que celles-ci existent réellement. Seulement, tu l'ignores encore, c'est justement pour cette raison que tu éprouves tant de craintes. Et c'est également pour cette raison que tes craintes t'enferment dans une stratégie d'évitement. Affronte ouvertement ces craintes en leur rappelant qu'elles ont peut-être tort, expérimente les sensations que tu éprouves en agissant en fonction des incitations de l'enfant intérieur tout en procédant réellement par petites étapes.

Consigne ainsi soigneusement les différentes situations de ta vie, établis peut-être même un tableau si tu as l'esprit analytique, mais tu peux aussi les noter tout simplement pêle-mêle dans le désordre. Demande ensuite à ton enfant intérieur de qualifier ces situations en leur attribuant le signe plus ou le signe moins. L'enfant intérieur aura évidemment recours à d'autres critères que ceux qui sont motivés par tes craintes ou ceux dont se sert ce moi construit, adapté, artificiel à partir duquel tu tentes de maîtriser ta vie. L'enfant intérieur examine ta vie en fonction du degré de vivacité et d'amour qui est susceptible de s'y répandre. Il se peut que tu sois assez satisfait d'une situation donnée, mais que ton enfant intérieur te dise « Non ! » parce que tu es justement en train d'être bloqué dans une impasse ou de t'y diriger. En revanche, il peut également arriver que tu éprouves de réelles craintes, que tu croies ne pas être à la hauteur d'une tâche particulière, mais que l'enfant intérieur t'encourage à y aller en t'affirmant : « Oui ! »

Comme je l'ai déjà évoqué plus haut, l'enfant intérieur comporte différentes dimensions. Au cours de cet exercice, tu questionnes consciemment la dimension vivace, énergique, tournée vers la vie, c'est-à-dire l'enfant intérieur chanceux. Cet enfant veinard n'est ni dépendant d'une addiction, ni honteux, il est libre et sauvage. Si tu le lui demandes, il saura véritablement faire la part entre le flot bouillant d'une énergie authentique et l'excitation artificielle, effrénée, provoquée par une simple poussée d'adrénaline. Il saura également détecter la différence entre le véritable calme, l'impassibilité et la rigidité craintive, tétanisée, la paralysie résignée.

Observe donc attentivement la situation afin d'être certain d'éprouver une joie véritable, afin d'être sûr que ton énergie soit parfaitement engagée, qu'elle soit satisfaite dans l'accomplissement d'une activité donnée, et si tel n'est pas le cas, si tu sacrifies ta propre énergie, si tu es obligé de retrancher, réprimer ou faire patienter certains éléments de ta personnalité afin de pouvoir continuer ta route, apprête-toi à te mettre à la recherche d'autres voies. Ton énergie vitale est beaucoup trop précieuse pour être réprimée avec le seul objectif d'être tout simplement au service de tes craintes, n'est-ce pas ?

RÈGLE NUMÉRO 5

Fréquente les personnes qui te prennent dans leurs bras, qui t'aiment, à qui non seulement tu peux exprimer ton amour sans réserve mais qui t'encouragent également à le faire

C'est également merveilleux, n'es-tu pas de cet avis ? Connais-tu seulement de telles personnes ? Fais-tu toi-même partie de ceux qui t'aiment tout simplement tel que tu es ? Ou es-tu persuadé d'être obligé de te faire en quelque sorte violence pour être différent de ce que tu es réellement ?

EXERCICE

Découvrir sa véritable essence

Imagine que tu portes un vêtement censé révéler ton aspect extérieur. Il te montre exactement de la manière dont tu crois que les autres voudraient que tu sois. Il est magnifique ou au contraire extrêmement discret, multicolore, ou bien confectionné de telle manière que tu peux t'y dissimuler entièrement, il correspond donc parfaitement à ta manière de t'adapter. Maintenant, imagine que tu enlèves ce vêtement. Tout simplement. Jette-le derrière toi.

D'un seul coup, tu découvres l'existence d'un deuxième vêtement que tu portes juste en dessous. Il te montre de la manière dont tu crois que tu dois être pour te plaire à toi-même. Il se peut que ce vêtement soit identique au premier, il peut néanmoins se révéler radicalement différent, toujours est-il qu'il ne s'agit pas non plus de toi. Il ne reflète que l'image à laquelle tu crois devoir te conformer afin de t'aimer toi-même. Débarrasse-toi s'il te plaît également de ce vêtement, tu éprouveras une sensation de libération qui se manifestera aussitôt !

À partir de maintenant, dès que tu as l'impression de ne pas pouvoir révéler ta véritable essence à quelqu'un, je t'invite à vérifier si tu souhaites réellement continuer à cultiver des relations avec cette personne.

Dans le fond, fais-tu toi-même partie des individus auxquels il est possible d'exprimer son amour et son affection sans réserve ou bien réagis-tu rapidement de manière réticente, craintive ou embarrassée ? As-tu pris l'habitude de modérer tes sentiments, de réprimer ton amour, de donner l'impression d'être plus froid, de paraître plus distancié que tu ne l'es réellement ? As-tu l'impression de t'accrocher trop aux autres, de les étouffer dès lors que tu leur exprimes tout ton amour ? Voire as-tu l'impression d'être réellement incapable d'aimer ?

Dans un premier temps, je t'invite à vérifier si c'est exact ou non, si tu en as seulement l'impression ou si l'autre exige réellement qu'il en soit ainsi. Car si cette impression vient de toi-même, si tu as fait l'expérience pendant ton enfance que ta manière naturelle d'exprimer ton amour est en quelque sorte gênante, déplacée ou excessive, ou au contraire insuffisante, et que tu en es encore persuadé aujourd'hui, il ne servira pas à grand-chose d'y remédier par l'extérieur. Tu continuerais malgré tout de te comporter comme avant.

Afin de parvenir à décider de fréquenter les personnes chez lesquelles tout ton amour sera le bienvenu, il faut que tu développes dans un premier temps une conscience te permettant de savoir si tu t'autorises à vivre réellement ton amour, à exprimer ouvertement ton affection. Pour ce faire, je te propose ici un petit exercice.

EXERCICE

Apprendre à accepter l'amour

Prononce la phrase ci-après à voix haute et complète-la.

Si je disais oui à l'amour :

- j'en demanderais trop à mon compagnon, ma compagne ;
- je serais beaucoup plus doux et affectueux ;
- je ressentirais davantage mes propres blessures ;
- je me rendrais compte du peu d'amour dont je me contente ;
- j'aurais peur ;
- je me sentirais libre et grand ;
- je lui permettrais de se répandre comme bon lui semble ;
- la vie serait beaucoup plus facile ;
- je ne ferais que provoquer le chaos ;
- mon champ énergétique s'ouvrirait ;
- je me rendrais alors compte que la proximité, la tendresse et l'amour me manquent ;
- je sentirais la présence de mon cœur ;
- j'aurais peur d'être quitté ;
- ...

Effectue s'il te plaît réellement cet exercice, car il te permettra de te rendre précisément compte du sujet dont il est question ici, je veux dire de la libre expression de l'amour et non pas de la dépendance ou du fait de s'accrocher désespérément à quelqu'un, pas de la crainte d'être quitté, mais de l'amour véritable. L'enfant intérieur qui est victime de cette peur panique d'être quitté et qui, pour cette raison, t'empêche de te rendre là où tu es réellement aimé, a déjà traversé le pire depuis longtemps. Il a déjà été copieusement quitté dans le passé, c'est donc lui qui est maintenant en train de pousser de grands cris dans ton for intérieur pour éviter que cela ne se reproduise.

Utilise s'il te plaît le voyage intérieur de la « La sécurité à l'intérieur du jardin magique de l'enfant intérieur » (p. 190) afin de raccompagner cet enfant intérieur chez lui, de le libérer de sa solitude et de lui ôter une bonne fois pour toutes la crainte d'être encore et toujours abandonné.

Pour quelle raison serait-ce justement cet enfant intérieur blessé qui t'empêche de te rendre là où l'amour peut se répandre librement ? Ne devrait-il pas au contraire avoir toutes les raisons d'en finir avec une situation douloureuse, de quitter une situation dans laquelle il est obligé de modérer ses sentiments pour éviter de solliciter autrui de manière excessive[1] ?

Permets-moi de te l'expliquer encore une fois dans ce contexte. Si, au cours de ton enfance, tu n'as pas reçu suffisamment d'amour, d'attention, de protection et de sollicitude affectueuse (quelle que soit l'opinion de tes parents à ce sujet), tu as obligatoirement fourni des efforts, tu as mené un combat. Tu t'es infligé des blessures, tu t'es comporté de telle ou telle manière, tu as tout essayé pour finalement obtenir ce dont tu avais besoin ou tu as peut-être même fini par te replier totalement sur toi-même.

---

1 Ce paradoxe a déjà été décrit magistralement en détail par Robin Norwood dans son ouvrage intitulé *Ces femmes qui aiment trop*, un grand classique qui fait toujours autorité.

Deux stratégies existent, grâce auxquelles tu peux essayer d'obtenir ce dont tu as besoin. Tu peux soit mener un combat pour l'obtenir, soit nier ce besoin. Bien entendu, aucune des deux ne fonctionne. Car quel que soit le résultat de ton combat, tu n'obtiendras jamais ce dont tu as réellement besoin, c'est-à-dire le flot libre et léger de l'amour. Peu importe la stratégie qui fut la tienne, que tu aies fourni beaucoup d'efforts, que tu aies adopté un comportement sage et obéissant, que tu aies tout fait pour plaire à tes parents ou que tu aies au contraire glissé vers la rébellion en tentant de te persuader de ne plus jamais avoir besoin de rien, il n'empêche que c'est ce mécanisme qui continue de guider ton comportement.

Es-tu en mesure d'imaginer que cette dimension de ton enfant intérieur essaie encore aujourd'hui de gagner ce combat, pour la simple raison que tu ne peux pas supporter de le perdre ? S'avouer à soi-même que l'on n'a effectivement pas reçu ce dont on avait besoin et en éprouver la souffrance est beaucoup plus difficile que de continuer à mener le combat pour essayer d'obtenir malgré tout l'amour tant désiré de la part du père, de la part de la mère. Mais cela ne marche pas, mais alors vraiment pas. Quoi que tu obtiennes en persévérant ainsi, il ne s'agit en aucun cas de ce dont tu as véritablement besoin. Ce combat ne subvient pas à tes besoins, il ne fait qu'accroître ta dépendance et ton dénuement. Rechercher l'amour dans un espace où il n'existe pas avec l'unique objectif de pouvoir continuer à mener ce combat constitue un ancien schéma comportemental. Car rien n'est plus douloureux que de rendre les armes et de renoncer. Accepter la souffrance de ne jamais avoir réellement reçu ce dont tu avais besoin manque peut-être réellement de te tuer. À un moment donné, l'être humain finit donc par confondre le combat pour l'amour avec l'amour lui-même.

Il se révèle en revanche tout aussi vain de nier encore et toujours le désir d'amour, de tenter de le rationaliser, de se convaincre qu'il est impossible d'éprouver le manque de ce que l'on n'a pas connu. Ce n'est tout simplement pas vrai et tu le sais aussi bien que moi. Peut-être te contentes-tu de peu d'amour parce que tu ne connais pas d'autre réalité. Dans ce cas, tu entretiens néanmoins un manque artificiel tout en te confortant toi-même dans ton anorexie émotionnelle. Si toi-même, tu n'as ni la capacité ni la volonté d'offrir beaucoup de chaleur parce que tu crains de finir par te laisser emporter par ton cœur, d'être à la merci d'autrui si tu t'impliquais dans l'amour, tu devrais t'occuper de ton enfant intérieur. Tu éprouves des difficultés à t'engager dans une relation stable ou bien tu as peur de te perdre parce que tu crains ton propre dénuement.

Il est grand temps de reconnaître la présence de l'enfant intérieur, de le prendre en charge, lui, ainsi que son besoin d'amour. Autrement, ton désir d'amour finira par te dévorer. Tu seras toujours désespérément à la recherche d'une relation solide tout en en ressentant constamment une peur panique. La divergence entre la confiance en tes capacités et les besoins de ton âme, de ton cœur, finira par te déchirer.

As-tu une prédilection à prendre soin des hommes ou des femmes incapables de s'engager dans une relation de couple stable en tentant justement d'en commencer une avec eux ? Crois-tu qu'il te suffira de les aimer assez pour leur permettre de développer leur véritable potentiel ? Crois-tu que ton amour parviendra à les guérir ? Le plus étonnant, le plus compliqué et le plus embrouillé est que cela semble parfois réellement fonctionner. Cette situation te permettra donc de puiser suffisamment d'espoir pour tenir pendant les cinq prochains tours dans la file d'attente tout en obtenant la justification de continuer ton combat au lieu de rendre les armes et d'avouer ta défaite.

Es-tu en proie à un sentiment de culpabilité dès que tu réponds « non » à quelqu'un ? Est-il facile de te convaincre que tes besoins sont en quelque sorte projetés, bizarres ou inadaptés ? Eh bien, ils ne le sont jamais. Ils sont tout simplement tels qu'ils sont. Il peut néanmoins parfois arriver de confondre les niveaux. Dans ce cas, tu t'attends à ce que ton compagnon ou ta compagne, tes amis, voire ton supérieur hiérarchique satisfassent les besoins de ton enfant intérieur. Ce n'est pourtant ni leur rôle ni leur obligation.

Connaissant l'existence du mécanisme de la projection, tu peux juger tes besoins comme étant excessifs alors qu'ils sont en réalité parfaitement sains et normaux. C'est très difficile à évaluer. En vivant dans un champ énergétique qui est sain pour toi, tu trouveras le compagnon ou la compagne qu'il te faut, tu parviendras à occuper ton espace approprié. Tout se complique dès lors que nous sommes obligés de mener un combat pour l'amour, dès qu'il s'agit de conquérir attention et reconnaissance, quel que soit le niveau auquel cela se passe.

Parfois, cela ne colle tout bonnement pas. L'un des protagonistes désire une implication intégrale tandis que l'autre n'a qu'un poste d'auxiliaire à proposer, ou vice versa. Cela peut arriver aussi bien dans le domaine professionnel qu'au sein d'une relation amoureuse. Mais pour quelle raison ne t'en vas-tu pas dans un pareil cas ? Pour quelle raison essaies-tu à tout prix d'arranger les choses au lieu de laisser l'autre en paix et d'aller là où on t'offre ce dont tu as besoin, où on a besoin de toi ? Parce que tu es tellement habitué au combat, au manque, parce que tu ne crois pas non plus qu'un meilleur espace que celui que tu occupes actuellement puisse exister, même si tu t'y sens à l'étroit, si tu y es tiraillé, même s'il s'avère soit trop petit, soit trop grand pour toi.

Autrefois, tout cela était vrai. Il n'y avait tout simplement pas d'autres parents que les tiens. S'ils ne pouvaient pas t'offrir ce dont tu avais besoin, tu n'avais aucun choix. Il fallait que tu t'empares, que tu te contentes de ce qu'il y avait. Soit tu devais te battre pour tout ce qui continuait à te manquer, soit tu avais parfaitement raison de réprimer le besoin en question. Mais maintenant tu es devenu adulte, tu as donc le droit de prendre soin de ton enfant intérieur. Non seulement tu possèdes la faculté, mais tu as également le devoir, d'occuper le rôle des parents dont tu aurais eu si impérieusement besoin autrefois.

Dès lors que tu as donc l'impression que ton enfant intérieur se trouve bloqué dans une situation semblable à celle d'autrefois où on ne t'a pas offert ce dont tu avais besoin (chose pour laquelle tu continues à te battre aujourd'hui), l'exercice ci-après pourra s'avérer fort utile.

VOYAGE INTÉRIEUR :

FAIRE REVENIR L'ENFANT INTÉRIEUR EN SOI

Installe-toi confortablement, ferme les yeux et demande à ton enfant intérieur de te rejoindre. Peut-être as-tu entre-temps réussi à établir une bonne relation avec cet enfant. Si tu préfères, installe comme décrit plus haut un nounours ou une poupée sur tes genoux, puis commence à discuter avec elle ou avec lui.

Imagine une situation dans laquelle tu voudrais en savoir un peu plus sur les sentiments de ton enfant intérieur. Demande à l'enfant comment il se sent par rapport à telle ou telle personne, par rapport à ta vie en couple ou à ton travail actuel. Vérifie attentivement si ton enfant intérieur se raccroche à quelqu'un, s'il est à la recherche de son père ou de sa mère qu'il identifierait par exemple à ta ou ton partenaire, ou à ton supérieur hiérarchique. Il se peut que tu te rendes alors compte que tu aimerais toi-même sortir de cette situation et passer ton chemin ou garder davantage de distance intérieure, mais que ton enfant intérieur soit debout face à ton vis-à-vis en le regardant de ses gros yeux ronds comme si celui-ci (ou celle-ci) avait la capacité de le guérir ou de le rendre heureux pour l'éternité. Tu sais pourtant pertinemment que cela ne marchera pas, ton enfant intérieur en revanche l'ignore. Observe donc attentivement la situation. Ton enfant intérieur s'est-il choisi un « sauveur », s'accroche-t-il désespérément à lui ? De quoi a-t-il besoin, qu'espère-t-il exactement de la part de cette personne ?

Ou bien se peut-il qu'il ait peur de quelqu'un ? Un de tes collègues te rappelle-t-il ton père qui te punissait, ta mère qui te méprisait ? Observe donc attentivement l'espace que l'enfant intérieur occupe, puis vérifie d'un œil critique et avec précision s'il obtient ce dont il a besoin. La personne en question est-elle prête à t'offrir ce dont tu as besoin ou est-elle au moins en état de le faire ? Est-il justifié, acceptable, qu'un autre individu dispose d'un pouvoir sur toi ?

Dès que tu t'es rendu compte de la situation, interviens immédiatement. Ramène ton enfant intérieur vers toi, sous ta garde. Si ton enfant intérieur a peur, approche-toi de lui, s'il te plaît. Rends-toi compte à quel point il tremble, à quel point il est pétrifié devant cette personne tout en n'attendant rien d'autre qu'une punition ou une humiliation de sa part ; prends alors l'enfant dans tes bras. Dis-lui qu'il ne relève que de ta responsabilité, exclusivement de la tienne, et que tu le protégeras. Si l'autre personne a vraiment l'intention de t'offenser déclare-lui à partir de ton moi d'adulte que tu ne le toléreras désormais plus, que tu lui ôtes tout pouvoir sur toi. Ramène impérativement l'enfant vers toi, l'adulte en toi est parfaitement en état de le protéger, il n'a pas non plus à avoir peur.

L'enfant doit être sous ta garde. Une fois qu'il est parvenu chez toi, il ne doit plus jamais demeurer debout face à quelqu'un d'autre en tremblant de peur. Plus jamais il ne doit se rendre dépendant du bon vouloir d'autrui car c'est toi qui es désormais là pour veiller sur lui.

Même si quelqu'un d'autre a l'intention et la volonté de donner à ton enfant intérieur ce dont il a besoin, il est parfaitement justifié de ramener l'enfant intérieur vers toi car autrement, tu resterais dépendant, prisonnier, tu ne cesserais de chercher et de te poser des questions.

Imagine donc que tu t'approches de ton enfant intérieur, que tu le prennes dans tes bras, que tu lui affirmes à peu près ce qui suit (tu peux ou bien prononcer la phrase telle quelle, ou bien procéder en employant tes propres mots) : « Cette personne n'est ni ton père, ni ta mère, mon petit trésor. Désormais, c'est moi qui serai là pour toi. Tu as le droit d'aimer cette personne autant que tu le désires, mais c'est moi qui prends dorénavant soin de toi. Tu relèves de ma responsabilité, je te protège. Tu as le droit de jouer avec les autres, tu peux te montrer à eux et passer du temps avec eux. Si tu veux, tu peux même leur offrir tout ton amour, mais c'est moi qui suis là pour toi. Tu relèves de ma responsabilité exclusive et je prends soin de toi. »

Il se peut que ton enfant intérieur te suive à contrecœur. Répète-lui encore et toujours, aussi souvent que tu le juges nécessaire, que l'autre, son vis-à-vis, n'est pas sa mère, que ce n'est pas son père, que cette personne ne lui offrira pas ce dont il a réellement besoin, même si la personne affiche un comportement on ne peut plus affectueux envers lui. S'il n'est pas encore en état de te faire totalement confiance, commence à établir de manière consciente une relation stable avec lui en prenant tout ton temps pour l'écouter.

Que faire si la personne auprès de laquelle ton enfant intérieur recherche encore aujourd'hui du réconfort est justement ton père ou ta mère ?

Dans ce cas, indique-lui : « Je sais que c'est ta mère, que c'est ton père. Mais maintenant, c'est moi qui suis responsable de toi, il est donc essentiel que tu t'adresses à moi, que tu me fasses confiance. Tu as le droit d'aimer tes parents autant que tu veux, mais ils sont tout simplement

> incapables de t'offrir ce qu'ils ne t'ont pas donné jusqu'à présent. Chez moi, tu auras tout ce dont tu as besoin. » Chez toi ! Pas obligatoirement par toi. Souviens-toi : tu n'es pas obligé de faire tout cela tout seul. Mais ce n'est que s'il est réellement sous ta garde que tu peux prendre soin de ton enfant intérieur.
>
> Prends tout ton temps et reviens maintenant dans la pièce dans laquelle tu te trouves. Ouvre les yeux. Profite de cet exercice aussi souvent que nécessaire car avant que ton enfant intérieur te fasse réellement confiance, et cela prendra un certain temps, il peut toujours arriver qu'il veuille à nouveau se rapprocher d'une autre personne auprès de laquelle il espère le salut.

Si tu le veux et dans la mesure du possible, tu peux tout à fait promettre également à ton enfant intérieur de demander de l'aide et du soutien à tes parents si jamais tu ne parvenais pas à te débrouiller tout seul. Mais uniquement dans ce cas.

Si ton enfant intérieur ne se sent pas aimé, s'il n'a pas l'impression d'être en sécurité ou d'être protégé chez l'autre personne, cela ne signifie pas pour autant que tu dois obligatoirement mettre un terme à cette relation, de quelque nature qu'elle soit. Cela signifie seulement que ton enfant intérieur doit être impérativement sous ta garde. Rien que cette donnée est susceptible de changer beaucoup de choses en bien, du point de vue de la relation à autrui.

Parfois, une relation est susceptible de se révéler très rapidement ennuyeuse, que ce soit une relation amoureuse, amicale ou encore professionnelle, pour peu qu'elle soit exclusivement portée par la lutte de l'enfant pour la reconnaissance et l'affection. En autorisant l'enfant à mettre un terme à son combat, tu parviendras à te rendre compte si cette relation est véritablement précieuse pour toi ou non.

Peut-être ce collègue que tu as jusqu'à présent jugé impossible se révélera-t-il un collaborateur tout à fait à la hauteur qui a seulement eu le tort de ne pas t'adresser assez souvent un sourire ? Mais il se peut également qu'une fois que le combat de l'enfant aura cessé, tu ne veuilles plus rien avoir à faire avec une personne donnée pour la simple raison qu'aucun lien positif, affectif ou solide ne vous unit.

À chaque fois que tu ne te sens pas tout à fait à ton aise pendant une durée assez longue, demande à l'enfant s'il est engagé dans un combat voué à l'échec. La plupart du temps, c'est réellement le cas. Fais-le alors revenir vers toi, avoue-toi vaincu dans ta lutte pour l'amour et passe tout simplement ton chemin. Tu auras toujours mieux à faire que de rester engagé dans ce vieux combat nerveusement éprouvant qui est entre-temps devenu extrêmement ennuyeux.

L'arène du combat est un lieu de séjour très apprécié. Un nombre incalculable de couples, de collègues de travail ou d'amis s'y dispute, s'y offense, s'y débat en enfonçant ses armes encore et toujours dans les mêmes blessures tout en espérant découvrir finalement la phrase permettant de faire cesser le drame et d'autoriser l'amour à se répandre de nouveau.

Dans l'intervalle, un certain nombre d'entre eux oublie que le combat est la raison d'être de l'arène de ce combat, que celui-ci constitue une fin en soi. En confondant le combat et l'amour, tu agis comme si tu provoquais une poussée d'adrénaline émotionnelle durable. Tu as l'impression d'être vivant, mais en réalité, tu ne fais que remplir le vide qui règne entre toi-même et la personne en face de toi. Peut-être même l'amour pourrait-il se répandre de nouveau si seulement tu parvenais à laisser reposer les armes, pour une fois. En sus du combat de l'enfant intérieur pour l'amour et la reconnaissance, l'imbrication permanente des uns et des autres dans ce combat, les anciens modes de fonctionnement ne sont là que pour nous empêcher de ressentir ce vide. Car dès que tu auras admis cette réalité, tu commenceras à ressentir cette solitude que tu as vécue étant enfant.

Le fait de se disputer crée des liens et plus la chorégraphie est sophistiquée, mieux les liens semblent fonctionner. L'amour et la proximité sont alors confondus avec une attaque à l'épée bien ciblée et un combat-exhibition bien entraîné qui suit toujours les mêmes règles. De nouvelles impulsions sont donc impossibles, plus personne n'a le droit de dévier de son chemin, le combat se déroule toujours selon le même schéma.

Ce combat peut évoquer une addiction car, à la manière de toute addiction, il couvre la vacuité intérieure, la peur, la solitude, il n'obéit à aucun objectif supérieur. Comme toute forme d'addiction, le combat s'envenime, il s'accélère, devient de plus en plus offensant, les armes sont de plus en plus grandes, acérées, avec l'objectif de continuer à garantir la poussée d'adrénaline.

Le combat au sein d'une relation constitue un succédané de l'amour très excitant, capable de resserrer les liens d'une manière extrêmement forte, parfois il peut même paraître plus exaltant que l'amour lui-même. L'amour libère, procure de l'espace, ouvre les cœurs, répand la joie et la liberté dans la vie. Le combat provoque le contraire. Les partenaires sont inextricablement empêtrés les uns dans les autres, exclusivement concentrés l'un sur l'autre, tandis que la vie se déroule ailleurs. L'amour n'est pas excité, il est salutaire, il soutient chacun précisément là où il a besoin de guérison et de soutien, il procure l'énergie de maîtriser sa vie et de continuer à se développer. Le combat est un drame, une fin en soi, le combat empêche la véritable vivacité, oui, le combat est à même d'occuper soudain une vie entière.

Le combat entre vous te fascine peut-être à un tel point que ton attention est pour ainsi dire captivée, que tu as oublié en quoi consistent l'amour et une réelle proximité, que tout le reste ne te paraît pas suffisamment dramatique. À un moment donné, tu finiras même par croire qu'une « véritable » relation offre obligatoirement cette explosion émotionnelle faute de quoi vous ne seriez pas réellement unis. Dans ce combat éternel pour l'amour, tu uses tes énergies sans pour autant te rendre compte que tu en perds progressivement toujours davantage.

Dans l'amour, il se peut également qu'il y ait des explications, voire peut-être un combat, mais dans ce cas il est motivé par un objectif, c'est-à-dire un développement. Dès que les deux partenaires ont trouvé une solution, le combat cesse. Pour peu qu'il ne soit pas utilisé à la manière d'une drogue, le combat ne représente rien d'autre qu'un outil destiné à procurer un espace d'épanouissement à la vie.

Dans l'arène de combat en revanche, le combat constitue une fin en soi qui remplace à la fois l'amour et la vie.

VOYAGE INTÉRIEUR :
FAIRE CESSER LE COMBAT DE L'ENFANT INTÉRIEUR

Imagine que tu franchisses un portail. Derrière ce portail se trouve un paysage merveilleux dans lequel tu te promènes quelque temps. Demande alors d'être conduit à l'endroit où l'enfant intérieur mène son combat.

Tout à coup, tu te retrouves debout dans une arène de combat dans laquelle tu aperçois ton enfant intérieur. Même si dans ton imagination, ton corps semble être celui d'un adulte, c'est malgré tout ton enfant intérieur qui est en train de lutter, même si cela te déplaît ou si tu ne veux pas l'admettre.

Observe-le maintenant de plus près. De quelle manière se bat-il ? Quelles sont ses armes ? S'il te plaît, prends tout le temps nécessaire afin de reconnaître ces armes. Il se peut qu'elles soient très subtiles et simultanément si familières que tu ne te sois jamais rendu compte de leur caractère d'armes. Analyse précisément quelles sont les armes que tu emploies. Il se peut qu'il s'agisse d'un heaume d'invisibilité, peut-être te sers-tu également de subtilités verbales, peut-être essaies-tu de t'insinuer dans les bonnes grâces de quelqu'un ou bien emploies-tu la séduction sexuelle ; si les armes en elles-mêmes peuvent donner l'impression d'être celles d'un adulte, il n'empêche que le combat est mené par l'enfant intérieur.

Maintenant, il est temps d'analyser contre qui ou contre quoi tu luttes. Prends également tout le temps nécessaire afin de te rendre tout simplement compte de ce qui se passe sans pour autant vouloir remettre quoi que ce soit en question. Contre qui te bats-tu ? Et pour quoi ? Quel est le trophée, quel est l'objet que tu convoites coûte que coûte ? Il se peut qu'il s'agisse d'une énergie, de l'amour, de reconnaissance, voire de liberté ou encore de l'impression de faire enfin partie du groupe, mais l'objet peut aussi se révéler sous la forme d'une coupe. Le fait de reconnaître ou non dans le détail l'objet que tu convoites n'est pas l'essentiel. Il est néanmoins primordial que tu te rendes compte de l'existence du trophée que tu convoites. Il se pourrait bien qu'il ne s'agisse même pas de ton propre combat, mais que tu luttes pour cet objectif à la place d'une personne de ta famille, voire de la lignée de tes ancêtres. Il se peut même que ce combat soit déjà très ancien, qu'il ait débuté depuis de nombreuses incarnations.

Observe-toi au cours de ce combat en essayant de te rendre compte de tes sentiments. Prends conscience du point auquel tu es fatigué. Il n'y a qu'une manière qui permette de mettre un terme à ce combat, c'est de capituler et de rendre les armes. Il se peut que cela soit un jeu d'enfant pour toi, mais il est également possible qu'il t'en coûte davantage que tu l'aurais cru. Et pourtant, restes-en là. Incline-toi devant ton adversaire, peu importe de qui il s'agit et prononce cette phrase : « Je reconnais ta victoire, je m'avoue vaincu. C'est TOI qui as gagné. »

Cède alors le trophée à ton adversaire. Repose tes armes, débarrasse-toi de ton armure ; tandis que tu es encore absorbé à parachever ces gestes, un portail doré fait soudain son apparition devant toi.

Après avoir franchi ce portail afin de quitter l'arène de combat, tu te retrouves soudain dans un espace empli de lumière, un espace débordant de paix et de légèreté. Tout ce qui pèse encore sur toi se met alors ou bien à choir, ou bien à s'élever dans les airs telle une fumée, afin d'alléger ton corps. Les dimensions spirituelles empêtrées dans cette lutte, descendues sur terre afin de mener ce combat, évacuent désormais ton corps et s'élèvent tout à fait librement afin de rejoindre l'empire de ton âme. Soudain, un ange se présente devant toi afin de te remettre une sphère d'énergie. Dès que tu l'acceptes, un flot d'énergie se répand en toi, précisément dans les régions où tu as justement besoin de cette énergie. Tous les éléments pour lesquels tu luttais auparavant de manière si acharnée se répandent désormais facilement en toi grâce à ce flot d'énergie, c'est aussi simple que ça.

Soudain, tu te mets à réfléchir à une énergie supplémentaire dont tu pourrais avoir besoin, je veux parler de la fidélité. Tu pourrais devenir fidèle à toi-même. Prends tout le temps qu'il te faut afin de t'habituer à cette idée tout en prenant parfaitement conscience que l'opposé de la fidélité est justement constitué par la trahison. Tu te trahis toi-même en t'efforçant de vivre une vie différente de celle qui correspond à ton état mental intérieur. Demande donc maintenant que l'énergie « fidélité » circule en toi à la manière d'un faisceau ou d'une étincelle de lumière. Elle surgira peut-être de la terre afin de te stabiliser, mais il se peut aussi que tu ressentes cette fidélité plutôt au niveau du cœur ; quoi qu'il en soit, accepte-la.

Repose-toi encore un peu, puis reviens lentement, chargé de toute cette énergie, dans la pièce où tu te trouves.

RÈGLE NUMÉRO 6

Permets-toi de te comporter parfois tout simplement de manière quelque peu puérile et cesse de faire toujours attention aux commentaires ou aux jugements d'autrui

Oses-tu parfois commettre des incartades ? Je n'évoque pas ici un comportement nocif qui serait dû à une addiction, je veux dire, oses-tu vraiment assumer la responsabilité de tes actes, même s'ils ne correspondent peut-être pas toujours à la réglementation en vigueur ? Ou vis-tu en fin de compte dans la crainte constante de la punition, dans une peur perpétuelle de la carence affective ? Te sens-tu suffisamment libre dans ton for intérieur pour te permettre d'adopter un comportement déluré, franc, ou qui paraît tout simplement raisonnable ? Ou accomplis-tu les tâches principalement de la manière dont tu penses qu'elles doivent être exécutées ? Es-tu si préoccupé par l'idée de ne pas attirer l'attention, ou si jamais cela t'arrive, fais-tu en sorte que ce soit toujours de manière positive, que tu ne trouves même plus le temps d'écouter ton cœur et de te consacrer à ce dont tu as envie ? Oses-tu changer de place au restaurant si tu ne te sens pas à l'aise à une table, voire t'en aller si le repas ne te convient pas ? Même en étant arrivé cinq minutes après le début de la représentation au théâtre, oses-tu demander poliment si tu as encore le droit d'entrer ? L'objectif n'est pas d'imposer tes propres besoins de manière égoïste ou de déranger autrui, ni même de se présenter exprès au dernier moment afin d'obliger tous les autres spectateurs à se lever, mais il y va de tes possibilités intérieures d'agir de manière spontanée, de suivre réellement tes propres impulsions. Ris-tu aux éclats et de gaieté de cœur si tu en as envie ? Pleures-tu en public ? T'arrive-t-il d'acheter un vêtement beaucoup trop coloré ou te fais-tu couper les cheveux exactement comme tu en as envie ? Disposes-tu de suffisamment de courage pour oser emprunter ta propre voie, même si celle-ci déplaît à ton voisin ? Même si Facebook ne te distribue pas de « likes » pour ton comportement ?

L'objectif ne consiste absolument pas dans le fait de déranger autrui, bien au contraire. L'essentiel est de ne pas se servir du jugement d'autrui comme d'un prétexte pour se terrer dans son trou à la manière d'une souris, puis de se plaindre ensuite de ne pas vivre sa vie. Notre société foisonne de règles, celles-ci ont parfois bien évidemment leur raison d'être. De ces règles, certains conflits sont parfois susceptibles de naître. Car il y a également toi, ta vivacité, ton enfant intérieur, tout cela est plus important que le reste. Es-tu vraiment prêt à assumer la responsabilité de tes actes ? Tu es alors en fin de compte absolument invulnérable et autonome.

EXERCICE

Apprends à connaître tes rêves les plus fous

Rédige une brève liste de tout ce que tu voudrais entreprendre si tu n'avais pas l'impression d'être si idiot, si âgé, si gros ou que sais-je encore.

- Si ce n'était pas interdit, je...
- Si mes parents n'y étaient pas opposés, je...
- ...

N'éprouves-tu pas dès à présent une légère sensation de liberté comme si tu avais rajeuni d'un seul coup, comme si tu avais soudain regagné un peu plus de vivacité ? Prends tout ton temps pour rédiger cette liste, tu as le droit d'y immortaliser tes rêves les plus audacieux. Puisque tu ne seras pas obligé de les réaliser tous, ne te refrène donc pas. Offre cet espace de liberté à toi et à tes rêves.

Rédige ensuite une deuxième liste qui sera celle de ton enfant intérieur. Qu'aimerait entreprendre ton enfant intérieur si tu n'avais pas l'impression d'être trop âgé, trop mal à l'aise, trop adulte, trop maladroit, trop craintif et que sais-je encore pour procéder à tout cela ? Imagine tout simplement la présence de ton enfant intérieur près de toi ou bien installe une poupée ou un nounours représentant ton enfant intérieur devant toi sur la table, puis donne-lui la parole.

- Si je n'étais pas aussi craintif, je...

Voilà, ce n'est déjà pas si mal, n'est-ce pas ? Serais-tu susceptible de réaliser l'un ou l'autre de ces rêves ? Prévois d'en concrétiser un qui ne te désoriente qu'un tout petit peu, ne t'attaque pas d'emblée aux souhaits les plus gigantesques. En te confrontant de manière consciente à la crainte d'être regardé de travers et en faisant l'expérience que tu peux aisément y survivre parce que tu es désormais adulte, tu modifies ta représentation mentale. Progressivement, tu parviendras alors à véritablement effacer tes anciennes inquiétudes. C'est pour cette raison qu'il fait réellement sens de passer à l'action et de ne pas se limiter de modifier les choses au niveau de l'imaginaire. Eh bien, qu'attends-tu ? Commence dès aujourd'hui à mettre cette liste en pratique en concrétisant au moins quelques-uns de ses éléments…

Dans le fond, à quoi sert donc cette règle, pour quelle raison ne va-t-il pas de soi que tu entreprennes ce qui te fait plaisir, même si cela ne correspond pas toujours à ce que tu es censé réaliser ? Eh bien, la réponse est simple, c'est parce que tu es un enfant sage. Même si tu affiches une attitude contestataire, tu demeures toujours sage, tu continues de fonctionner en respectant parfaitement les rouages du système.

La véritable liberté est cependant différente, elle n'a cure des règles de la société. Elle ne suit que les règles du cœur, du flot de la vie. Ce qui ne signifie pas que tu doives afficher un comportement irraisonnable ou par trop téméraire, mais que tu devrais te conduire simplement de manière un peu plus audacieuse, un peu plus libre, un peu plus autonome.

Les ouvrages de développement personnel spirituels comme celui-ci te suggèrent-ils de cesser de boire du café, de ne pas porter de noir ou de ne pas jurer ? En tiens-tu compte ? Quel enfant sage tu fais, tu iras certainement au paradis. Tout le monde y chante l'alléluia en chœur et si tu es vraiment très, très sage, tu auras même le droit de passer un coup de chiffon sur la harpe.

Sais-tu de quelle manière tu atteindras réellement le paradis ? En le faisant descendre sur terre. Tu y parviendras en poursuivant le sentier de ta joie, pas celui de ton addiction ou de tes mauvaises habitudes. Dès lors qu'une activité donnée te procure vraiment l'impression de te faire du bien et que cette influence positive est durable, prends la liberté d'entreprendre exactement celle-ci, quelle qu'elle soit. Abstiens-toi seulement des activités dont tu sens toi-même qu'elles ne sont pas propices à ton énergie. Sois en revanche parfaitement honnête avec toi-même, ne te laisse en aucun cas séduire par des addictions, quelles qu'elles soient, veux-tu ? Autrement, tu perdras de nouveau ton autonomie dans la mesure où tu obéirais dans ce cas à une pulsion intérieure.

Quelles que soient tes origines, tes spécificités, d'où que tu viennes, peu importent les desseins dont ton âme a décidé de faire l'expérience, tout cela se produit pour une raison que les autres ignorent. C'est aussi pour cela qu'ils n'ont ni le pouvoir ni le droit de juger ta voie. Quelles que soient les expériences que tu désires vivre et connaître, une dimension en toi s'est engagée à s'y consacrer. N'autorise donc personne à te retenir. Ton enfant intérieur représente la clé pour y parvenir dans la mesure où il est relié à ta joie, à ton énergie vitale ainsi qu'à cette expérience que tu as projeté de vivre.

S'il te plaît, pose-toi la question que voici : suis-je en état de décevoir autrui et de le laisser derrière moi pour peu que ma propre voie me permette d'aller plus loin ? Suis-je capable de réaliser ce que mon cœur, ce sentiment intérieur puissant, précis, me conseille, même si je transgresse ce faisant les règles familiales ? Les contenus de ces règles sont facilement reconnaissables.

EXERCICE

Apprends à reconnaître tes contrats émotionnels

Reprends encore une fois, puis scrute attentivement les listes de tout à l'heure, et consigne derrière chacun de tes rêves la raison qui t'empêche de réaliser ce que tu désires pourtant. Quelle est la teneur des contrats émotionnels que tu te mettrais alors à violer ? Ne sois surtout pas plus intelligent que ton père, ne sois pas plus heureux que ta mère, ne réussis pas mieux que ton frère, mais pas non plus moins bien que ta sœur…

« Ne nous fais pas honte », voilà la phrase clé grâce à laquelle les enfants sont fréquemment tenus en bride avec succès, grâce à laquelle on les prive de leur énergie. Dans quelques cultures, tu es même assassiné si tu te permets de faire honte à ta famille, peu importe la signification du mot « honte » dans ce contexte.

Es-tu suffisamment libre de pouvoir observer tes propres règles en cas de doute, même s'il t'en coûte ? Ou t'efforces-tu toujours de n'offenser, de ne repousser ni de ne choquer personne ? Et si ce n'était pas ton problème lorsque quelqu'un se sent offensé par ton comportement, mais celui de son enfant intérieur à lui, duquel il est censé s'occuper lui-même ? Ma remarque peut paraître cruelle, mais elle ne l'est pas. En vérité, elle ouvre un vaste espace aussi bien à toi qu'à l'autre personne. Dans cet espace, vous avez tous les deux la possibilité de suivre votre cœur de sorte qu'une véritable énergie et un réel amour puissent y circuler. Agir ainsi apporte bien davantage d'épanouissement qu'un comportement conforme aux anciens contrats émotionnels basés sur la crainte, la négation de la vie, qui sont même susceptibles de vous rendre malades tous les deux. Depuis le recours à la thérapie familiale systémique, nous savons à quel point il est nocif pour le mode de fonctionnement d'une unité donnée de tirer par exemple au sein d'une famille le rideau sur les problèmes au lieu que celle-ci décide de prendre la peine de les évoquer clairement. Et d'ouvrir ensemble des voies permettant de les gérer.

Car que déciderais-tu d'entreprendre si tu savais qu'aussi bien ton énergie vitale que ta force spirituelle (si tu ne crois pas à l'existence d'une force spirituelle, tu peux aussi bien remplacer ce terme par « tes forces psychiques ») peuvent circuler d'autant plus facilement que tu parviens à te mouvoir librement aussi bien du point de vue intérieur que du point de vue extérieur, que tu disposes d'un espace intérieur dans lequel elles peuvent se répandre ? Es-tu réellement prêt à sacrifier ces forces sur l'autel des craintes d'autrui, mais avant tout des tiennes propres ? Si tu as intériorisé beaucoup trop de prescriptions concernant les objectifs qu'on t'autorise de poursuivre et ceux qu'on t'interdit, il deviendra difficile pour ton savoir le plus intime de te guider, car tes impulsions vivaces, saines, joyeuses doivent dans ce cas tout d'abord franchir la barrière de ton censeur intérieur. La plupart du temps, ils n'y parviennent pas car le rôle du censeur consiste justement à te préserver des souffrances et des déceptions. C'est son rôle qu'il accomplit d'ailleurs à merveille.

Comment pourrais-tu réussir à danser avec la vie si quelques styles de danse sont totalement prohibés tandis que certains pas restent indésirables ? La vie n'a cure de tes propres permissions ou interdits. Tu seras confronté à ce que tu as décidé d'expérimenter, tu seras guidé là où tu pourras vivre heureux, en accord avec ta destinée, pour peu que tu te permettes d'oser suivre ta voie.

La question se pose donc de la manière que voici : à qui obéis-tu ? À tes craintes, aux règles de ta famille, ou bien à ton amour, à ton cœur, à ta vie ?

À la lecture du petit exemple que je relate ci-après, qui devrait somme toute être assez courant, tu réaliseras à quel point mon propos est sérieux. Tes parents se disputent, voire se séparent. Ta mère est furieuse, offensée, tandis que ton père boude, se retire. Toi, tu retrouves d'un seul coup au milieu de tout cela. En avouant à ta mère que tu voudrais voir ton père, tu la blesserais. En confiant à ton père que tu te sens bien chez ta mère, tu le vexerais. Tu auras beau lui assurer aussi souvent que tu le veux à quel point il te manque, à quel point tu as besoin de lui, il se peut néanmoins qu'il décide de se retirer.

Comment peux-tu donc réagir dans un tel cas ? Tu te renies toi-même, tu réprimes tes propres besoins, tu décides donc de te comporter en fonction des règles établies par tes parents, c'est-à-dire que tu évites d'évoquer ton père à la maison afin de ne pas attrister ta mère. Quel enseignement en tires-tu ?

On attribue communément un pouvoir émotionnel énorme aux enfants. Cette attitude est extrêmement nocive dans la mesure où elle ne correspond pas à des règles saines. Connais-tu la phrase : « Veux-tu que maman soit triste parce que tu n'es pas sage ? » ? Non, elle ne doit pas l'être, mais après tout, sa réaction constitue son propre problème à elle !

En voici un autre exemple : tu as un violon d'Ingres, non, c'est encore bien davantage, il s'agit d'une véritable passion, tu aimes chanter. Tu as déjà fait de beaux progrès, le monde de l'art a fini par s'intéresser à toi. Tu reçois des propositions, on te soutient ; à la maison au contraire, personne ne te prend tout à fait au sérieux. Il n'y a jamais eu d'artistes dans ta famille, et s'il y en avait, ils étaient pauvres, n'ont jamais eu de véritable succès et sont devenus un peu bizarres, à l'image de ton oncle Harald ; peut-être même quelqu'un de ton entourage s'est-il suicidé ou a-t-il été vilipendé à cause de son art. Que tu le veuilles au non, tu es prisonnier du filet des règles que ta famille a établies de manière inconsciente à travers ses expériences au fil des générations. Quelqu'un finit par te proposer de participer à un important concert dans une église. Non sans fierté, tu en informes aussitôt ta famille, sur quoi ta mère te lance un regard interrogateur en déclarant : « Il doit y avoir des gens plus doués que toi, non ? Comment se fait-il qu'ils aient justement pensé à toi[1] ? »

Si dans un tel cas de figure, tu ne disposais pas d'un gardien intérieur puissant capable de protéger ton enfant intérieur, tu ne chanterais plus jamais, n'est-ce pas ?

Il est très facile de te rendre compte des règles systémiques auxquelles tu obéis. Après avoir passé tes rêves en revue,

1 Crois-moi, ce genre d'expérience m'arrive constamment !

observe attentivement ta première réaction. Il est encore plus facile de prendre conscience des règles intérieures auxquelles tu obéis en essayant réellement de mettre tes rêves à exécution. Toutes les craintes, toutes les objections qui te viennent alors à l'esprit préexistent très certainement déjà dans ton histoire familiale. Peut-être te demande-t-on par exemple d'afficher de bons résultats, d'avoir du succès, de fonder une famille, de poursuivre une tradition, de gérer une entreprise familiale ? Disposes-tu de la liberté d'entreprendre ce que tu désires véritablement ?

Dès que tu décides réellement de prendre conscience de toi-même en essayant de te lancer dans une activité qui te fait plaisir, mais que tu n'as jusqu'alors pas osé débuter, tu te heurteras bientôt à une limite intérieure qui ressemble à un dépit, à une sorte de distanciation intérieure. C'est parce que tu viens justement d'effleurer le point où tu t'es dissocié de toi-même. Il se peut alors que des pensées comme : « Je n'en ai plus envie », « Mais que suis-je donc en train de fabriquer ici ? » ou bien : « À quoi bon tout cela, je préférerais mille fois rentrer à la maison » te viennent à l'esprit.

Cela peut m'arriver même lorsque je suis en train de faire du yoga. En me heurtant à mes propres limites physiques, là où j'ai l'impression de ne plus pouvoir disposer d'aucun espace, où je ne bénéficie plus d'aucune marge de manœuvre pour un quelconque lâcher prise, où je suis au contraire confrontée à mes tensions anciennes, je suis d'un seul coup en proie à un désespoir bien antérieur mais très familier et je me rends soudain compte de la présence de cet enfant intérieur ayant constamment été incité à produire des performances, sportives ou autres, bien supérieures à celles qu'il était en état de fournir.

Dès que je me heurte à cette limite intérieure à partir de laquelle plus rien ne semble pouvoir avancer, je ressens très nettement la présence de ce point où je me suis séparée de moi-même. C'est précisément là que je dois me rendre pour rejoindre mon enfant intérieur, c'est là qu'il se trouve tout en ayant déjà commencé à exécuter mécaniquement tout ce qu'on attendait de lui. Il s'est abandonné lui-même, laissant derrière lui sa propre énergie, la joie et aussi l'enthousiasme grâce auquel il aurait pu dépasser ses propres limites.

Dans la mesure où tes propres limites sont consignées quelque part, je te conseille vivement la pratique du yoga, quelle que soit la forme de ton yoga personnel, peu importe qu'il soit physique, émotionnel ou spirituel. Je veux t'encourager par là à exercer une activité qui te rapproche de tes propres limites, quelles qu'elles soient. Conserve la posture encore un peu plus longtemps, mets-toi en quête de l'espace intérieur dont tu disposes, précisément à l'instant où tu es tenté de croire qu'il ne t'en reste plus. Dépasse tes limites intérieures, élargis ton espace intérieur afin de procurer toujours davantage d'opportunités à l'enfant intérieur de te guider vers la joie et la légèreté.

Je suis justement en train de vivre à nouveau ce genre d'expérience. J'apprends à faire du cheval. Sur un cheval qui est encore lui-même en train d'apprendre à être monté. Une merveilleuse monitrice d'équitation parfaitement consciente de ses responsabilités, à laquelle je fais une confiance absolue, s'occupe de moi. C'est aussi pour cette raison que j'accepte qu'elle me critique en tous points. Je suis donc installée sur le dos de ma jument qui a cinq ans. Elle s'effraie encore pour un rien, je ne sais donc jamais si elle ne va pas d'un instant à l'autre faire un saut de côté pendant lequel je ne parviendrais pas à rester en selle. Dans la mesure où je suis déjà tombée une fois de son dos (ce n'était toutefois pas en présence de cette monitrice), mon complexe amygdalien s'est mis en position d'alerte. Il y a des jours où ma jument est calme, en conséquence, moi-même, installée sur son dos, je suis parfaitement détendue. Mais il y a également des jours où elle est agitée. La journée d'hier fut une de ses journées agitées. Alors que j'étais tranquillement installée sur mon cheval, la monitrice qui nous guidait me demanda soudain : « Oserais-tu la mettre un petit peu au trot ? » Non, je n'osais pas. Mon enfant intérieur en revanche jubilait. Au fond de moi-même, je sentais pourtant que tout se passerait bien. Je répondis malgré tout : « Non, pas aujourd'hui. » Ma merveilleuse monitrice qui a la moitié de mon âge me répondit alors : « Si, si, vous y arriverez. Fais-moi confiance, je ne te l'aurais jamais proposé si Calmera [la jument] était réellement excitée. » Je décidai donc de lui faire confiance, ma jument se mit au trot et me permit de vivre une expérience fantastique. Ma stratégie d'évitement de la souffrance était cependant parfaitement justifiée. J'ai cinquante ans, à cet âge, il n'est pas bon de faire une chute, mon cheval est jeune, je ne sais pas encore bien monter, je suis encore moins capable d'amortir une chute, etc. Tout cela est parfaitement juste. La situation était en revanche suffisamment sûre pour que je puisse décider de m'y aventurer malgré tout.

À travers le récit de cette expérience, je veux te conseiller d'élaborer des espaces sûrs avant de te lancer. L'espace sûr représente une condition nécessaire te permettant d'obéir à tes impulsions vivaces, même si tu as peur. En l'état actuel des choses, jamais je ne mettrais mon petit cheval au trot de ma propre initiative, seule avec lui, ni à l'intérieur du manège et encore mois à l'extérieur (mais qui sait, peut-être n'en sera-t-il déjà plus de même au moment de la parution de cet ouvrage...). Mais je le referais très certainement à l'intérieur du manège, en présence de ma monitrice d'équitation qui possède la faculté de ressentir les dispositions de mon cheval à chaque seconde, oui, je le referai à coup sûr, même si j'ai peur.

Comment parvenir à élaborer cet espace sûr ? Eh bien, aux yeux de ton enfant intérieur, cet espace sûr ne se situe dans un premier temps pas à l'extérieur, mais bien à l'intérieur de toi.

VOYAGE INTÉRIEUR :
LA RÉDEMPTION DE L'ENFANT INTÉRIEUR

Détends-toi d'une manière qui te soit agréable. Ferme les yeux, fais apparaître un paysage idyllique, merveilleusement beau, dans ton imagination. Ce paysage t'est familier, tu te sens parfaitement à l'aise dans cet espace intérieur magique. Ou bien le soleil brille, ou bien la lune et les étoiles scintillent. Même si la nuit est déjà tombée, tu te sens en sécurité, protégé par cette nature.

Tu finis par distinguer un sentier sinueux, merveilleusement beau que tu te mets à emprunter aussitôt. Lui aussi t'est parfaitement familier. Sur ton chemin, tu croises des chevreuils et encore d'autres animaux de la forêt. Ils s'arrêtent afin de te saluer, puis continuent tranquillement leur route. Tu poursuis ton chemin en respirant le parfum envoûtant des fleurs qui se sont largement ouvertes, en écoutant les bruits particuliers de ce paysage.

Tu finis par parvenir à une clairière que tu ne connais pas. Il y a là une petite maison. Elle paraît accueillante tout en possédant néanmoins un aspect un peu mystérieux. En toute confiance, tu frappes à la porte basse car tu sais pertinemment que dans cet espace intérieur, toute créature, toute énergie sont bien intentionnées à ton égard. Elle s'ouvre en grand, tu entres lentement. Émerveillé, tu t'arrêtes. Tu te trouves maintenant dans un lieu vraiment magique. C'est un endroit que tu ne connaissais pas, il est à la fois saint et mystique, chargé d'amour et d'énergie, mais il regorge aussi de secrets bien gardés et d'un savoir ancestral.

Ton cœur bat plus vite, tu es en proie à une légère excitation. D'un seul coup, tu te rends compte qu'une expérience tout à fait particulière t'attend ici. De l'arrière-plan surgit alors une créature mystique, chargée d'énergie. « Je suis le gardien de ta liberté intérieure, déclare-t-elle, je porte en moi les secrets de la vie et de l'amour. Si tu es prêt à me servir, à me reconnaître en tant que force positive, je t'offrirai en échange un peu de mon énergie, de ma puissance, je te procurerai confiance en toi. Tu seras alors en mesure de maîtriser réellement ta vie étant donné que tu auras pris connaissance des véritables secrets. Je t'offre ma puissance ainsi que le courage d'entreprendre ce qui t'épanouit. Je t'offre l'impassibilité, la clairvoyance mais aussi la faculté d'emprunter ta propre voie sur cette terre ainsi que l'autonomie nécessaire te permettant de vivre réellement ce que tu ressens, ce que tu sais. En contrepartie, j'exige que tu sois prêt à m'offrir un sacrifice. »

Tu demandes à la créature de bien vouloir porter à ta connaissance ce qu'elle sous-entend par ces paroles. Elle t'offre alors une petite gorgée d'une potion magique qui est en train de bouillir dans un immense chaudron au centre de la pièce en dégageant une épaisse fumée. En toute confiance, tu acceptes la potion magique, tu la bois. L'énergie de l'autonomie commence immédiatement à circuler en toi, tu éprouves aussitôt un sentiment d'épanouissement. Tu entres alors en pleine possession de tes forces psychiques, spirituelles et émotionnelles. Ta conscience s'ouvre, tu identifies immédiatement la force vitale de ton enfant intérieur, sa créativité. Ta confiance nouvellement acquise, la joie de vivre débordante t'incitant à rejoindre le flot de la vie, à danser, à voler te conduisent vers ta source intérieure de guérison.

Dans la mesure où elle représente exactement ce dont tu as besoin pour t'épanouir, tu tiens absolument à disposer de cette énergie dans ta vie. Tu demandes donc au gardien de la liberté intérieure de te révéler en quoi consiste le sacrifice qu'il te demande. Celui-ci devient soudain très grave.

« J'exige la petite fille sage de papa, le petit garçon sage de maman », affirme-t-il alors. Dans un premier temps, tu ne comprends pas à quoi le gardien de la liberté veut faire allusion. « Tu ne disposeras plus de la faculté d'être obéissant une fois que tu auras décidé de me servir, que tu auras recours à mon énergie. Tu ne pourras plus vouloir plaire à autrui, te comporter en fonction des désirs de tes parents ou te renier toi-même afin de ne pas attirer l'attention. J'exige de toi que tu me sacrifies ce petit enfant excessivement sage et je t'offrirai en échange mon énergie. »

Tu hésites, ne sachant peut-être pas très bien comment réagir dans la mesure où tu n'as probablement envie de sacrifier aucune dimension de ta personnalité. Mais tu ressens simultanément et avec une grande précision que tu es prêt à te détacher du rôle de la fille sage, du fils se comportant toujours en fonction des souhaits de ses parents.

Soudain, tu aperçois une silhouette tirant sur ta jupe ou sur ton pantalon. Surpris, tu te retournes, tu découvres alors la présence de la petite fille sage de papa, du fils rangé de maman, ils correspondent exactement à l'image que tes parents se sont toujours faite de leur enfant. Il se pourrait bien que ce ne soit qu'en cet instant que tu comprennes réellement, soit avec étonnement, soit avec effroi, de quelle manière tu as dû te comporter pour que les autres tiennent compte de ta présence.

« Je rejoindrais volontiers la liberté intérieure », affirme alors l'enfant en t'adressant un grand sourire.

En effet, tu te rends aussitôt compte que l'enfant et le gardien sont unis par des liens étroits ; c'est comme si tous deux étaient dépositaires d'un secret qui te demeurait inaccessible. Tu lui fais un signe de la tête en guise d'approbation, le gardien de la liberté intérieure tend ses bras, l'enfant s'y jette. Instantanément, l'enfant se transforme en un esprit libre de la nature. Il s'agit peut-être d'un elfe, d'une fée, d'un nain ou d'une autre créature du petit peuple. Après t'avoir adressé un sourire malicieux, il t'embrasse, puis disparaît dans la partie arrière de la hutte comme s'il la connaissait pour y avoir grandi.

« C'est mon enfant, déclare alors le gardien de la liberté intérieure. Je l'ai mis à ta disposition pour te permettre de jouer le rôle que tu désirais interpréter. Tu es maintenant ici afin de reprendre possession de ta propre énergie et je te la procurerai. »

Observe attentivement de quelle manière tu reçois la potion magique. Peut-être t'en offre-t-il une gorgée supplémentaire, mais peut-être le gardien en envoie-t-il les émanations dans ton aura ou bien alors se répandent-elles d'elles-mêmes en toi. L'énergie de la potion magique t'atteint, envahissant chacune de tes cellules. Ton cerveau établit les connexions de sorte que ton autonomie parfaitement naturelle, ta liberté intérieure te redeviennent accessibles même si tu ignores encore en quoi cela consiste exactement. Tes propres énergies naturelles circulent, elles se répandent en toi, tu recouvres ton autonomie spirituelle, émotionnelle, physique et psychique, la maîtrise de ta vie. Plus jamais tu ne parviendras à entreprendre une action motivée par l'unique objectif de te conformer aux désirs d'autrui, sans te rendre compte que tu agis à l'opposé de ta vérité intérieure. Quoi qu'il en soit, tu n'en as dorénavant plus aucune envie. L'énergie de la liberté intérieure se répand en toi avec une puissance toujours accrue, à tel point que tu te mets peut-être même à rire tellement tout est devenu d'un seul coup si simple, si évident.

> Prends tout ton temps afin de reprendre lentement conscience de ton corps et de la pièce dans laquelle tu es installé. Emporte ta liberté intérieure retrouvée dans ta vie.

Voici encore un autre exercice.

EXERCICE

Une petite épreuve de courage

Lance-toi dans une activité qu'au fond, tu n'oses pas entreprendre mais qui te ferait réellement plaisir afin que ton enfant intérieur puisse apprendre à te faire confiance, mais aussi afin que tu puisses véritablement devenir digne de confiance.

Demande-lui quelle expérience il voudrait vivre. Il n'est pas nécessaire qu'il s'agisse d'une activité extraordinaire, particulièrement extravagante. Nombreuses sont les personnes restreignant déjà leur liberté concernant de tout petits détails, même si elles n'ont aucune obligation de le faire.

Chère lectrice, cher lecteur, s'il te plaît, ne te demande pas s'il est vraiment judicieux de l'entreprendre ni ce que cette expérience t'apportera réellement, mais lance-toi tout simplement.

Tu ignores probablement les conséquences que le fait de réellement obéir à la voix de ton enfant intérieur entraînera, c'est pour cette raison que tu ne peux pas savoir d'emblée ce que cette expérience t'apportera. Expérimente-la tout simplement, il s'agit d'une mesure censée établir la confiance. Comment ton enfant intérieur pourrait-il apprendre à te faire confiance si tu le déçois et le repousses sans arrêt ?

Ainsi, n'hésite donc plus, il est temps de te lancer, amuse-toi tout en faisant l'expérience de ta liberté intérieure.

RÈGLE NUMÉRO 7

Si tu ignores de quelle manière effectuer telle ou telle chose, demande de l'aide. Souviens-toi que tu n'es pas obligé de toujours tout accomplir seul

Tu es peut-être en train de te demander : « Mais pour quelle raison, au nom du ciel, aurais-je donc besoin de cette règle ? » N'est-elle pas parfaitement évidente ? Y aurait-il une raison quelconque de ne pas demander de l'aide ? Eh bien justement, il y en a des milliers. Ou alors une seule, mais celle-ci est si fondamentale que tu préférerais te couper mille fois la langue plutôt que d'avouer : « J'ai besoin d'aide. »

Reviens au niveau où tu ressens les blocages, c'est-à-dire à celui des symptômes. Ajournes-tu fréquemment les obligations désagréables qui se présentent à toi ? Connais-tu certes parfaitement le contenu de ta liste des choses à faire, mais remets-tu malgré tout constamment leur exécution à plus tard ? Aurais-tu certes envie d'expérimenter du nouveau mais sans véritablement oser t'y lancer, t'en dissuades-tu encore et toujours en prétextant que cela n'a aucune importance ? Oses-tu te lancer des défis qui te font réellement avancer, qui élargissent ta marge de manœuvre aussi bien intérieure qu'extérieure ? Qu'il s'agisse de tenir ce discours à l'occasion de l'assemblée générale du personnel que tes collègues te demandent depuis longtemps, de t'acquitter enfin de toutes ces factures qui sont en train de s'accumuler en jaunissant dans un tiroir ou bien de te rendre chez le médecin afin de procéder enfin au traitement de ta maladie. Le courage t'abandonne-t-il rapidement, as-tu l'impression d'être impuissant, excédé, à la merci d'autrui dès que tu es confronté à certaines tâches difficiles ? Détestes-tu les démarches administratives ? Le service des impôts t'énerve-t-il, es-tu pris d'angoisse ou te fâches-tu dès que tu vois passer un véhicule des services chargés du maintien de l'ordre public ? Te crois-tu incapable d'effectuer un certain nombre de choses, te sens-tu en quelque sorte toujours un peu limité intellectuellement, plus petit, plus gris que tu ne devrais te sentir ? Es-tu incapable de dire « non », as-tu besoin d'aide pour poser les limites appropriées ? Es-tu pris de panique en songeant à certaines obligations que tu dois pourtant accomplir ? La panique peut d'ailleurs également se manifester sous forme de manque d'entrain, de lassitude, d'apathie ou encore de mal-être physique.

Qu'est-ce que cela signifie ? N'es-tu pas adulte ? N'es-tu pas capable de faire face à tes obligations de manière logique et raisonnable ? Eh bien, toi, tu l'es ; en revanche, ton enfant intérieur, lui, ne l'est pas. Un comportement raisonnable, logique et adulte consiste à peser les défis et les obligations de manière objective, à te rendre compte si tu es à la hauteur de la tâche, à analyser tes ressources et tes possibilités, puis à décider par la suite si tu as la faculté d'accomplir ou non ta mission. La plupart du temps, tu te comportes d'ailleurs de manière tout à fait adulte, identifiant et exploitant parfaitement tes ressources. L'adulte en toi n'a aucun problème à dire « non » ; l'enfant intérieur en revanche ne parvient pas à tolérer que ce mot franchisse ses lèvres sans être immédiatement en proie à une attaque de panique.

Tes ressources peuvent consister en tous moyens susceptibles de contribuer à l'accomplissement de tes tâches, elles peuvent aller d'interventions personnelles tout à fait concrètes jusqu'à l'Internet, certains livres pratiques ou conseillers spécialisés en divers sujets, ou encore d'un artisan jusqu'au médiateur au service des personnes surendettées, d'associations d'entraide en passant par un soutien professionnel jusqu'aux prières adressées à ton ange gardien, de méditations jusqu'aux séances de thérapie.

Pourquoi donc te laisses-tu paralyser ainsi ? Pour quelle raison te retires-tu entre tes quatre murs en fermant les yeux devant les obligations dont tu dois pourtant t'acquitter ? Pourquoi préfères-tu disperser ton énergie en discussions détaillées et interminables au sujet des injustices du fonctionnement de la société ou des exigences démesurées que ta profession t'impose au lieu de retrousser tes manches, de vérifier d'abord si tu ne peux pas faire avancer les choses, si tu n'es pas capable de contribuer un tant soit peu à la résolution du problème ?

La plupart du temps, tu ne te rends peut-être même pas compte que tu es en train d'essayer de te défiler, que tu as peur de l'échec, que tu ne sais pas par quel côté aborder le problème et que c'est justement pour cette raison que tu préfères ne pas commencer à l'affronter. Ta stratégie d'évitement de la souffrance ne fait pas les choses à moitié et c'est très bien ainsi. Dès que tu commences à avoir des doutes, dès que tu ne comprends pas ou tu ne sais pas, au lieu de poser les bonnes questions, tu tentes soit de résoudre le problème seul, soit d'occulter précisément le sujet en question.

S'il te plaît, scrute attentivement ta vie, choisis n'importe quel aspect au hasard. Quelques chantiers, certaines tâches inachevées y subsistent-ils, que tu remets constamment à plus tard pour la simple raison que tu ignores par quel biais et de quelle manière en venir à bout ? Te rends-tu seulement compte de la quantité d'énergie que ce refoulement absorbe ? Les tâches inachevées ne cessent de clignoter au niveau de ton subconscient, soit en jaune, soit en rouge, en fonction de leur urgence respective. Elles effraient ton complexe amygdalien, l'aire de la peur. Les ignorer consomme une quantité impressionnante d'énergie, justement cette même énergie que tu pourrais aussi bien mettre à profit afin d'en venir progressivement à bout. La recherche sur le cerveau a en outre prouvé que chaque nouvelle stratégie d'évitement transmet au complexe amygdalien l'information : « C'est toujours dangereux, évite cette situation encore davantage à l'avenir. » En tentant d'éviter une situation anxiogène, tu renforces donc à chaque fois le mécanisme de la peur. Difficile de se comporter de manière plus irrationnelle, n'est-ce pas ? Je pose donc une nouvelle fois la question : Mais qu'est-ce que cela signifie ?

Dès que tu commences à te confronter à ce sujet difficile pour toi, tu te heurtes à un enfant intérieur particulièrement blessé, découragé et désespéré. Pourquoi alors ne pas demander de l'aide ? Parce que de toute façon, personne ne viendra. Pas même Dieu.

Tu rencontres ici l'enfant trop souvent laissé seul, qui une fois de plus n'a pas reçu la protection ni le soutien dont il aurait eu si expressément besoin. L'enfant couvert de honte dès lors qu'il ignorait quelque chose, ayant dû assumer des tâches insurmontables, ayant encore et toujours fait l'expérience de l'impuissance et du désespoir dans la mesure où il était totalement dépassé.

Même si tu n'en es pas conscient, même si tu as dans le fond toujours reçu tout ce dont tu avais besoin, toujours est-il que si tu as pris l'habitude de remettre à plus tard les obligations désagréables, tu peux partir du principe que tu n'avais pas le droit de demander de l'aide (ou que cet acte t'aurait attiré d'une manière ou d'une autre certaines difficultés). Peut-être n'y avait-il tout simplement personne à qui tu aurais pu t'adresser dans la mesure où chacun se consacrait à ses propres problèmes. Peut-être tes parents étaient-ils malades ou avaient-ils l'intention de divorcer, et il relevait de ta responsabilité, non ouvertement prononcée, mais clairement ressentie par toi, de les garder en vie ou de les retenir au sein de la famille en symbolisant à leurs yeux la raison de ne pas mourir ou de ne pas quitter la famille. Peut-être le prix que tu as dû payer pour cette assistance était-il trop élevé. Certes, tu as peut-être été soutenu, toujours est-il que la litanie toujours ressassée que tu n'aurais pas dû faire tant de chichis, que tu aurais dû savoir t'en sortir tout seul depuis belle lurette, t'a couvert de honte. Si tu t'intéresses aux constellations familiales systémiques ou même si tu y réfléchis tout simplement assez sérieusement, tu te rendras très rapidement compte de la nature des tâches dont tu as été accablé étant enfant.

Enfant, tu prends très au sérieux les tâches qu'on t'impose de manière consciente ou inconsciente, tu tentes le tout pour le tout pour en venir à bout. En règle générale, elles sont insurmontables, tout au moins pour toi, dans la mesure où la clé du problème réside dans le passé ou se situe au niveau d'autres personnes. (Aujourd'hui, tu es en mesure de les résoudre en te penchant par exemple sur le mode de fonctionnement familial à l'aide d'un thérapeute. Par chance, nous pouvons apporter énormément de contributions au mode de fonctionnement familial dans lequel nous vivons. Dans ton enfance en revanche, tu n'en avais pas l'opportunité.)

Te sentais-tu obligé de mieux réussir que ton père ? Étais-tu contraint de veiller à ce que ta famille présente bien, vu de l'extérieur ? As-tu dû remplacer un frère ou une sœur décédé, te substituer au père, au mari auprès de ta mère, jouer le rôle de l'épouse, de la mère auprès de ton père ? Portais-tu l'héritage familial comme un lourd fardeau sur tes frêles épaules ? Relevait-il de ta responsabilité que la famille ne vole en éclats ? Toutes ces obligations auxquelles tu te heurtes et qui te font d'ailleurs désespérer encore aujourd'hui étaient insurmontables pour l'enfant que tu fus, à tel point que soit elles te faisaient baisser les bras, soit elles te transformaient en une combattante ou en un combattant inflexible qui n'appellera plus jamais à l'aide parce qu'il est intimement persuadé qu'elle ne viendra de toute façon jamais.

Il se peut également que tu aies bénéficié de trop d'aide. Alors que tu ne demandais qu'un peu de soutien, tes parents te déchargeaient tout de suite entièrement d'une tâche donnée. Cette attitude décourage profondément tout en laissant cet arrière-goût amer de colère, d'ennui et de résignation.

Récemment, je fus témoin d'une situation tout à fait normale, typique, que je tiens à décrire dans ce contexte. Elle te fera comprendre à quel point un enfant peut être rapidement dépassé par les événements sans que les parents l'aient voulu et sans même qu'ils se rendent compte de la situation.

En visite chez une amie, je l'entendis incidemment demander à son fils aîné de bien vouloir aller chercher son petit frère pour le déjeuner. À contrecœur, son fils aîné se dirigea vers l'escalier en traînant les pieds tout en affirmant dans la cuisine à voix haute : « Comme d'habitude, il ne voudra certainement pas venir ! » Dès à présent, il était dépassé, connaissant d'avance le drame auquel il allait être exposé sous peu.

Après être entré dans la chambre du cadet et s'être adressé à lui en lui demandant de bien vouloir descendre pour le déjeuner, il se heurta immédiatement au refus de celui-ci. Le cadet n'en avait absolument pas envie. L'aîné rencontra donc un problème. Ayant pris sa mission au sérieux et ne voulant pas décevoir sa mère, il se mit aussitôt en colère en paniquant. Lui-même était encore trop petit pour faire descendre tout simplement son frère en le portant dans ses bras, tandis que le cadet ne daignait absolument pas lui obéir. Le visage de l'aîné afficha alors cette expression typiquement désespérée, le petit garçon faillit se mettre à pleurer tout en devenant agressif puisqu'il ne voulait en aucun cas admettre sa détresse. Il se mit à insulter son frère en essayant de le tirer en direction de l'escalier. La situation provoqua aussitôt des vociférations excessives, voire un drame, accompagné de la déstabilisation flagrante de la confiance en soi en ce qui concernait l'aîné. Qui plus est, ce dernier était visiblement en train de tenter d'échafauder une sorte de corset orthopédique lui permettant de simuler un potentiel énergétique dès lors que celui-ci serait exigé de lui, mais qu'il n'avait encore pu développer jusqu'à présent.

Il n'y avait pourtant aucune raison d'en arriver là. Mon amie n'avait jamais exigé de lui qu'il se charge de faire venir le cadet, elle lui avait simplement demandé de lui dire que le repas était prêt, m'assura-t-elle, mais ce n'était malheureusement pas en ces termes qu'elle s'était adressée à lui. Ayant pris sa mission au sérieux, son fils aîné en fut totalement dépassé dans la mesure où il n'avait rien à opposer au refus de son frère. Ce n'était d'ailleurs pas son rôle.

Après le refus de son frère, il aurait suffi qu'il redescende à la cuisine en déclarant : « Il ne veut pas, maman, je n'arrive pas à le faire venir, il faut que tu le fasses toi-même. » Tout aurait alors été pour le mieux. Mais il en fut incapable. Peut-être quelqu'un s'était-il moqué de lui une fois lorsqu'il appelait à l'aide, peut-être une parole irréfléchie avait-elle échappé un jour ou l'autre à mon amie ou à son mari, qui sait. Ce sont des choses qui arrivent. Dès l'instant où les parents font comprendre à leur enfant qu'il les a déçus, celui-ci fera tout son possible pour ne pas être obligé de revivre cette situation. Pour quelle raison ? Déception *égale* désamour *égale* mort, c'est aussi simple que cela dans le cerveau d'un enfant.

« Tu n'es vraiment bon à rien » ; « Il faut que je m'occupe de tout moi-même » ; « Ne pourrais-tu pas pour une fois être capable de faire les choses comme il faut ? » Ce genre de phrases te prive de ton droit à l'existence pour peu qu'elles ne soient pas reniées et désamorcées sur-le-champ. Car elles ne sont bien évidemment pas exactes. Ces paroles, pour peu que tu les aies entendues dans la bouche de tes parents, n'ont pas été pensées sérieusement. Ce furent des phrases dues au surmenage, à la détresse et non pas des paroles de dénigrement et de mépris (c'est du moins ce que j'espère). Mais de quelque nature qu'aient pu être les paroles de tes parents, toujours est-il que tu as compris : « Ne te permets en aucun cas d'échouer. N'ose pas m'importuner, autrement, je te retire mon amour et ma sollicitude. » Puisque cette hypothèse active l'aire de survie située dans ton cerveau, tu feras à partir de cet instant tout ce qui est dans tes moyens pour ne plus jamais produire une impression désagréable.

As-tu tenté de guérir la maladie de ton père en étant toujours gentil, en ne l'énervant jamais ? As-tu tout fait pour rendre ta mère heureuse, pour sauver ta sœur des attaques des enfants plus âgés des environs ? Et as-tu échoué ? C'est plus que probable, n'est-ce pas ? Ces obligations étaient tout simplement démesurées pour toi. Dans la mesure où il ne s'agissait même pas des tiennes, tu ne disposais d'aucune possibilité de les surmonter. Une telle expérience est quasiment irréparable, sauf si tu libères l'enfant que tu fus jadis de sa tâche funeste, si tu l'affranchis du fardeau dont il s'est chargé.

Victime d'une telle représentation mentale, comment te serait-il encore possible de demander de l'aide ? Et à qui ? Au moment où tu en avais le plus grand besoin, il n'y avait jamais personne, à quoi bon, donc, demander de l'aide maintenant ?

La difficulté se présente d'ailleurs de manière identique si certaines tâches t'ont été retirées, voire violemment arrachées des mains, ces gestes ayant probablement été accompagnés de sous-entendus impatients voire dédaigneux. Dans ce cas, tu n'as jamais appris à oser avancer progressivement sur un terrain inconnu, tu ignores que tout problème est résoluble en commençant par un premier petit pas, en répondant successivement à chaque question, en collectant les réponses les unes après les autres. Dans ce cas de figure, tu ignores donc que tu n'es pas obligé de connaître d'emblée toute la solution d'un problème donné afin de venir avec succès à bout de ta mission, mais qu'il te suffit au contraire d'effectuer le pas suivant afin de pouvoir comprendre de quelle manière tu pourras procéder par la suite.

La plupart du temps, tes parents ne le savaient pas non plus eux-mêmes, tant ils étaient dépassés de leur côté. Probablement, ils n'avaient pas la faculté de t'enseigner de quelle manière il convient de s'attaquer aux problèmes et d'affronter les difficultés parce qu'ils n'en étaient eux-mêmes pas capables. Tu peux en revanche l'apprendre maintenant car tu es adulte, tu peux cesser de continuer de blesser l'enfant intérieur, non pas en évitant les exigences que la vie t'impose, mais en envoyant cet enfant dans un espace sûr et en laissant opérer l'adulte.

Commençons donc tout d'abord par observer les défis devant lesquels ton enfant intérieur recule.

EXERCICE

Les erreurs sont les bienvenues

Procure-toi de quoi écrire et complète les phrases ci-après.

Si j'avais le droit de commettre des erreurs, si je n'étais pas obligé d'être parfait, j'aimerais bien :

- apprendre à faire telle ou telle chose ;
- oser m'adresser à telle ou telle personne ;
- trouver un nouveau poste de travail ;
- changer de coupe de cheveux ;
- me lancer dans un nouveau sport ;

- vivre de manière beaucoup plus libre ;
- entamer une nouvelle relation avec quelqu'un ou mettre un terme à celle dans laquelle je vis ;
- spéculer en Bourse ;
- avoir un enfant ;
- posséder un chien ;
- me faire tatouer ;
- danser ;
- apprendre à chanter ;
- …

Si je savais comment m'y prendre, je déciderais sur-le-champ de :

- payer mes dettes ;
- vendre ma maison ;
- créer ma propre entreprise ;
- rédiger un livre ;
- devenir musicien ;
- devenir plus confiant en mes propres capacités ;
- dire « non » quand je le désire vraiment ;
- …

De quoi ta liste est-elle composée ? Dans toutes ces situations, ton enfant intérieur, choqué, blessé, totalement dépassé, se précipite aux premières lignes du front afin de porter la responsabilité, et ce en dépit de son jeune âge. Souviens-toi s'il te plaît une bonne fois pour toutes qu'un enfant ne sait pas gérer tous ces défis ni affronter cette crainte d'échouer et qu'un enfant n'est pas non plus obligé de savoir se débrouiller avec tout cela.

C'est à toi, individu adulte, mûr, que tous ces défis sont lancés, cet individu serait d'ailleurs certainement en état d'y répondre si seulement son enfant intérieur le laissait faire. Ton enfant intérieur ne sait pas s'acquitter d'une facture ; dans beaucoup de domaines, il ne s'y connaît tout bonnement pas, ou bien il a tout simplement peur. Le service des impôts qui t'envoie une lettre de rappel ou ne serait-ce que n'importe quelle entreprise de vente par correspondance qui te fait parvenir une facture ressemble aux yeux de ton enfant intérieur au père tout-puissant qui le punit et dont il a peur. Il évite donc tout contact. Ton enfant intérieur ne sait pas acheter une maison, il ne sait pas démissionner d'un poste de travail, il n'est pas en capacité de gérer un refus ou ne serait-ce que le risque d'être repoussé.

En revanche, c'est malgré tout cet enfant qui essaie de relever tous ces défis. Ce comportement n'est-il pas totalement fou ? D'où vient-il ? C'est parce que tu en as pris l'habitude que tu te conformes à l'ancien schéma comportemental qui te fait sans cesse revivre l'état de choc habituel. Tu joues toujours le même jeu en oubliant totalement (ou alors en ne t'étant toujours pas rendu compte) que tu disposes aujourd'hui d'autres ressources.

Ton enfant intérieur n'a pas besoin de savoir gérer toutes ces affaires d'adultes. Tu n'as même pas besoin de le lui enseigner. Ton comportement se révélera nettement plus judicieux si tu le laisses tout simplement jouer. Tes nombreuses difficultés proviennent du fait que ton enfant intérieur se saisit des rênes sur-le-champ dès qu'il est question de tâches problématiques puisque tu n'as probablement jamais appris à te comporter autrement. Tu es certes devenu adulte avec le temps, mais tu n'as jamais modifié le point de vue, la vision intérieure à partir de laquelle tu agis. Tu continues toujours de te comporter en obéissant à la perspective de ton enfant intérieur. En revanche, comment peux-tu parvenir à affronter la vie d'adulte si tu te sens enfant, si tu ne disposes que des réactions qui sont celles d'un enfant, si tu es dominé par la peur de l'enfant d'être rejeté ?

La situation devient particulièrement compliquée dès que tu as un de ces rendez-vous médicaux qui te font réagir ainsi : « J'aurai très certainement honte à en mourir » ou encore : « J'ai peur d'un résultat défavorable. »

Je viens justement de rentrer d'un tel rendez-vous. Pendant que j'étais installée sur la table de soins, j'avais bien pris soin d'envoyer mon enfant intérieur dans le jardin magique afin qu'il n'ait pas peur, qu'il se sente protégé et en sécurité. De plus, j'avais appelé mon ange gardien à la rescousse, oui, j'avais même confié mon enfant intérieur aux bons soins de la Sainte Mère Marie, mais ça n'a pas marché. L'enfant intérieur s'est senti protégé et en sécurité dans les bras de Marie, tandis que moi-même, j'ai malgré tout tremblé de peur et de honte.

Parfois, nous sommes tout simplement obligés de supporter de telles situations. Il est certain que mon enfant intérieur (et ce faisant également moi-même, bien évidemment) était plus calme que si je ne m'en étais pas occupée du tout. Il n'empêche que ma peur fut tout simplement beaucoup plus grande que ma faculté de sollicitude. En outre, l'examen ayant réellement eu lieu, l'enfant avait donc toutes les raisons d'avoir peur.

S'il te plaît, ne tente pas de te rassurer dans un tel contexte en te convainquant que ce n'est pas si grave, que tu n'as pas la moindre raison d'avoir peur ou d'avoir honte. L'enfant intérieur a bien évidemment peur et il éprouve également une immense honte.

N'essaie pas de te libérer de tes sentiments, ne les réprime pas, ne les colmate pas non plus à grands coups de prétendues pensées positives. Ressens-les consciemment, demande de l'aide, puis accepte la situation. Il est très courageux d'affronter ses sentiments et d'honorer un tel rendez-vous médical en dépit de la peur. Dans de tels cas, il peut être judicieux de prendre auparavant quelques gouttes du mélange « secours » des fleurs de Bach ou d'employer le flacon du choc B026 d'Aura-Soma®. S'il te plaît, promets en outre à ton enfant intérieur une belle expérience en guise de récompense pour son courage. Prends tout de suite ce rendez-vous avec lui et planifie immédiatement cette aventure, quelle qu'elle soit, dans ton agenda. Récompense-le pour son courage, mais seulement s'il est vraiment obligé d'être courageux parce qu'il est impossible de faire autrement. Ne profite pas une nouvelle fois lâchement de son courage car ton enfant intérieur a déjà fait plusieurs fois l'expérience de ce comportement.

Tu ne peux cependant pas tout éviter, parfois, tu es tout simplement confronté à des situations dans lesquelles tu as peur, dans lesquelles tu ressens honte ou souffrance. Mais c'est maintenant toi l'adulte qui est présent afin de protéger ton enfant intérieur. Il n'est pas exposé à cette situation comme autrefois, livré tout seul à sa panique. Tu acceptes la peur de l'enfant, tu le consoles, tu essaies de réparer la honte et les souffrances si jamais tu es obligé de lui en infliger pour une fois. La stratégie d'évitement ne paraît certainement pas appropriée ici dans la mesure où tu as sûrement besoin de cet examen ou de ce traitement, elle ne ferait en outre que renforcer tes craintes puisque dans ce cas, tu ne cesserais de te confirmer à toi-même que tu es réellement incapable de gérer cette situation.

Tu y parviendras sûrement, d'ailleurs, je te montre dès à présent de quelle manière. Je te propose un voyage intérieur grâce auquel tu peux passer du moi de l'enfant à celui de l'adulte et qui te permet ainsi de prendre enfin ta vie en main.

Pour quelle raison devrais-tu l'entreprendre délibérément ? L'enfant intérieur n'est pas un élément isolé, autonome, qui possède un visage et qui se présente à un âge bien défini. Il est composé d'un enchevêtrement de plusieurs tranches d'âge, d'états émotionnels et de degrés de maturité. Cela paraît tout à fait évident dans la mesure où l'enfant intérieur englobe toute l'enfance et l'adolescence, voire les expériences de l'adulte si celles-ci sont vécues à partir de la perspective de l'enfant intérieur.

Il possède des aspects extrêmement blessés, furieux, entêtés et honteux, mais aussi des éléments très imaginatifs, vivaces, libres et pleins d'humour. Il englobe la personnalité tout entière, mais aussi l'identité spirituelle d'un être humain. Car toutes ces dispositions préexistent déjà dans l'enfant. Il fait certes l'expérience du monde directement à travers ses sensations physiques et émotionnelles, mais le potentiel de l'être humain entier, sain, est déjà présent. Puisqu'il en est ainsi, l'enfant intérieur a besoin d'attention, de guérison et de soutien aussi bien sur le plan physique, émotionnel que spirituel.

Les outils que je propose à destination des différents niveaux peuvent parfois sembler en contradiction les uns avec les autres, mais ce n'est pas tout à fait exact. Il est d'une importance capitale de bien se rendre compte de l'existence de ces différents niveaux car les outils adaptés à un niveau donné peuvent se révéler parfaitement nocifs pour un autre. Certains de ces niveaux nécessitent de la compassion et de la protection, tandis qu'à d'autres niveaux, il peut être essentiel que tu endosses tes responsabilités afin de favoriser le processus de la maturité et de la guérison. Si tu confonds les niveaux, tu risques éventuellement de rester prisonnier de tes schémas comportementaux.

VOYAGE INTÉRIEUR :
FAIRE LA CONNAISSANCE DE L'ADULTE INTÉRIEUR

Imagine deux chaises, l'une pour toi, l'autre destinée à ton adulte intérieur. Même si tu ignores son aspect, même si tu ne t'es jamais encore rendu compte de sa présence, toujours est-il que cet élément-là existe en toi. Si tu ne crois pas que tu possèdes somme toute une dimension adulte, voire si tu ne veux rien avoir à faire avec elle, fais tout simplement comme si une dimension mûre, responsable, existait en toi, qui soit en mesure de décider d'entreprendre ce qu'elle désire réellement, qui réponde d'elle-même et de ses rêves. Il te suffira de faire comme si. L'énergie, le potentiel du moi adulte, se montrera en tout état de cause.

Installe donc maintenant dans ton imagination les chaises aussi loin l'une de l'autre que tu penses devoir le faire, puis assieds-toi sur celle qui te représente. Comment te sens-tu sur cette chaise ? Comment respires-tu ? La distance est-elle adaptée ? Que voudrais-tu dire à ton vis-à-vis ? Désires-tu dans le fond avoir quoi que ce soit à faire avec cet adulte ?

Une fois que tu as dit tout ce que tu avais à dire tandis que tu étais installé à cet endroit, change de chaise. Installe-toi maintenant sur celle de l'adulte intérieur, même si tu ne sais pas qui c'est ni s'il existe réellement. La stratégie de la chaise vide fonctionne, même si tu te contentes de faire comme si.

Il se peut que tu te sentes redressé, plus grand, plus précis, moins émotionnel. Quel que soit le contenu de ce que tu as à dire, prononce-le. Peut-être te rends-tu compte de la présence d'une précision et d'une lucidité que tu ignorais jusqu'à présent, d'une sorte de certitude d'être à la hauteur de tes obligations, d'une énergie raisonnable capable de se fier à elle-même. L'adulte stable sait ce qu'il a à faire, il sait aussi à qui demander de l'aide en cas de besoin. Cet adulte intérieur se répand maintenant en toi, se fond en toi tout en te procurant une énergie parfaitement nouvelle.

Dès que tu ressens la présence de cette énergie, imagine une situation dans laquelle tu étais totalement dépassé étant enfant, ou encore une situation pendant laquelle la tâche a été retirée de tes mains, dans laquelle tu as bénéficié de trop d'aide, dans laquelle on ne t'a pas fait assez confiance. Ton enfant intérieur sait parfaitement de quoi il a besoin, permets donc à la situation de renaître dans ton imagination, de te revenir en mémoire, même si elle se révèle tout à fait différente de celle à laquelle tu t'étais attendu.

Tente encore une fois de te souvenir de tes sentiments. Peut-être les éprouves-tu pour la première fois de manière consciente. Rends-toi compte de l'aspect de l'enfant, de ses tentatives désespérées de parvenir à tout accomplir, réalise à quel point il est seul et désemparé en vérité, mais aussi avec quel courage il essaie de venir à bout du problème.

Observe-le, puis approche-toi de lui. Autorise l'adulte stable que tu représentes également à intervenir dans la situation, prends l'enfant dans tes bras ou prends-le par la main. Donne-lui exactement ce dont il a besoin en cet instant même. Offre-lui un petit soutien et affirme-lui avec conviction que tu fais confiance au fait qu'il parviendra à réaliser son projet avec succès.

Si l'enfant est réellement dépassé, approche-toi de lui, autorise-le à s'arrêter. Il n'a pas besoin de contrôler la situation plus longtemps, il a le droit d'aller jouer. C'est toi qui te chargeras désormais de cette affaire. Appréhende la situation en tant qu'adulte et accomplis les tâches qui restent à effectuer.

Si l'enfant tente de s'acquitter d'une tâche qu'il n'est pas en état d'accomplir parce qu'elle ne relève pas de sa responsabilité, prends-le dans tes bras et approche-toi de celle ou de celui pour le compte de qui il tente d'effectuer la tâche. Va rejoindre tes parents et rends-leur leur fardeau. Tout comme toi, ils disposent de forces intérieures, eux aussi ont le droit et le pouvoir de demander de l'aide, leur enfant intérieur non plus n'a pas besoin de toujours tout accomplir tout seul. Les mêmes règles s'appliquent également à eux.

Déclare expressément à ton enfant intérieur qu'à partir de maintenant, il n'a plus besoin de porter le fardeau des parents. Affirme-lui que tu ne veux plus qu'il se charge des problèmes des parents, demande aux énergies intérieures de tes parents de venir à leur rescousse. Débarrasse l'enfant du rôle du sauveur, dégage-le de toutes les obligations qu'il essaie de porter sur ses frêles épaules et ramène-les là où se situe leur véritable place, agis en pleine conscience et avec respect pour le sort d'autrui. Incline-toi devant la personne à laquelle tu rends ce fardeau en le lui posant devant les pieds ou entre les mains et déclare-lui : « Mon enfant intérieur a tenté de porter ce fardeau, mais à présent, je te rends ton destin. Avec amour et en pleine conscience, je m'incline devant ton destin, mais je m'en vais maintenant vivre ma propre vie. Je laisse la tienne auprès de toi et m'en vais porter mon propre destin. »

Prends ton enfant intérieur par la main, accompagne-le dans un espace où il peut se sentir heureux et en sécurité, que ce soit une merveilleuse pièce à jouer ou encore un jardin magique d'une beauté ravissante, incroyablement bien protégé. Prends tout simplement l'enfant dans tes bras. Affirme-lui expressément qu'il n'aura plus jamais besoin de s'occuper des problèmes d'autrui.

Il se peut que l'enfant intérieur soit têtu. Il a tellement été entraîné à accomplir les obligations d'autrui que ce comportement est quasiment devenu obsessionnel chez lui. S'il te plaît, manie-le si nécessaire avec toute la fermeté requise, à la manière d'un père aimant, responsable, d'une mère forte, attentionnée. Il se peut même que tu ressentes la résistance de l'enfant intérieur dans la mesure où il tient probablement à résoudre à tout prix le problème du père, de la mère. Affirme-lui qu'il a le droit d'aimer ses parents autant qu'il le souhaite, mais qu'il n'a néanmoins pas l'obligation de s'occuper de leurs tâches dans la mesure où des forces secourables s'en chargent à sa place. Qu'il empêche même la solution de certains problèmes en essayant de se substituer à elles pour les résoudre à leur place. Si tu lui expliques la situation de cette manière, il cédera rapidement dans la mesure où le bonheur de tous lui tient à cœur.

Ressens en toute conscience le soulagement qu'il en éprouve. Dorénavant, vérifie dans chaque situation dans laquelle tu te sens dépassé ou à chaque fois que tu sens que tu essaies d'éviter une tâche si l'enfant intérieur ne s'est pas remis de manière tout à fait automatique à résoudre ton problème.

Tu es désormais en mesure de libérer ton enfant intérieur de toutes les situations offensantes. Il te suffira d'aborder la situation en tant qu'adulte puis de le sauver.

Dans cette perspective, reviens lentement à la réalité physique en y dirigeant ton attention tout en profitant de cette impression de sécurité, de protection, de confiance qui s'est produite durant cette méditation.

Une fois que tu as décidé de ne plus jamais tolérer que ton enfant intérieur soit offensé, tu as dans un premier temps besoin de prendre clairement conscience de sa présence. La plupart du temps, tu fus toi-même cet enfant intérieur, tu t'es identifié à lui. Ce comportement ne te profite pas. L'enfant intérieur constitue certes une force essentielle, mais il n'est pas TOI. Il ne représente qu'une dimension de toi ; plus grande est la clairvoyance avec laquelle tu parviens à déterminer quelle dimension en toi est actuellement en train de dominer la situation, mieux tu parviendras à assumer tes responsabilités et à décider quelle dimension en toi doit réellement agir. Sois donc attentif aux signaux de fatigue, de surmenage, de colère et d'impuissance, interviens immédiatement, ôte la responsabilité des épaules de l'enfant et envoie-le jouer en employant autant de fermeté que d'amour. Tu as la faculté de réussir tout ce que tu as décidé d'accomplir. Demande de l'aide dès que tu n'y parviens pas tout seul. Laisse l'enfant tout simplement jouer, tu parviendras ainsi facilement à accepter tes responsabilités et à les assumer, surtout celles qui te concernent personnellement.

Voici donc une liste de droits dont tu disposes en tant qu'adulte et que tu as également le droit de revendiquer, juste pour le cas où tu aurais besoin que quelqu'un te les rappelle :

- après avoir soigneusement examiné une situation donnée, tu as le droit de dire « non » si elle te contrarie et si tu penses qu'elle n'est pas au service de la vie ;

- tu as le droit de dire « oui » si une situation donnée te paraît justifiée tout en étant au service de la vie ;

- tu as le droit d'ériger ta vérité intérieure (saine) en tant que fondement de tes actes, qu'elle convienne aux autres ou non ;

- tu as le droit de supporter et d'assumer les conséquences de toutes tes décisions ;

- tu as le droit de te sentir entièrement responsable de toi-même et de ta propre vie, d'entreprendre tout ce qui te comble et te protège toi-même ainsi que ta vie ;

- tu as le droit de t'engager en faveur de tout ce qui t'est sacré et qui te tient vraiment à cœur, que cela plaise ou non à autrui ;

- tu as le droit de réfléchir rigoureusement et soigneusement par toi-même et d'avoir tes propres opinions. Tu as d'ailleurs également le droit de ne pas avoir d'opinions tranchées dans la mesure où les problèmes se révèlent souvent extrêmement complexes.

Relis ces droits en engageant ta conscience d'adulte intérieur et rends-toi compte à quel point celui-ci se met aussitôt à respirer avec soulagement. Tu es de toute façon responsable de ta vie, qu'on t'y autorise ou non. En fin de compte, c'est toi-même qui portes tout ce dont tu as la charge, même si ce sont les autres qui en ont déposé une partie sur tes épaules. Tu es responsable de toi-même, c'est ainsi ; et puisqu'il en est ainsi, tu as également le droit de décider pour toi-même.

En ce qui me concerne, cette réalité me procure une liberté immense.

QUELQUES RITUELS COURANTS À DESTINATION DE L'ENFANT INTÉRIEUR

Tu n'as actuellement aucune préoccupation particulière, hormis peut-être celle de vouloir procurer une petite joie à ton enfant intérieur ? En tant qu'étape intermédiaire, je te propose donc ici quelques suggestions que tu peux bien sûr également varier afin de les adapter en fonction de ta thématique propre. L'essentiel est de réellement poser la question à l'enfant intérieur.

Entre délibérément en relation avec lui comme tu as déjà appris à le faire. Ce que je te propose ici ne constitue vraiment qu'un début afin de réussir à entrer en relation avec lui. Dès que ton enfant intérieur sera parvenu à retrouver sa vivacité et sa liberté, je compte sur toi pour avoir quelques idées originales et créatives...

Établir la relation

Si tu as du mal à envisager d'établir une relation avec ton enfant intérieur, je te conseille de tester cette astuce. Achète ou couds-toi une marionnette et commence à discuter avec elle. Fais comme si elle était ton enfant intérieur même si tu ignores encore quelle impression cette discussion pourrait te procurer. Tu seras étonné de la rapidité avec laquelle tu apprendras à distinguer les différentes énergies, les voix et les sentiments.

Cela te paraît bizarre ? Bien évidemment. Mais cela ne fait rien. Essaie tout de même, le résultat peut parfois se révéler magique.

La lettre à l'enfant intérieur

Pourquoi ne pas acheter de temps à autre quelques cartes postales ou cartes-lettres qui plaisent à ton enfant intérieur et ne pas en avoir constamment sur toi ? Quel que soit le moment où tu vis un événement merveilleux que tu voudrais partager avec ton enfant intérieur, que ce soit un coucher de soleil particulièrement splendide, que ce soit une expérience drôle avec un animal, que tu éprouves des pensées particulièrement affectueuses à l'égard de ton enfant intérieur, toujours est-il que je te conseille de t'installer quelque part pour lui écrire.

Il t'accompagne bien évidemment de toute manière toujours et tu peux bien sûr aussi choisir de t'adresser directement à lui, il fait d'ailleurs également sens de le faire. Il n'empêche que le fait de recevoir du courrier est particulièrement excitant pour l'enfant intérieur. Affirme-lui à quel point tu l'aimes, que tu viens justement de penser à lui, que tu as envie de partager cet instant avec lui et poste la carte immédiatement. Sa joie sera ainsi double, il se réjouira d'un côté de la magnifique carte et de l'autre de la déclaration d'amour. Il sera en outre enchanté à chaque fois que tu achèteras une nouvelle carte pour lui et attendra avec impatience que tu la lui envoies.

Ce serait encore mille fois plus merveilleux si tu permettais également à ton enfant intérieur de t'envoyer de temps en temps une carte. Quel que soit le moment où tu penses à une activité qu'il exécuterait avec joie, quel que soit l'instant pendant lequel il se manifeste auprès de toi par une impulsion quelconque, consigne-la, garde-la en mémoire, puis rédige une liste de vœux de ton enfant intérieur.

Le plat favori

Cuisine-lui de temps en temps son plat favori, même si ce n'est pas raisonnable. S'il te plaît, imagine délibérément la présence de ton enfant intérieur et demande-lui quel est son plat favori. Peut-être auras-tu même envie de rédiger un petit livre de cuisine multicolore à l'intention de ton enfant intérieur[1] ?

Dessiner

Procure-toi des crayons de couleur et autorise l'enfant intérieur à dessiner son état d'esprit, ou bien ce qu'il désire, ou encore ce dont

1 Bien évidemment, cette nourriture n'est pas destinée à te consoler toi, mais à prouver à ton enfant intérieur que tu satisfais ses besoins. Si tu es sujet à certaines addictions, ne te sers de cette suggestion qu'avec la plus grande prudence si tant est que tu t'en serves, et uniquement si tu te rends compte qu'elle te fait du bien.

il a besoin. Procure-lui de l'espace, ne le contrôle pas, n'étouffe pas son enthousiasme, quel que soit le sujet, quel que soit le besoin ou le sentiment qu'il désire exprimer. Si tu ne sais pas dessiner, contente-toi simplement de quelques gribouillis en notant à côté ce qu'ils sont censés représenter. Il se peut qu'en agissant ainsi, tu découvres des aspects inédits en toi.

Cueillir des fleurs

Nombreuses sont les fermes dans lesquelles tu as la possibilité de cueillir toi-même tes fleurs si tu ne le fais pas déjà de toute façon en allant te promener. Ne passe pas à côté de ces champs, permets à ton enfant intérieur de cueillir autant de fleurs qu'il le désire (ou que tu peux te permettre). Non, les couleurs ne sont pas obligées de s'accorder !

Effectuer un travail manuel

N'aurais-tu pas envie de te lancer parfois à nouveau dans un travail manuel, de te coudre peut-être une poupée ou bien un nounours (il existe de magnifiques kits de loisirs créatifs), ou quelque chose de ce genre ? De bricoler, de scier, de coller un objet, de donner des coups de marteau ? Tu peux bien sûr également choisir de manier les peintures pour vitres ou encore d'autres couleurs, les dorures ou les paillettes et ainsi rehausser un miroir, un pot de fleurs, une assiette ou bien un vieux plateau. Je le répète encore une fois, le résultat ne doit pas obligatoirement être beau et encore moins parfait. Tu n'as pas besoin de savoir maîtriser les gestes, cette activité est tout simplement destinée à procurer de la joie à ton enfant.

Posséder un animal domestique

Je crains presque que dès que tu te mettras à prendre soin de ton enfant intérieur, ce dernier ne veuille posséder à un moment ou un autre un animal domestique, une petite créature destinée à être câlinée et à recevoir de l'affection. S'il te plaît, envisage réellement cette solution si tu en as la possibilité (à condition de pouvoir lui procurer les soins adéquats en tant qu'adulte). Sentir un petit être doux entre ses mains, pouvoir prendre soin d'une petite boule de poils procure une impression incroyablement salvatrice qui possède en outre la faculté d'ouvrir tous les cœurs. Ton enfant intérieur t'en sera infiniment reconnaissant.

Danser

Demande à la petite fille ou au petit garçon quel genre de musique elle ou il aimerait écouter. Ferme les yeux, cède délibérément la maîtrise de ton corps à l'enfant, laisse-le danser. Pendant ce temps, retiens-toi s'il te plaît. Oublie tous ces pas de danse gracieux qui ont de l'allure que tu as appris autrefois, permets-lui en revanche de prendre le contrôle le temps de quelques mesures. Tu éprouveras alors le sentiment d'une immense liberté, d'une énorme joie de vivre, je te l'assure.

Courir

Cours pour une fois tout simplement, aussi vite que tu le peux, pour le simple plaisir du mouvement, puis arrête-toi dès que tu n'en as plus envie. (S'il te plaît, ne transforme pas cette activité en un exercice physique, il ne s'agit pas d'une course, il ne s'agit que de courir tout simplement à la manière d'un enfant, même si cela peut paraître bizarre.)

Aller au théâtre ou au cinéma

Si tu es prêt à y consacrer un peu de temps et d'argent, va voir une pièce de théâtre pour enfants en compagnie de ton enfant intérieur ou rends-toi au cinéma. Va voir un film que ton enfant intérieur a envie d'aller voir. Bien évidemment, tu lui offriras du pop-corn.

Rencontrer des amis

Si tu as la chance d'avoir une amie, un ami, une compagne ou un compagnon avec laquelle ou lequel tu voudrais partager les expériences et la joie de l'enfant intérieur, cela peut également s'avérer merveilleux. Dans ce cas, vous pouvez même organiser des journées entières en commun.

La liste de vœux de l'enfant intérieur

Quel que soit le moment pendant lequel ces impulsions te viennent, quel que soit l'instant pendant lequel cette petite voix se met à chuchoter en toi : « Ça aussi, ça me ferait plaisir un jour », retiens ce vœu, consigne-le. Pourquoi ne pas le noter sur une petite fiche ? Conçois peut-être même une petite boîte pour y ranger ces fiches de vœux. Par la suite, à chaque fois que tu décides de faire plaisir à ton enfant intérieur, il te suffira de retirer une petite fiche de cette boîte de vœux et d'exaucer celui qui y est consigné.

Cette partie de l'ouvrage ne représente vraiment que le début d'une relation espérons-le très gratifiante et heureuse entre toi et ton enfant intérieur si incroyablement énergique et vivace.

PARTIE 2

LA GUÉRISON DE L'ENFANT INTÉRIEUR

Alice Miller, l'autrice de l'ouvrage *Le Drame de l'enfant doué. À la recherche du vrai soi*[1], déclara un jour à quel point la solitude de l'enfant peut être inimaginable, à quel point la profondeur de sa souffrance, de son sentiment d'abandon et de sa déception est phénoménale.

Tu ne parviens à t'approcher que très progressivement de ton enfant intérieur qui est peut-être comme pétrifié dans la mesure où c'est en lui que sont dissimulées les couches les plus profondes de cette souffrance que tu tentes de tenir en échec par une consommation excessive de nourriture, de tabac, par un surcroît de travail, par le contrôle incessant que tu exerces sur toi, par des relations amoureuses proches de la dépendance, voire à travers une attitude qualifiée d'anorexie relationnelle, c'est-à-dire une absence de relations, par le sexe ou encore par le biais de quelque autre comportement que ce soit. En te rapprochant d'un

1 Voir bibliographie.

enfant blessé de la sorte, en lui procurant tout ce dont il a besoin, tu pourras cesser de réclamer à l'extérieur, que ce soit auprès de tes parents, auprès de ton compagnon ou ta compagne, dans ta vie professionnelle ou au sein de tes relations amicales, cette reconnaissance, cette sécurité, cette protection, cet amour que tu as aussi bien l'obligation que la possibilité de trouver impérativement en toi-même.

Apprends donc à connaître cet enfant intérieur qui manœuvre ta vie dans une si large mesure. Ce n'est qu'en te rendant compte de sa présence, en lui procurant ce dont il a besoin, que tu parviendras à lui assigner délibérément, en toute connaissance de cause enfin, la place à laquelle il peut se sentir satisfait, en sécurité, protégé, libre, heureux, et que tu permettras à son énergie sauvage, affectueuse, compatissante, sage de se déployer en toi.

De quoi un enfant a-t-il besoin ? De sécurité et de protection, d'amour. De nourriture, de liberté, de joie. Mais avant tout de sécurité, de sécurité physique et émotionnelle. De quelle manière te procurer tout cela à toi-même ? Nous allons développer cette question ensemble.

À présent, examine attentivement tous les domaines de ta vie afin de te rendre compte de quelle manière l'enfant intérieur fonctionne, mais aussi de quoi il a besoin. Une des démarches possibles pour prendre conscience des désirs, des rêves, des aspirations de ton enfant intérieur passe par les récits pour enfants et les contes de fées. Ils recèlent une quantité impressionnante de sagesse ; de nombreux héros enfantins – il n'y a qu'à penser à Fifi Brindacier – y jouent un rôle important susceptible de te mettre sur la voie de ton enfant intérieur.

Dans cette partie de l'ouvrage, tu t'adresseras directement à cet enfant intérieur, tu lui écriras une lettre, tu te livreras à quelques méditations au cours desquelles tu le rencontreras, tu t'interrogeras sur ses besoins, sur la nature des messages qu'il veut te transmettre. Tu le conduiras dans le jardin intérieur magique de ton cœur dont tu finiras par faire connaissance. Tu développeras le personnage de la mère intérieure, du père intérieur, tu déploieras les énergies archétypiques dont tu auras besoin. Tu ne parviendras à saisir toute l'étendue de ton enfant intérieur qu'à la condition expresse de lui permettre de te toucher au tréfonds du cœur, c'est pour cette raison qu'il ne servira à rien de te contenter d'explications psychologiques.

Le royaume de l'enfant intérieur ne peut pas être appréhendé à travers une argumentation logique ni à travers l'intellect ; l'enfant n'y réagit d'ailleurs pas. Son monde est symbolique ; c'est le royaume de l'imaginaire, des signes, il réside dans un monde qui se situe derrière les miroirs.

Si tu comprends ce qui s'est passé dans ton enfance, pour quelle raison tu es blessé, pourquoi tu exprimes tes réactions de telle ou telle manière, c'est certainement très utile, mais cela ne changera absolument rien. Cela ne te permettra ni de te rapprocher de ton enfant intérieur, ni même de l'impressionner, bien au contraire. Dans ce cas, tu parviendras certes à observer de manière parfaitement consciente tes vieilles réactions dépassées qui sont d'ailleurs probablement totalement incompréhensibles à autrui tout en sachant parfaitement pour quelle raison tu te comportes ainsi, mais tu n'arriveras pas à les modifier pour autant.

L'enfant intérieur n'agit pas quelque part dans l'ombre, il se manifeste au contraire très concrètement dans toutes les situations ayant un rapport à tes vieilles blessures. En te rendant compte de leur existence, tu t'apercevras très rapidement de quelle manière et à quelles occasions tu es toi-même offensé, mais aussi de quoi tu as besoin. Tu n'as même pas besoin de fouiller dans les tréfonds de ton âme, il suffit que tu t'autorises à te sentir concerné, touché.

Afin de guérir l'enfant en toi, il peut faire sens de faire appel à l'imaginaire pour travailler avec lui. Tu modifieras ce faisant ta propre réalité intérieure, tu peux conduire l'enfant intérieur vers la lumière, tu peux le transformer en ange, tu lui procures une mère aimante, tu le retires de la zone dangereuse. Tu fais tout simplement ce qu'il faut pour le délivrer.

Il est fort possible qu'au niveau de ton intellect, tu ne comprennes pas toujours exactement ce qui se passe en toi en te comportant ainsi, ce n'est d'ailleurs absolument pas nécessaire. Dans la mesure où les enfants se rendent parfaitement compte de la présence de tous les flux émotionnels, qu'ils soient exprimés ou non, et y réagissent, ils emmagasinent énormément d'éléments différents dont ils sont parfaitement inconscients. Au cours des constellations familiales systémiques, nous constatons encore et toujours que jamais la moindre information concernant une organisation donnée n'est perdue. En vivant à nouveau une situation donnée, jusqu'alors anxiogène, tu parviens à modifier les émotions qui l'accompagnent ; ce faisant, tu atteins ton complexe amygdalien que nous avons évoqué au cours de la première partie. Ce complexe disposerait de neurones capables d'effacer les anciens souvenirs par le biais de la modification de la force des synapses pour peu que tu parviennes à vivre un nombre suffisant d'expériences émotionnelles positives dans une situation donnée. Voilà le nœud de toutes les propositions que je te fais : applique-toi à acquérir de nouvelles expériences émotionnelles positives dans des situations ayant jusqu'alors déclenché des souffrances et que tu as donc tenté d'éviter pour cette même raison, de manière consciente ou non. Voilà tout. Mais c'est déjà largement suffisant.

Je me réjouis encore et toujours de constater à quel point certains individus parviennent à se libérer de leurs vieux sortilèges douloureux, à quel point ils sont capables d'effacer les anciens mécanismes, la manière dont ils reviennent sur des décisions qui autrefois étaient même très certainement justifiées mais qui ne sont aujourd'hui plus guère utiles ainsi que celle dont ils parviennent à délivrer l'enfant intérieur de son ensorcellement. Je suis certaine que, grâce aux exercices et méditations que je te propose, toi aussi, tu y arriveras.

Dans cette partie de l'ouvrage, je te propose une sélection d'archétypes de l'enfant intérieur. J'espère que tu parviendras à t'y reconnaître au moins partiellement. Il y aura très certainement aussi des domaines que je ne peux pas couvrir en dépit de toute l'ampleur avec laquelle je tente de décrire ce champ énergétique immense. Si tu as donc l'impression que cet ouvrage ne s'adresse pas à toi, je te demande de bien vouloir poursuivre la lecture en t'armant d'un peu de patience, tu finiras certainement par trouver un domaine qui te concerne. En revanche, il se peut également que tu te reconnaisses immédiatement toi-même ainsi que certains aspects essentiels de ta vie dans ces récits, étant donné que les êtres humains ainsi que leurs expériences fondamentales se ressemblent pour la plupart d'entre eux assez fréquemment et qu'ils disposent d'un certain nombre de dimensions en commun.

Le conte de fées qui a le plus bouleversé l'enfant que tu étais témoigne la plupart du temps de la blessure la plus profonde que la vie t'a infligée ou, si tu le préfères, de la mission de vie à laquelle tu te voues. J'espère pouvoir t'aider à transcrire ces messages afin que tu parviennes à mieux te comprendre et, ce faisant également, à mieux t'aimer.

Comme d'habitude, mes propos s'adressent le plus souvent aux femmes. Les héros masculins me sont moins familiers dans la mesure où je les appréhende davantage avec mon intellect qu'à travers mon cœur puisque mon énergie et, ce faisant également, mon mode d'accès au monde se trouvent être féminins. Je pense néanmoins que mes lecteurs découvriront malgré tout certains aspects dont ils ne manqueront pas de tirer profit. Très certainement, ce livre contribuera aussi à aider les hommes à mieux comprendre leurs femmes, leurs compagnes ou leurs amies, et tout particulièrement leurs filles.

LES PARENTS INTÉRIEURS

Si tu aspires à te consacrer à ton enfant intérieur, tu as besoin d'une énergie capable d'y parvenir et qui te porte. Il se peut même que tu ignores ce que signifie être pour soi-même l'archétype d'une mère véritablement heureuse, aimante ou d'un bon père, même si tu as toi-même des enfants. Tu aimes certes tes enfants, néanmoins, tu ne te rends quasiment pas compte de la présence de l'enfant le plus important, je veux parler de l'enfant intérieur.

Le texte ci-après te donne une idée de l'impression que peut procurer la lecture de la lettre qu'une mère aimante écrit à son enfant, de l'émotion que le fait d'être vraiment aimé et désiré peut susciter. Lis cette lettre en t'en imprégnant, autorise ton petit enfant intérieur, le nourrisson, voire l'embryon que tu fus et qui continue toujours de sommeiller en toi à en être touché, à recevoir enfin tout ce dont il a besoin.

J'insère ici la lettre rédigée par une des mères les plus heureuses et aimantes que je connaisse. Elle a écrit cette lettre à l'intention de son propre enfant et simultanément aussi à celle de tous les enfants de ce monde.

Mon cher enfant,

Je te souhaite de tout cœur la bienvenue sur cette merveilleuse terre,
... parce que je te souhaite que tes grands yeux curieux puissent regarder tout ce qu'il y a à voir ici, les innombrables fleurs multicolores, le ciel bleu ainsi que mes yeux dans lesquels tu découvres l'amour.
... parce que je te souhaite que tes petites mains puissent toucher à tout ce qui rend la vie sur terre si passionnante, les naseaux d'un cheval qui sont soyeux comme du velours, les mains douces des personnes qui t'aiment.
... parce que je te souhaite que tes petits pieds puissent fouler et ressentir les différentes surfaces de la terre, l'herbe qui chatouille les pieds en été ainsi que la neige froide en hiver.
... parce que je te souhaite que tes petites oreilles fassent la connaissance des différents bruits de la terre, le cliquètement des cailloux lorsqu'on les heurte ainsi que la mélodie légère mais parfois aussi puissante du vent.
... parce que je te souhaite que ta petite bouche puisse goûter tous les délicieux mets que la terre nous offre, les milk-shakes à la banane aussi bien que les mangues, que ta bouche exprime toujours ce que ton cœur désire, que tu ries à gorge déployée et fréquemment car, mon enfant, le rire est ce qu'il y a de plus beau au monde !
... parce que je te souhaite que ton petit nez retroussé puisse respirer toutes les fragrances séduisantes de la terre, l'odeur du pain fraîchement cuit, l'arôme d'une gousse de vanille, mais avant tout le parfum des anges (ils sentent le jasmin).
... parce que je te souhaite que ton cœur possède toujours la faculté de s'apercevoir et de ressentir que tu es aimé, même les jours où tes yeux et tes oreilles ne s'en rendent pas compte.

... parce que je te souhaite que tu sois toujours parfaitement conscient de qui tu es, à travers chaque fibre de ton être, c'est-à-dire un élément parfait de Dieu mais aussi le créateur de ta propre vie sur terre.
Tu te demanderas pour quelle raison je te souhaite tout cela. Tout simplement pour la bonne raison qu'être aimé est ce qu'il y a de plus extraordinaire sur terre, hormis peut-être la respiration et le rire !
C'est parce que je sais à quel point toutes ces choses sont merveilleuses que je voudrais que tu fasses l'expérience de tout cela. Je t'invite donc, à travers cette lettre, à entreprendre cette excursion. Le voyage sur la terre. Je t'y accompagnerai, je te protégerai, je te procurerai l'espace nécessaire. Tu as le droit de grandir en moi, je te comble de mon amour, de mon énergie vitale, de mon corps et de mes forces spirituelles. Je suis toujours auprès de toi si tu as besoin de moi. Je veille sur toi, je fais en sorte que la vie ne t'inflige que ce que tu es en mesure de supporter et ce qui est utile à ton développement. Je veille sur ton petit cœur extrêmement vulnérable, mais je t'exposerai également au tourbillon de la vie dès que je me rendrai compte que c'est indispensable à ta maturité. Je serai toujours là pour toi, il y aura toujours une place pour toi dans ma cuisine, une parole de consolation, un espace où tu auras le droit de te reposer.
Je suis ta mère. Je prends soin de toi, je t'aime et je me réjouis tant de pouvoir te tenir bientôt dans mes bras.
En tout amour, ta mère

Si seulement tu avais reçu de tels messages ! Tu disposerais alors de bien davantage d'énergie, ne le crois-tu pas ? Mais voilà la bonne nouvelle : il n'est jamais trop tard. Tu peux toujours avoir une enfance heureuse, tu as seulement enfin besoin de la présence de cette bonne mère intérieure au sein de ton mode de fonctionnement intérieur. La présence d'une « bonne mère » signifie celle d'une énergie forte, aimante, protectrice, attentionnée, capable de te soutenir, qui intervient lorsque tu as besoin d'aide, qui t'aime et qui te console, qui t'apprend à être une femme et qui représente un modèle pour toi. La bonne énergie de la mère t'offre cette profonde confiance originelle, ce savoir profond que la terre te porte et qu'elle prend soin de toi.

Tu as bien évidemment également besoin de l'énergie du bon père pour pouvoir affronter la vie. Le bon père te soutient pour que tu puisses poursuivre ta voie, il t'épaule, il t'encourage à vivre ta vie, il te protège au moment où tu n'en es pas capable toi-même, il est tout simplement présent en appliquant sa main stabilisatrice sur ton dos afin que tu apprennes à te redresser et à suivre ta route.

L'archétype du père ressemble à un bon roi. Il te transmet la lucidité, l'honnêteté, la dignité intérieure et une stabilité si formidable qu'elle te permet de poursuivre ta voie en pleine confiance. L'énergie positive du père te procure la confiance en toi. Grâce à elle, tu te rends compte, tu sens que tu peux être confiant. Tu poursuis ta route de manière autonome et tu ne crains pas de t'affirmer dans le monde.

Appelle tes parents intérieurs dès que tu le désires. Invite ces énergies positives à être présentes pour toi, à te procurer leur vivacité. Tu en as cruellement besoin si tu veux te préoccuper de ton enfant intérieur.

Voici une méditation grâce à laquelle cette énergie te sera rendue accessible.

VOYAGE INTÉRIEUR :
L'ÉNERGIE DES BONS PARENTS

Installe-toi confortablement, détends-toi, mets un peu de musique en fond sonore si cela te fait du bien. Allume une bougie si tu aimes ça, mais avant tout, autorise-toi à ne rien faire, à te contenter de vivre tout simplement le moment présent. Il n'y a plus rien à faire, tu n'as pas besoin de faire un effort quelconque pour plaire à qui que ce soit, tu n'as pas besoin de paraître détendu ni d'adopter une posture idéale, spécifique de méditation. Contente-toi de fermer les yeux, laisse libre cours à ton imagination. Peut-être ressens-tu les énergies ou perçois-tu les images par le biais d'un autre canal, à travers tes sentiments ou bien encore à travers un savoir intérieur profond. Apprête-toi à faire pénétrer une nouvelle énergie au sein de ton dispositif intérieur.

Dans ton imagination se dresse maintenant une colonne de lumière d'une clarté étincelante, éblouissante d'énergie. Elle est si chargée d'énergie qu'elle dégage quasiment des étincelles, tout en procurant une impression de stabilité et de puissance comme celle d'un arbre. Son contour rougeâtre scintille en émettant les reflets colorés d'un coucher de soleil, rouges, dorés, orangés. Dans un premier temps, tu observes cette colonne de lumière de l'extérieur, puis d'un seul coup, tu as l'impression que ce serait une bonne idée d'y plonger la main, juste pour te rendre compte de l'effet que ce geste déclenchera. Immédiatement, une sensation de chaleur et d'énergie te parcourt, tu décides alors de rassembler tout ton courage afin de pénétrer entièrement à l'intérieur de cette colonne de lumière. En traversant la lumière rougeâtre, tu laisses aussitôt derrière toi tout ce qui te pèse encore, tout ce qui ne fait pas partie de toi, tous les fardeaux que tu portes pour le compte d'autrui, tout ce qui te rend triste et fatigué. Tu n'as pas besoin d'intervenir de quelque manière que ce soit, c'est la lumière elle-même qui te décharge de tout, elle te paraît un peu plus dense que tu l'avais initialement cru, car tout ce qui ne fait pas vraiment partie de toi et de ton essence reste maintenant accroché à elle. Tu n'as même pas besoin de savoir de quoi il s'agit, la lumière t'en libère d'elle-même.

Tu te trouves donc maintenant debout à l'intérieur de cette colonne de lumière, à l'intérieur de cette lumière à la fois claire, éclatante, très vivifiante et simultanément calmante. Elle scintille d'éclats dorés ou blancs, peut-être y découvriras-tu également une couleur supplémentaire, du rose par exemple, pour le cœur, ou encore une autre, totalement différente, inattendue. Il s'agit précisément de la couleur qu'il te faut. Tu autorises cette lumière à se répandre en toi. Tous les aspects encore lourds, anciens ou bien dépassés depuis longtemps commencent maintenant à se détacher de toi, s'élèvent comme une fumée à l'intérieur de la colonne de lumière puis se dissolvent tout simplement à l'intérieur de cette énergie vivace.

Tu n'as pas besoin de prendre connaissance des éléments qui sont en train de te quitter, sauf s'ils se présentent d'eux-mêmes à toi. Il s'agit de thématiques sur lesquelles tu travailles depuis longtemps, qui t'accompagnent depuis si longtemps qu'elles ont maintenant tout simplement le droit de s'en aller, de se dissiper à la manière d'une nappe de brouillard. Toujours davantage d'espace se développe en toi, la lumière te parcourt, tu deviens progressivement plus léger. Peut-être ressens-tu encore la présence de certains aspects particulièrement pesants en toi. Autorise-les à quitter ton corps, à retourner en toute légèreté dans le royaume de ton âme ou dans les dimensions au sein desquelles ils résident. Il se peut que tu aies traîné avec toi des éléments spirituels qui auraient dû retourner chez eux depuis longtemps, ils t'alourdissent, te rendent insatisfait. Autorise-les à présent à rentrer chez eux, où que ce soit. La colonne de lumière veille à ce processus, elle fonctionne à la manière d'un tunnel permettant à toutes tes énergies de retrouver leur place légitime.

L'espace à l'intérieur de toi s'agrandit progressivement, toujours davantage de lumière se répand en toi, tu es de plus en plus léger. La lumière de la colonne de lumière se modifie, tu commences à te rendre compte de la puissante présence d'une énergie. Tu demandes maintenant que l'énergie de l'archétype de la bonne mère se répande en toi, de cette mère capable de vous tenir, toi et ton enfant intérieur, qui te protège, qui prend soin de toi et qui est toujours à tes côtés. Il s'agit peut-être de l'énergie de Terre Mère, mais il se peut aussi que ce soit une énergie différente ; en tout état de cause, il s'agit exactement de l'énergie dont tu as besoin afin que ton enfant intérieur puisse être porté, comblé et consolé.

Tu ressens avec toujours plus de précision que cette énergie occupe de l'espace en toi, qu'elle pénètre en toi, qu'elle t'emplit. Tu te détends en autorisant l'énergie de la bonne mère à se répandre là où elle est nécessaire, à occuper un espace stable en toi. Chaude et puissante, consolante et nourricière, cette énergie se répand maintenant en toi, te réchauffe de l'intérieur, te comble et te procure un sentiment de sécurité et de protection. Cette énergie t'entoure à la manière d'un manteau protecteur. Il se peut qu'elle se répande également dans ton cœur, qu'elle l'ouvre et l'illumine, ou bien qu'elle se contente tout simplement de le calmer. Peut-être parviens-tu à l'apercevoir dans ton for intérieur, mais il se peut également qu'il s'agisse plutôt d'une impression. Quoi qu'il en soit, c'est exactement ce qu'il te faut. Quelque chose en toi se détend, se calme. Quelque chose en toi respire enfin, parvient à lâcher prise, à abandonner cette éternelle posture de garde-à-vous. Tu sais maintenant que tu es protégé, qu'on prend soin de toi, que quelqu'un en toi veille sur toi et te comble.

Si tu en éprouves le désir, appelle maintenant également le bon père protecteur, nourricier, auprès de toi. Il t'offre de l'énergie, de la stabilité, du soutien et de la persévérance. Le bon père intérieur te permet de t'affirmer dans la vie, de t'assumer en toute lucidité. Ressens son énergie se répandre au niveau de ta colonne vertébrale et te soutenir, t'épauler, te redresser intérieurement, te procurer la maîtrise de ta vie. Il est également possible que tu ressentes la présence de cette énergie en ayant l'impression qu'un arbre se met à croître à l'intérieur de toi.

Ces deux énergies issues de tes parents intérieurs te procurent de l'énergie, te soutiennent, elles t'offrent tout ce dont tu as besoin, tout ce que tu n'as pas reçu étant enfant. Le courage, l'assurance et la confiance dans tes propres énergies, mais aussi dans la vie elle-même.

Demeure à l'intérieur de la colonne de lumière, autorise la lumière à se répandre en toi, permets à l'énergie de croître en toi et à t'emplir. Restes-y tout en opérant en pleine conscience ton retour dans la pièce dans laquelle tu te trouves, prends tout ton temps. Demeure intérieurement ouvert tandis que ton attention se dirige à nouveau progressivement vers le monde extérieur. Il est tout à fait possible de se trouver simultanément dans les deux endroits, à la fois à l'intérieur de la colonne de lumière et dans le monde extérieur. Tout dépend de ta conscience, de ta perception, les deux phénomènes étant susceptibles de se produire concomitamment.

Au cours de ton enfance, tu as très certainement souvent entendu des phrases comme celles-ci :

- tu pourrais tout de même faire un peu plus d'efforts ;
- tu n'y arriveras jamais ;
- n'en fais pas tout un fromage.

Ce sont là hélas quelques messages de tes parents auxquels l'enfant en toi croit toujours. T'approprier ces phrases ne te mènera à rien de bon. Tu ne te répéteras en revanche jamais assez les messages ci-après. Imagine que tu prennes l'enfant intérieur dans tes bras tandis que tu lui lis ces phrases. Bien évidemment, ces paroles sont également très profitables à ton propre enfant physique.

Les bons messages parentaux :

- je t'aime pour ce que tu es et non pas pour ce que tu fais ;
- je t'aime inconditionnellement ;
- tu es en sécurité auprès de moi ;
- je te soutiens ;
- je prendrai dorénavant soin de toi ;
- je veille à ton bien-être ;
- je t'écoute, je te vois et je suis conscient de ta présence ;
- tu es précieux pour moi et j'aime prendre soin de toi ;
- je suis fort et je suis capable de m'occuper de toi ;
- je suis là pour toi, en revanche, toi, tu n'es pas obligé d'être là pour moi ;
- tu as le droit de commettre des erreurs ;
- si tu tombes, je t'aide à te relever ;

— tu es précieux et j'aime te protéger ;

— tu es un être sexué et tu es beau ;

— je prends soin de toi pendant ton développement ;

— je suis en état de prendre soin de moi-même tout en prenant soin de toi, tu as le droit de te détendre tout simplement ;

— je me réjouis de ta vivacité et de ta turbulence ;

— tu as le droit d'être aussi fort ou aussi faible que tu l'es réellement. Je suis là pour toi ;

— mon amour, préserve ta santé ;

— tu peux te fier à tes sentiments ;

— tu as le droit de me confier à tout instant ton état d'esprit ;

— tu as le droit d'être comme tu es, tu n'es pas obligé de t'efforcer de plaire à qui que ce soit, même pas à moi ;

— je prends soin de toi lorsque tu as peur ;

— tu n'as pas besoin de t'occuper de mes affaires d'adulte, je m'en charge moi-même ;

— j'ai la faculté de prendre soin de moi-même et de m'occuper également de toi ;

— tu es l'enfant, tu as le droit de jouer et tu as le droit d'être vulnérable ;

— si tu te sens blessé, tu as le droit de me le dire et je te consolerai ;

— tu as le droit d'être fragile et sensible ;

— tu peux toujours m'indiquer ce dont tu as besoin et, dans la mesure du possible, je veillerai à ce que tu l'obtiennes.

Il n'est pas obligatoire que tu prêtes immédiatement foi à toutes ces phrases. Elles agissent en revanche à la manière de graines que tu sèmes dans ton âme. Tu n'as pas besoin de te servir de toutes simultanément, elles représentent une offre. Choisis les phrases qui te touchent le plus, que ce soit négativement ou positivement. Tu as d'autant plus besoin de celles qui te touchent négativement que ta réaction prouve que tu te sens honteux ou blessé dans cette situation émotionnelle précise. Répète ces phrases pour toi-même, note-les, retiens-les. Il est tout particulièrement bénéfique de t'approcher dans ton imagination de ton enfant intérieur, d'entrer en relation avec lui, voire, si tu l'oses, d'avoir recours à une marionnette et d'entamer ainsi une discussion avec elle. Répète-lui toutes ces phrases. Fais-en l'expérience, tu seras étonné de la profondeur avec laquelle elles te touchent.

L'ESPACE INTÉRIEUR SÛR

Tu as certainement déjà entendu parler d'un « espace intérieur sûr ». Il fait partie d'un des premiers outils que l'on te propose si tu désires te préoccuper de ton cheminement intérieur. Un paysage intérieur, une maison intérieure, un espace intérieur, un lieu dans lequel tu peux te retirer si le monde extérieur devient trop incertain, trop éprouvant, trop mouvementé. Ton enfant intérieur a également besoin de cet espace intérieur sûr, en revanche, il faut que ce soit un lieu adapté aux enfants. La forteresse sûre de la première partie de cet ouvrage fait partie de ces espaces intérieurs sûrs particuliers, ils doivent néanmoins répondre à certaines exigences bien définies dans le cas de l'enfant intérieur honteux.

Pour l'exprimer de manière peu romantique, l'enfant intérieur est une partie de ton cerveau. Il représente cette dimension chaotique, sauvage, totalement authentique, émotionnelle, guidée uniquement par l'instinct. Cette dimension-là est plus ancienne que celle qui te permet de penser et d'agir de manière adulte, mûre, délibérément rationnelle et réfléchie. Mais c'est justement parce qu'elle est plus ancienne qu'elle est plus puissante. Lorsque tu es confronté à une situation relative à tes sentiments, tout particulièrement à ceux qui ont été offensés ou à ceux ayant eu un rapport avec un manque, tu auras besoin de beaucoup d'énergie et d'attention pour disposer de la faculté d'agir à partir de ton moi adulte. Malheureusement, nous sommes constamment confrontés à de telles situations.

Tu connais parfaitement cette situation pour l'avoir vécue de nombreuses fois. Au lieu de parvenir à t'imposer, tu te laisses gourmander comme un petit enfant tout en te demandant pour quelle raison. Tout en souhaitant accorder un espace de liberté à autrui, tu te comportes comme si ton père te rejetait. Les émotions de l'enfant intérieur sont plus fortes que les réactions rationnelles, mûres de l'adulte. Qui donc finira par prendre le dessus ? C'est le faux moi. Ce moi indispensable à la survie, conformiste, artificiel qui tente de fonctionner tant bien que mal en rassemblant désespérément toutes ces dimensions.

Le comportement du faux moi est en premier lieu motivé par une stratégie d'évitement de blessures, mais dans une mesure nettement moindre également par la réalisation de ses rêves les plus fous. Puisqu'il en est ainsi, tu as donc besoin de pouvoir recourir à un geste intérieur conscient qui te procure la faculté de décider en fonction de quel hémisphère cérébral tu analyses la situation et tu y réagis.

Il te faut donc une sorte d'interrupteur te permettant de basculer de l'enfant intérieur émotionnel, irrationnel, vers l'adulte véritable, conscient, capable d'agir. De la même manière, tu as besoin d'un interrupteur te permettant de basculer consciemment du moi fonctionnel, construit, vers celui de l'enfant intérieur. Les dimensions offensées se manifestent certes pour la plupart du temps d'elles-mêmes, s'imposent pour ainsi dire, tant elles brûlent d'être sous le feu de la rampe, tandis que les aspects affectueux, débordant d'imagination, heureux se dissimulent en revanche bien souvent derrière de puissants mécanismes de défense. Tu as donc besoin d'un cheminement qui puisse fonctionner dans les deux sens afin de te procurer un accès conscient à toutes ces dimensions, afin de te permettre de basculer l'interrupteur au niveau de ton cerveau.

L'espace sûr destiné à l'enfant intérieur est d'un immense secours. Mais seulement si cet espace sûr est réellement adapté à un enfant. Pour quelle raison ? Parce que tu connais ton enfant intérieur, consciemment ou inconsciemment. Tu sais qu'il a besoin d'autre chose que l'adulte que tu es. Il ne lui suffit pas qu'une chute d'eau tombe en cascade ou qu'un ciel bleu s'étende au-dessus d'une prairie parsemée de fleurs. L'enfant intérieur est un enfant. Même à l'intérieur de cet espace intérieur sûr, il a besoin de quelqu'un qui prenne soin de lui. Cet espace intérieur sûr doit posséder d'autres caractéristiques que celui que tu fréquentes habituellement à l'intérieur de toi.

L'espace intérieur adapté à un enfant a besoin :

- d'un gardien pour que l'enfant y soit protégé et en sécurité, mais également pour qu'il ne puisse pas en sortir en courant afin de s'occuper à nouveau de tes affaires ;
- d'entités qui s'occupent de l'enfant intérieur ; les anges ou les animaux totems fonctionnent très bien pour l'enfant intérieur, même si toi, en tant qu'adulte tu trouves cela ridicule. Les enfants croient à l'existence de telles entités, c'est pour cette raison que le fait de les imaginer est utile pour l'enfant intérieur ;

— d'énergies capables de guérir l'enfant intérieur ;

— de compagnons de jeux ;

— de tout ce qui réjouit ton enfant intérieur quel que soit son âge actuel. L'espace sûr doit donc également disposer d'une certaine flexibilité.

Toutes ces dimensions sont garanties par le jardin magique que je te présente maintenant. Le jardin magique constitue un des outils les plus importants, essentiels de mon travail avec l'enfant intérieur. Tu ne tarderas pas à en découvrir la raison.

VOYAGE INTÉRIEUR :
LA SÉCURITÉ À L'INTÉRIEUR DU JARDIN MAGIQUE DE L'ENFANT INTÉRIEUR

Installe-toi tout à fait confortablement. Détends-toi, respire calmement et lentement.

Dans ton imagination apparaît un paysage merveilleusement beau, un paysage qui correspond tout à fait à ta spiritualité. Il est fort probable que tu le connaisses déjà, mais il est également possible qu'il se forme précisément en cet instant dans ton imaginaire. Regarde autour de toi en toute sérénité, détends-toi, promène-toi…

Il y a là un petit chemin, un sentier, que tu empruntes en avançant tranquillement, paisiblement. Tu prends conscience de l'ensemble de ce paysage à travers tous tes sens, tu te détends, tu te laisses enchanter. Prends tout le temps de te poser, d'explorer ce paysage. Il est quasiment magique, tu t'y sens immédiatement à l'aise.

À un moment donné, ce sentier te conduit à une clairière. Tout est calme, tu ressens cependant qu'un événement particulier t'attend ici… Avec prudence, tu t'approches de cette clairière.

Tout à coup, tu découvres un petit enfant, une petite fille ou un petit garçon. Peut-être connais-tu déjà cet enfant, mais il se peut que non. Sois particulièrement attentif au fait qu'il te reconnaisse et qu'il s'approche de toi. Il se peut que cet enfant soit très blessé. Peut-être est-il en train de jouer paisiblement avec les animaux sur ce coin de verdure ou dans la forêt où il se trouve. Observe-le tranquillement, comporte-toi avec lui comme si c'était un enfant que tu aimes beaucoup, que tu voudrais avant tout protéger. Si tu n'aimes pas les enfants, que tu ressens même une certaine aversion contre eux, tu aimes peut-être un animal ou tu t'occupes au moins d'une plante. Il s'agit ici de développer tout sentiment d'empathie ou d'affection que tu es susceptible de mobiliser en toi.

S'il t'adresse la parole, demande-lui s'il a besoin de quelque chose. S'il ne le fait pas, installe-toi tout simplement à proximité de lui, laisse-lui le temps de faire ta connaissance.

Il est maintenant temps que tu assumes la responsabilité de cet enfant intérieur, tu sens la dimension adulte se redresser en toi et gagner en force. Tu te rends compte que la mère, le père en toi sont en train de grandir.

Si tu en as envie et s'il t'y autorise, prends ton enfant intérieur dans tes bras. Dis-lui que tu connais un endroit merveilleux, un jardin magique, où ses désirs, ses souhaits les plus profonds seront exaucés, où il sera protégé et en sécurité, où il ne sera plus jamais seul, plus jamais solitaire. Dans ce lieu où il pourra enfin se détendre, on lui procurera tout ce dont il a besoin. Dis-lui que tu es expressément venu avec l'objectif de le ramener enfin à la maison. Demande à ton enfant intérieur s'il veut t'accompagner. S'il n'en a pas envie, reste tout simplement encore un peu assis auprès de lui, il ne te connaît peut-être pas encore suffisamment. À la prochaine tentative, il t'accompagnera sûrement.

S'il accepte de venir avec toi, vous continuez de marcher ensemble sur ce magnifique sentier. S'il est encore très petit, tu le porteras, peut-être te prendra-t-il par la main, mais il se peut également qu'il te précède en sautillant joyeusement. Au fur et à mesure de votre progression, votre environnement devient progressivement plus mystérieux, plus magique, plus beau. Tu as l'impression d'évoluer dans une dimension particulièrement secrète de ton paysage intérieur et tel est réellement le cas.

Soudain, vous arrivez devant un immense portail. Un gardien le protège, il est grand et puissant. « Quelle est ton intention ? », te demande-t-il d'une voix grave. Tu réponds : « Je ramène mon enfant intérieur chez lui. » Le portail s'ouvre immédiatement et tu pénètres à l'intérieur du plus beau jardin magique que tu aies jamais vu. Ton enfant intérieur saute d'enthousiasme derrière toi, mais il se peut également qu'il t'ait déjà précédé en courant. Le jardin magique est d'une beauté merveilleuse, ton enfant intérieur y dispose de tout ce que son cœur désire. Il y a de grandes structures à grimper, des chutes d'eau, des fleurs, des animaux. Tu comprends que ton enfant intérieur peut enfin s'y comporter tel qu'il est et tu respires de soulagement.

Un grand être de lumière très clair s'approche de toi. Après t'avoir dit bonjour, il salue également l'enfant intérieur très affectueusement, puis il t'affirme : « C'est moi qui veille sur ce lieu. Ici, ton enfant intérieur est en sécurité absolue. Ma tâche consiste à offrir aux enfants intérieurs exactement ce dont ils ont besoin afin d'être indemnes, en bonne santé et heureux. J'exauce les vœux les plus profonds des enfants intérieurs, ceux de liberté, d'amour, de sécurité, de protection et de joie. »

Tu te rends soudain compte que tu n'as même pas besoin de prendre conscience toi-même de ces désirs, que l'être de lumière connaît ton enfant intérieur mieux que toi. Il émeut ton enfant intérieur grâce à son amour et à sa lumière. Un miracle se produit alors. Ici et maintenant, les besoins de ton enfant intérieur seront satisfaits, quels que soient les désirs qu'il a besoin d'assouvir et qui représentent simultanément tes vœux les plus secrets, les plus pressants. Tout ce dont il éprouve un besoin si urgent se répand en lui, tout simplement, la quête est enfin terminée. S'il te plaît, sois ouvert en ce qui concerne la manière dont tout cela a lieu. Ici, véritablement tout peut arriver. Se produit exactement ce dont l'enfant intérieur a besoin, tu sentiras rapidement que la vacuité en toi commence à se remplir, que quelque chose se calme en toi.

Observe ton enfant, constate à quel point il est épanoui et heureux, à quel point il obtient enfin tout ce dont il a besoin et sache que tes vœux seront toujours exaucés dans ce jardin magique intérieur. Ici, ton enfant peut être guéri, ici, il a le droit de se reposer, voici un espace dans lequel il peut vraiment être lui-même, où il a le droit de déployer son amour, sa magie et sa joie. Cet espace se situe en plein centre de ton cœur, à partir de lui, ton enfant intérieur possède maintenant la faculté de faire rayonner son amour, sa félicité, et de les répandre dans ta vie.

Dès l'instant où tu t'aperçois que ton enfant intérieur aspire à assumer les responsabilités d'une situation difficile, dès que surgit ce sentiment de détresse et de désespoir, dès que tu sens que ton enfant intérieur est très blessé et comme pétrifié, conduis-le dans ce jardin magique. Tu seras étonné de la rapidité avec laquelle il se sentira chez lui.

Rends-toi très précisément compte que le jardin magique est situé à l'intérieur de ton cœur. Prends conscience de cette sensation de chaleur, de ce sentiment de liberté au fond de ton cœur. Conserve cette chaleur dans ton cœur. Autorise-la à se répandre dans l'ensemble de ton corps. Reprends progressivement conscience de ton entourage. Reste cependant intérieurement relié à ton jardin magique tout en ouvrant simultanément tes sens au monde qui t'entoure. Redresse-toi, étire-toi, aie confiance en l'avenir. Tu as désormais trouvé un espace protégé te permettant d'y mettre à l'abri l'élément le plus vulnérable et le plus affectueux de ton moi.

À quoi bon disposer d'un tel jardin magique ? En quelle occasion t'en sers-tu ? À chaque fois que tu désires prendre des responsabilités. Dans ta vie professionnelle. Lorsque tu prends soin de tes enfants. Dès que tu veux te comporter comme une compagne ou un compagnon rationnel, mûr dans la relation avec ta compagne ou ton compagnon. Dès que tu ne peux pas te permettre de réagir de manière irrationnelle, par trop émotionnelle ou en déployant une stratégie d'évitement.

« Mais je ne peux tout de même pas constamment exclure mon enfant intérieur ! », objectes-tu peut-être maintenant. Le fait d'être exclu en permanence, tu ne le connais que trop bien pour l'avoir vécu à de nombreuses reprises. « Va dans ta chambre », tu as peut-être bien souvent entendu cette phrase. Ou peut-être as-tu même été enfermé dans une armoire, voire à la cave, traitement parfaitement inconcevable, mais qui est malheureusement encore appliqué assez souvent.

Permets-moi de te transmettre une autre image. Il est vraiment d'une importance capitale que tu comprennes, car autrement tu ne profiteras pas correctement du jardin magique. Il n'est absolument pas question d'exclure ton enfant intérieur une nouvelle fois. Bien sûr que non, au contraire, à partir de maintenant, il a toujours le droit d'être présent, en revanche, il sera toujours protégé et en sécurité à l'intérieur de toi.

Imagine ton corps comme une grande maison magnifique. À l'arrière s'étend un immense jardin épatant, il y a une cuisine bien chaude et tout ce dont tu as besoin. Ton enfant intérieur (ou plutôt tes enfants intérieurs car ils sont nombreux) habite cette maison avec toi. Si tu ne le surveilles pas, il se met à courir à l'extérieur sur la route très fréquentée qui longe la maison avec l'objectif d'essayer de maîtriser ta vie. Il ouvre la porte à chaque individu qui y frappe et croit presque tout ce que ces personnes lui racontent. C'est pour cette raison qu'il leur offre également quasiment tout. Ou bien, il a tellement peur qu'il n'ouvre jamais la porte, même dans les situations dans lesquelles il faudrait pourtant le faire. S'il te plaît, imagine réellement la situation. Voilà cette maison magnifique, sûre, mais ton enfant intérieur est en train de courir à l'extérieur en essayant de régler tes affaires. La méditation que je t'ai proposée ci-avant signifie dans ce contexte imaginaire : tu t'approches de ton enfant, tu le prends dans tes bras et tu lui indiques clairement : « Chéri, tu vas maintenant jouer à l'intérieur de la maison ou dans le jardin. Si quelqu'un sonne à la porte, ce sera moi, l'adulte, qui irai ouvrir. Si tout va bien, tu peux volontiers m'accompagner à la porte, mais laisse-moi d'abord vérifier. Je te poserai des limites parce que je t'aime. Dorénavant, je veillerai à ce que tu ne coures plus dans la rue sans être protégé. Reste en sécurité, rends-toi au jardin à l'arrière de la maison, tu as le droit d'y jouer autant et aussi longtemps que tu le voudras. Tu es l'enfant. »

As-tu maintenant compris ?

Que t'apportent les énergies lumineuses du jardin magique ? Nombreuses sont les personnes qui ne s'occupent pas de leur enfant intérieur parce qu'elles craignent de ne pas être en capacité d'en assumer la responsabilité toutes seules ou bien parce qu'elles ne le désirent pas. La bonne nouvelle est que tu n'es pas obligé de le faire. Tu décides certes de l'espace intérieur en toi dans lequel il se trouve, en revanche, tu n'es pas obligé de prendre tout seul soin de ton enfant. En déléguant la responsabilité de ton enfant intérieur à des énergies positives, tu parviendras d'autant mieux à te concentrer sur la tâche qui t'attend. En décidant délibérément de conduire ton enfant intérieur dans le jardin magique, tu affirmes clairement avoir l'intention d'accomplir la tâche qui t'attend à partir de ton moi adulte. De son côté, l'enfant intérieur bénéficiera à plus d'un titre d'une véritable guérison dans le jardin magique.

Ce jardin magique représente la clé de voûte de tout mon travail avec l'enfant intérieur. Il constitue à la fois un lieu de retrait, un espace sûr et une aire de guérison. Ce jardin magique dispose de toutes les énergies dont l'enfant a besoin. La particularité de cet espace réside dans le fait que l'enfant y est en sécurité et protégé, il y est libre tout en étant parfaitement bien soigné. Cet espace ressemble à un jardin d'enfant idéal. En présentant ce jardin magique à mes patients, je me rends aussitôt compte de leur profond soulagement. Ils disposent enfin d'un espace dans lequel ils savent leur enfant bien gardé, il y a enfin un lieu où il n'est plus jamais obligé d'être seul.

Le jardin magique ne constitue pas un « espace d'urgence », mais représente au contraire bel et bien un lieu de séjour permanent de l'enfant intérieur. Pour quelle raison l'y conduis-tu ? Afin de pouvoir parfaitement maîtriser ton quotidien. Tu l'y amènes dès que tu dois tenir des discours, dès que tu as des dossiers à soumettre aux services des impôts, dès que tu dois les vérifier avec eux, dès que tu es obligé de défendre tes points de vue, lorsque tu prends soin d'enfants ou d'animaux, lorsque tu dois décacheter le courrier pour payer des factures, etc.

À chaque fois que tu as l'impression d'être bloqué, que tu te sens incapable de maîtriser certaines situations, que tu es piégé dans une stratégie d'évitement au lieu d'oser dire « oui » ou que tu retombes invariablement dans les mêmes méandres émotionnels, il est très utile de conduire consciemment l'enfant intérieur au jardin magique. À quel moment ? De préférence bien avant d'entamer une obligation difficile exigeant une attitude responsable de ta part. La plupart du temps, tu sais à l'avance que tu auras besoin de ton adulte intérieur lorsque tu planifies le déroulement de ta journée à venir. Tu vas travailler, comme le font tous les adultes, quel que soit le métier qu'ils exercent, aussi artistique puisse-t-il être. (Il en va peut-être autrement pour quelqu'un qui est debout dans son atelier, seul, en train de peindre, de sculpter ou de créer une œuvre de manière encore différente, mais j'en doute également. Lorsque je suis en train d'écrire par exemple, mon enfant intérieur serait constamment en proie à des doutes et se laisserait facilement distraire.) La magie de l'enfant intérieur a le droit de se fondre pleinement et entièrement dans ton travail, en revanche, ce n'est pas lui-même qui doit l'effectuer. La différence est-elle clairement compréhensible ? Il a le droit de scintiller et de resplendir à partir du jardin magique, mais c'est l'adulte qui met les impulsions en application. L'inspiration pour ton travail n'est de toute manière pas issue de ton enfant intérieur, elle provient d'autres dimensions, peut-être même de ton âme si tu vis en accord avec ta vocation.

Je voudrais te proposer une autre image. Ton enfant intérieur réagit à la manière d'un animal craintif, un peu comme le ferait un cheval. Nous hébergeons tous un tel animal à l'intérieur de nous. Si tu ne veux pas être obligé d'être constamment sur tes gardes pour éviter que ce soit lui qui se saisisse des rênes, pour éviter qu'il se mette à diriger ta vie et vienne sans cesse te ramener à l'écurie parce qu'il a soudain peur, choisis plutôt de le conduire directement au pâturage fertile situé à l'arrière de la maison. Tu seras ainsi certain qu'il y est en sécurité, tu pourras aller le voir aussi souvent que tu le souhaites, en revanche, tu ne l'emmènes pas si tu te déplaces dans un monde extrêmement dangereux et beaucoup trop bruyant pour un cheval. Si tu veux te promener avec lui ou le monter, choisis délibérément des sentiers tranquilles et sûrs au lieu de galoper en plein milieu de l'autoroute aux heures de pointe. Un environnement sûr, que tu peux maîtriser, dans lequel il ne sera pas blessé, est exactement ce dont un enfant intérieur a besoin.

SOIS TON PLUS PROCHE ALLIÉ

Nous disposons d'un outil supplémentaire qui fait réellement la différence et que je voudrais te présenter maintenant ; pour peu que tu t'en serves, tu seras capable de te sauver toi-même.

De quoi aurais-tu eu le plus besoin étant enfant, quelle expérience te faisait cruellement défaut ? Que quelqu'un prenne entièrement et sans réserve fait et cause pour toi. De quelqu'un qui n'exige pas de toi que tu fasses des efforts pour comprendre autrui, qui n'attende pas de toi que tu parviennes à te débrouiller avec ce qui t'arrive, mais en revanche, de quelqu'un qui se rende compte de ta détresse, qui soit à la fois disposé à t'aider et en mesure de le faire.

Quelle que soit la raison pour laquelle cet allié te faisait défaut dans ton enfance, tu en bénéficies à présent, il s'agit de toi-même. Je parle le plus sérieusement du monde. En te libérant toi-même de situations dans lesquelles tu étais en détresse étant enfant, tu fais une expérience incroyablement fondamentale, celle de l'émancipation. Autrefois, tu étais la victime, c'est comme ça lorsqu'on est enfant. En revanche aujourd'hui, tu es adulte, tu peux agir en faveur de ton enfant intérieur, faire désormais pour lui ce que quelqu'un d'autre aurait dû faire pour toi autrefois. Tu procures ce faisant une information immensément essentielle à ton complexe amygdalien : tu n'es désormais plus seul. Tu es soutenu, protégé, consolé, sauvé. Ainsi, les neurones chargés d'effacer les mauvaises expériences au niveau du cerveau peuvent entrer en action et mettre fin à ce traumatisme.

La notion du temps n'existe pas à l'échelle de l'enfant intérieur. Une expérience traumatisante vécue lorsque tu avais cinq ans continue encore aujourd'hui à agir en toi, enveloppée de tout un attirail d'émotions, de matériel amortissant, entourée de fil de fer barbelé, protégée par un système de tir automatique. Ma comparaison te paraît-elle trop exagérée ? Eh bien, ton système de défense fonctionne pourtant exactement de cette manière. Tu ne t'en rends pas compte parce que tu veilles inconsciemment et de manière très efficace à ce que personne n'ose s'approcher de tes blessures, et c'est très bien ainsi.

Je te propose ici un voyage intérieur grâce auquel tu parviendras une bonne fois pour toutes à sauver ton enfant intérieur, et donc toi-même en tant qu'enfant. Il s'agit en fait d'un outil que tu pourras employer aussi souvent que nécessaire, et sois-en certain, cela se produira fréquemment. Plus souvent tu l'utiliseras, mieux tu parviendras à être présent pour ton enfant intérieur dans les situations critiques, sans faire beaucoup de chichis, de manière tout à fait naturelle.

Voici donc ce voyage.

VOYAGE INTÉRIEUR :
SAUVER SON ENFANT INTÉRIEUR

Comme d'habitude, installe-toi tout à fait confortablement, puis traverse un portail imaginaire. Ce faisant, tu atteins ton monde intérieur, tu te rends là où les choses possèdent une signification symbolique, plus profonde, tu parviens à un niveau où tu peux réellement modifier quelque chose. Demande à ton enfant intérieur de t'y rejoindre. Peut-être le vois-tu ou ressens-tu sa présence. Si tel n'est pas le cas, ce n'est pas bien grave. Fais confiance à ce mécanisme. Il fonctionne même si tu n'en perçois pas les images, c'est ton intention seule qui compte.

Autorise maintenant ton imagination à faire surgir une situation dans laquelle tu avais des difficultés étant enfant, dans laquelle tu te sentais solitaire, dans laquelle tu étais peut-être tiraillé entre plusieurs personnes, dans laquelle tu étais humilié, voire battu.

Tu retrouves donc ton enfant intérieur dans une situation au cours de laquelle tu as été intensément blessé. Quel âge a-t-il ? Où se trouve-t-il ? Que se passe-t-il ? Comment va l'enfant ? Rends-toi compte de ses sentiments et observe la situation de très près.

Et maintenant, précisément en cet instant, entre en scène en tant qu'adulte. Mets-toi debout devant l'enfant, interviens dans la situation. Prends l'enfant dans tes bras, console-le, sors-le de la zone de danger, veille sur lui et protège-le. Affirme à son intention : « Je suis là pour toi, je te tiens, je suis capable de te protéger. » Et fais exactement ce que tu viens de lui déclarer. Quelle que soit l'action nécessaire afin de sauver l'enfant, effectue-la. Tu es désormais adulte, tu possèdes la faculté d'agir au profit de l'enfant intérieur d'une manière dont tes parents ou qui que ce soit d'autre étaient autrefois incapables. C'est toi qui représentes maintenant la mère, le père, la personne de confiance de ton enfant intérieur. Quel que soit l'individu qui fait honte à ton enfant intérieur ou qui le blesse, indique-lui : « À partir de maintenant, j'assume la responsabilité de cet enfant, je ne permettrai plus jamais qu'il soit blessé. Je l'accompagne dorénavant chez moi. »

Ôte-le donc de la zone du danger, affirme-lui que ses sentiments sont justes, qu'il a le droit d'aimer qui il veut, qu'il est beau, qu'il a le droit d'être aussi vivace qu'il le désire, mais indique-lui aussi que tu prendras désormais soin de lui, ou dis-lui toute autre parole dont tu sens que l'enfant a besoin. Ta mère intérieure et ton père intérieur la connaîtront de toute façon.

Quel que soit ie moment pendant lequel tu es triste, quel que soit le moment pendant lequel tu te souviens d'une situation lors de laquelle ton enfant intérieur a été très blessé, peu importe que cela se soit produit alors que tu étais déjà adulte ou alors que tu étais toi-même encore enfant, entre en scène en tant qu'adulte, écarte ton enfant intérieur de cette situation et prends soin de lui.

Tiens-le dans tes bras, et dès qu'il sera calmé, conduis-le dans ce jardin magique situé dans ton cœur et que tu connais désormais. Il y trouvera toujours amour, protection et guérison.

Tu as désormais à ta disposition ces deux outils essentiels et très utiles, pour peu que tu les emploies, l'espace sûr ainsi que le moyen de sauver ton enfant intérieur, et ce faisant toi-même, en te transportant en tant qu'adulte dans la situation d'autrefois afin d'en écarter l'enfant. Cela fonctionne même si la situation offensante ne s'est produite qu'hier. Car il s'agit probablement malgré tout de ton enfant intérieur qui a été blessé. Ressors tout simplement ton moi plus jeune et interpose-toi devant lui afin de le protéger, même s'il n'a que deux jours de moins que toi.

Nous disposons encore d'un outil supplémentaire que je voudrais te proposer maintenant, il s'agit de certains auxiliaires. Dans un premier temps, il est d'une importance capitale que tu entres toi-même en scène en tant qu'adulte dans une telle situation afin de sauver ton moi cadet, que tu ne te contentes pas tout simplement de faire appel à un ange. Pour quelle raison ? Pour que tu fasses toi-même l'expérience que tu possèdes la faculté de t'imposer. Par ce biais, tu parviens à renforcer la confiance en toi. Aujourd'hui, tu as la faculté de protéger l'enfant d'autrefois. Il s'agit d'une information primordiale que tu transmets à ta force de dépassement de soi, non seulement tu lui indiques qu'elle fonctionne, mais aussi que tu possèdes réellement la faculté de t'en servir.

Tu es responsable de toi-même, tu es même en mesure d'assumer cette responsabilité. Mais tu n'es néanmoins pas obligé de le faire seul. Tout un arsenal d'auxiliaires est à ta disposition. Que tu les perçoives en tant que forces intérieures ou en tant qu'entités spirituelles extérieures tels anges, animaux totems, forces de la nature ou énergies universelles relève bien évidemment de ta propre appréciation. Aie simplement confiance dans le fait que ces énergies existent et qu'elles n'attendent que d'intervenir en ta faveur. Tu peux aussi bien te les représenter sous une forme imaginaire, comme des archétypes, afin de les laisser agir en toi, de même que tu peux les considérer en tant qu'entités extérieures, indépendantes de toi, cela n'a strictement aucune importance. Toujours est-il qu'ils sont présents et qu'ils viennent à ton secours.

N'hésite donc pas à appeler les anges à ta rescousse Terre Mère, la Vierge Marie ou quoi que ce soit d'autre qui fonctionne dans ton cas. Tu actives ce faisant certaines énergies et facultés spécifiques qui sont à ta disposition de manière illimitée pour peu que tu veuilles bien te rendre compte de leur existence. Toutes ces énergies et encore davantage existent au sein du jardin magique, elles sont présentes de manière tangible et elles guérissent ton enfant intérieur.

Puis-je te les présenter maintenant, ces différents éléments de l'enfant intérieur, ainsi que ses blessures respectives, mais aussi les énergies positives qui sont en mesure d'apporter leur aide dans ces différentes situations ?

En observant de plus près les contes de fées avec l'objectif de comprendre une situation donnée, nous n'en percevons pas toujours une image identique. Les contes de fées peuvent être interprétés de la manière la plus diversifiée qui soit. Ma manière de les examiner ne prétend ni à une vérité unique, ni à l'intégralité des interprétations possibles. Il ne s'agit pour moi que de rendre visibles certains mécanismes intérieurs. Mon unique objectif est que tu puisses te retrouver. Étant donné que l'enfant intérieur adore les contes de fées, il comprendra de quoi il s'agit. Mets donc ton esprit analytique au repos, oublie tout ce que tu sais et autorise-toi à concevoir une nouvelle perspective qui ne prétend certes pas à l'exclusivité, mais qui comporte à coup sûr sa part de vérité.

L'ENFANT INTÉRIEUR HONTEUX

Dans la première partie, je t'ai promis que nous nous consacrerions à l'enfant intérieur honteux, ce à quoi nous procédons donc maintenant.

La honte représente le sentiment le plus destructif qu'un être humain puisse éprouver. Car en éprouvant de la honte, tu as l'impression d'être fondamentalement mauvais. Si tu te sens coupable, tu as éventuellement commis une erreur que tu pourras réparer en procédant ultérieurement à une action bien précise. Mais en éprouvant de la honte, tu ne disposes en fin de compte comme seul recours possible pour rétablir l'ordre que de celui de t'effacer toi-même. Car c'est toi qui es mauvais, ton existence tout entière constitue une erreur, tel est ton sentiment. Donc tu fais exactement cela, tu t'effaces. Tu n'occupes pas réellement ta place, tu ne te montres pas, tu renies tes besoins tout en excellant dans la faculté de te rendre parfaitement compte de ce que les autres exigent de toi. Tu es constamment en proie aux sentiments de culpabilité par le simple fait d'exister.[1]

Ou alors, tu élabores une personnalité totalement nouvelle en exhibant un faux moi, grandiose, plus grand que nature. Rien n'est assez beau à tes yeux, tu es perfectionniste, tu sais tout, tu as toujours raison, tu n'autoriserais jamais quelqu'un à te surprendre en train de succomber à une facilité ou d'admettre une ignorance. Tu es de toute manière incapable de supporter la moindre proximité avec qui que ce soit, tu ne dévoiles jamais tes vrais sentiments. En fin de compte, tu n'existes pas. La plupart du temps, les individus honteux passent d'un de ces deux extrêmes à l'autre.

Mais comment se fait-il que quelqu'un puisse avoir été couvert de honte à un tel point en tant qu'enfant ? La honte naît dans toute situation dans laquelle quelqu'un réagit négativement à ta présence sans que tu saches pourquoi ni sans que tu aies la moindre opportunité de comprendre pourquoi. La honte survient lorsque certains individus se sentent gênés par ta présence, se détournent de toi, lorsqu'ils t'évitent ou rient de toi dans le but de s'aider à surmonter leurs propres souffrances ou insuffisances. Dans ce cas, tu n'as pas la moindre opportunité de modifier ton comportement. L'ensemble de ton être, ta vivacité, ta joie, tout simplement toute ta personnalité incite quelqu'un d'autre à se détourner de toi pour la simple raison qu'en agissant ainsi, il ne sera pas obligé de ressentir sa propre présence. Si tu ignores cela, et bien évidemment tu l'ignores étant enfant, tu attribues immanquablement ce refus à toi-même, à ta propre existence. Il ne saurait en être autrement. C'est de cette manière que naît un sentiment de honte malsain qui est bien

1 Vous trouverez davantage de détails dans mon livre *Das Innere Kind. Unerwünschtsein verwandeln in Geliebtsein* (*L'Enfant intérieur. La métamorphose de l'enfant non désiré en enfant aimé*), Darmstadt, Schirner, 2016.

souvent réactivé à l'âge adulte. Mais il existe également un sentiment de honte tout à fait sain, ce dernier est là afin de t'indiquer tes limites naturelles, profondément personnelles, que tu devrais respecter avec l'objectif de protéger ton propre mode de fonctionnement.

Voici un exemple de honte malsaine, voire toxique. Une patiente me racontait qu'elle avait été une enfant très désirée. Elle est née en pleine guerre. Le père, un professeur de lycée très sévère, n'avait pas encore été mobilisé au moment de sa naissance. Il s'est énormément réjoui de la naissance de sa petite fille. Bien évidemment, il a également fini par être mobilisé un jour. Son départ fut extrêmement difficile pour tout le monde. Lors de sa permission, il se montrait à nouveau très heureux de son existence et passait beaucoup de temps avec sa petite fille. Elle adorait son père. Ce dernier engendra d'autres enfants durant cette permission. Des jumeaux virent donc le jour, il s'agissait de deux garçons. Au moment de la permission suivante, son bonheur et sa fierté ne connurent pas de limites alors qu'il fit l'expérience de la présence de ses trois enfants. La mère de ma patiente, une femme très attentionnée, avait certes un comportement très servile à son égard, cependant, dans la mesure où le père se sentait si heureux, elle se montrait clémente. Tout allait donc bien jusqu'au jour où les jumeaux disparurent, tous les deux. Lorsqu'il revint chez lui à l'occasion de la permission suivante, il apprit qu'ils avaient succombé à une pneumonie. Il n'avait pas reçu le faire-part de leur décès au front. Sa fille le salua avec joie dès qu'il franchit le seuil. Tout en l'embrassant, il demanda des nouvelles des jumeaux. La mère éclata en sanglots, tandis que le père repoussa aussitôt sa fille pour ne plus jamais la toucher à partir de cet instant-là. Son chagrin ne connut alors plus de limites. Tout à sa douleur, il se mit à ignorer aussi bien sa petite fille adorée qui avait tout de même aussi perdu ses deux frères, que son épouse, pareillement affectée par le deuil, mais qui était également victime d'un sentiment de colère et de honte réprimées. Puisqu'elle n'avait pas été en mesure de sauver ses enfants. Ma patiente fit alors l'expérience du comportement de son père qui autrefois s'était tant réjoui de sa présence comme celui d'une personne froide, distanciée, brusque à son égard sans qu'elle sache pour autant quelle erreur elle avait bien pu commettre. Son cerveau d'enfant tentait de comprendre la situation. Elle se mit donc à penser, bien évidemment de manière tout à fait inconsciente : « Quelque chose en moi doit être mauvais. Je ne suis plus assez bonne, je ne parviens plus à contenter mon père, il ne se réjouit plus de ma présence. Les jumeaux étaient plus importants que moi-même. Moi seule, je ne suffis pas à l'enchanter. »

La situation est donc restée telle quelle. À partir de cet instant, ou bien le père ignorait sa fille, ou bien il lui demandait l'impossible. La douleur de la perte de ses deux fils avait été si immense qu'elle l'avait également contraint de fermer son cœur à sa fille. L'enfant joyeuse d'autrefois disparut donc pour laisser place à une jeune fille craintive, solitaire, qui passait sa vie à tenter désespérément de faire revenir comme par magie le scintillement heureux dans les yeux de son père. Comme si c'était en son pouvoir.

Pourquoi cette honte ? La petite fille avait fait l'expérience qu'elle n'était plus en état de rendre son père heureux, qu'elle ne parvenait plus à engendrer un feed-back positif. Elle en tira la conclusion que quelque chose en elle devait être foncièrement mauvais, qu'elle avait changé, que d'une façon ou d'une autre les choses étaient différentes. La dimension tragique de l'événement réside dans le fait qu'elle n'avait pas la moindre idée de ce dont il pouvait s'agir. Elle ne se sentait donc globalement jamais à sa place tout en essayant constamment de comprendre de quelle manière il fallait qu'elle change afin qu'elle cesse d'être « mauvaise ». Bien évidemment, sa quête était vouée à l'échec.

Si quelqu'un l'avait consolée en lui affirmant que ce n'était pas de sa faute, qu'elle continuait toujours d'être une petite fille ravissante, même si son père ne se rendait plus compte de sa présence, cela lui aurait certainement fait très mal. En revanche, sa propre image d'elle-même ne se serait pas totalement écroulée.

Sais-tu d'ailleurs si tu étais désiré au moment où tu t'es niché dans le ventre de ta mère ? Ta mère s'est-elle réellement réjouie ou bien était-elle en proie à la crainte et au refus ? La situation était-elle conforme à ses prévisions et à celles de ton père ? Tes parents s'aimaient-ils dans le fond suffisamment pour être en mesure de fonder une famille ensemble ?

Te sens-tu fréquemment déplacé, honteux, paralysé, n'oses-tu pas dire ou entreprendre ce dont tu as envie, si tant est que tu parviennes à ressentir tes propres désirs tellement tu as appris à adopter un comportement conforme pour finalement faire encore l'expérience de davantage de désapprobation et de refus ?

Il est fort probable que ce soit l'amour et l'attention de ton père que tu as tenté de gagner, tu es d'ailleurs peut-être toujours en train de t'y efforcer. Tu ne vis pas ta propre vie, mais tu remplis les exigences de tes parents. Tu ne sais peut-être même pas de quel ordre pourrait être ton projet de vie dans la mesure où tu es tant occupé à supporter et à compenser le manque fondamental de ta vie que tu ne songes même pas aux grandes envolées que peut constituer l'épanouissement personnel. Tu tentes éventuellement de porter les fardeaux de ta mère afin de lui procurer finalement la faculté de t'aimer malgré tout. Si seulement elle était plus heureuse, si sa situation était un peu plus facile, si tu pouvais la décharger de tous ses fardeaux, elle finirait peut-être malgré tout par t'ouvrir son cœur. Il se peut également que tu aies l'impression d'avoir atterri dans la mauvaise famille, de ne pas faire réellement partie de celle dans laquelle tu vis.

Pour ton enfant intérieur, le fait de n'être confronté qu'au refus, qu'à la crainte ou à l'indifférence après avoir osé faire le pas courageux de venir au monde représente réellement un choc. Même si tu as probablement pris toi-même cette décision à l'échelle spirituelle, tu te retrouves plongé dans cette situation sans y avoir vraiment été préparé. Tu ignorais les conséquences de toutes ces décisions, cela représente un réel problème, en revanche, cela constitue également la raison pour laquelle tu es finalement ici. Tu aspirais à faire l'expérience de la vie en tant qu'être sensible, telle qu'elle est vécue de toute manière par tout être humain.

Résumons donc. Ta mère n'était-elle pas heureuse d'être enceinte ? Était-elle exposée aux attaques des autres membres de la famille ? Avait-elle peur de devenir mère ? Dans l'intervalle, tu étais occupé à construire ton corps, tu devais donc veiller à ce que cela se passe dans un foyer au moins relativement sûr car autrement, tu aurais été condamné à mourir. Peu de possibilités s'offrent à toi en tant que nourrisson.

Tu feras donc tout ce qui est dans tes moyens pour te conformer aux souhaits de tes parents, pour leur permettre somme toute d'être présents pour toi. Tu as très probablement déjà commencé à agir ainsi dans le ventre de ta mère. Tu te fais d'abord tout petit, tu te recroquevilles, puis ultérieurement, tu te contentes de ne manifester que tes besoins les plus essentiels, par ailleurs, tu apprends à te débrouiller tout seul. Tu t'habitues à cet état de manque, tu commences à croire qu'il n'y a pas d'autre choix, que c'est comme ça.

Tu n'apprends pas à expérimenter tes propres énergies, tu ignores même que tu en possèdes. Tu n'existes qu'à travers tes réactions à autrui, jamais à travers tes propres impulsions. Tu t'es entraîné à t'apercevoir immédiatement si tu es bienvenu ou non. Tu te rends aussitôt compte du genre de comportement qu'on exige de toi, celui que tu dois obligatoirement adopter, ou bien avec l'objectif de ne pas attirer l'attention, ou bien avec celui de marquer des points. Parfois, tu as l'impression de vivre à côté de ta propre vie. Peut-être es-tu tellement absorbé par le fait d'aménager un espace sûr pour toi qu'une fois tous ces efforts fournis, tu n'as plus le loisir d'en profiter ni même de l'occuper.

Si tu aspires réellement à t'emparer de ton propre espace sur cette terre, tu dois te forger une relative indépendance par rapport à autrui. Dans le doute, il faut que tu sois prêt à être agressé ou tout simplement à ne pas être aimé. C'est donc la fin du monde pour ton enfant intérieur non désiré. Il est alors atteint d'une angoisse mortelle parfaitement justifiée. Car ta survie dépendait autrefois du fait que ta mère n'interrompe pas sa grossesse, mais qu'elle mette son corps à ta disposition afin que tu puisses t'y développer. En tant que nourrisson et davantage en tant que créature non encore née, tu es à cent pour cent à la merci de tes parents. Ils disposent d'un pouvoir illimité sur toi. Eh bien soit, qu'ils t'aient désiré ou non, toujours est-il que tu es là, que tu as gagné la bataille pour ta vie, que tu as même peut-être réussi à faire en sorte que tes parents se comportent comme tels contrairement à leur volonté initiale.

Il se peut que tu te définisses toi-même en fonction de l'aide que tu apportes à autrui dans la mesure où tu as appris à acquérir l'espace dont tu as besoin grâce au soutien que tu procures à autrui, ou bien à l'extorquer laborieusement à quelqu'un d'autre. Ou alors tu développes une attitude de bouderie ou de lamentation en espérant éveiller un sentiment de compassion et d'empathie chez autrui. Dans la mesure où tu es si noble, si secourable, si bon ou bien si miséreux, si courageux, l'autre n'aura pas le cœur à te renvoyer, n'est-ce pas ?

Tu choisis le métier d'infirmière ou de soignant, le rôle de la mère ou du père, en cas de besoin, tu te transformes en adorable petite fille, en petit garçon espiègle, en amante séduisante ou en grand séducteur fougueux, tandis qu'au travail, tu incarnes le collaborateur parfait, loyal. Tu acceptes toujours davantage de tâches, tu prouves à ton supérieur hiérarchique qu'il peut te faire confiance même si tu croules quasiment sous la charge et que tu as la nette impression qu'il tire profit de ton comportement. Ce phénomène est qualifié de codépendance, il s'agit d'une addiction, celle de se sentir indispensable dans la mesure où la justification de sa propre existence en dépend.

Cet espace sur terre qui devrait logiquement être décoré de roses pour une si petite âme qu'est un nourrisson, la place à laquelle tu devrais pouvoir te sentir aimé est en vérité très incertaine, pendant presque neuf mois, elle est encore et toujours soumise à discussion, toujours est-il qu'elle n'attend que toi. Et une fois que tu es né, ta vie dépend totalement du fait que tu réussisses à éveiller l'amour parental ou au moins la disposition à une certaine sollicitude de la part de tes parents.

Bien évidemment, les soins de tous les mammifères sont assurés grâce à l'existence d'un phénomène qualifié de *caractère mignon*, tu es donc doté d'attributs qui incitent tes parents à t'aimer et à prendre soin de toi. Mais tout n'est pas si simple. L'hypothèse d'une décision spirituelle mise à part, il s'agit apparemment d'une question de chance si un enfant donné tombe sur une mère qui le porte en elle avec amour et joie, le met au monde, le porte à son sein, s'il a un père qui l'aime, qui le protège, l'encourage et prend soin de lui ou s'il est condamné à mourir tout nu, désemparé et en hurlant sur le banc quelconque d'un parc en tant que nourrisson.

Durant son combat pour la vie, l'enfant devient malléable, ne réfléchit même pas à l'éventualité d'envisager de vivre sa propre vie, mais s'exténue au contraire dans sa tentative de se rendre lui-même aussi agréable et utile que possible à autrui. Car tout vaut mieux que d'être avorté ou abandonné.

Si tu n'es jamais certain de ta propre place, si tu es persuadé de toujours être obligé de demander aux autres si tu as le droit de jouer avec eux, tu deviens extrêmement codépendant. Mais aussi si tu as l'impression de te trouver en quelque sorte toujours au mauvais endroit et d'être constamment obligé de payer à l'avance pour que quelqu'un s'aperçoive de ta présence ; si tu calmes ton entourage en te rendant utile ou invisible ; si tu relègues tes besoins sains au second plan afin de satisfaire le besoin fondamental de sécurité, essentiel à ta survie. Tu deviens le jouet des humeurs et des états d'âme d'autrui. Tu n'as alors même pas le temps de te demander ce que tu veux au juste, car l'enfant en état de panique occupe le premier plan tout en espérant pouvoir survivre d'une manière ou d'une autre.

À l'échelle spirituelle, il s'agit probablement exactement de ces mêmes expériences, mais tu les as vécues à satiété. Il est maintenant temps de regagner ton véritable chez-toi, d'emprunter ta propre voie, de chanter ta chanson, de faire la fête avec tes semblables et de t'envoler.

Souviens-toi de ce récit de Hans Christian Andersen ayant pour sujet un enfant particulièrement remarquable.

LE VILAIN PETIT CANARD

La campagne environnante était splendide. C'était l'été, les épis de blé jaunes frétillaient, les épillets de l'avoine étaient verts, les meules de foin se dressaient sur les prairies verdoyantes, alors que la cigogne se déplaçait sur ses longues jambes rouges en jacassant en égyptien puisque sa mère lui avait appris cette langue. Tout autour des champs et des prairies s'étendaient d'immenses forêts parsemées de lacs profonds. Oui, la campagne environnante était vraiment splendide et magnifique !

Le vieux domaine entouré de fossés profonds était inondé de soleil. De grandes feuilles de bardane prospéraient entre les murs de son enceinte et l'eau du canal, elles atteignaient une hauteur permettant aux enfants de petite taille de se tenir debout sous les plus grandes. La nature y était aussi sauvage que dans la forêt profonde. C'est ici qu'une cane était posée sur son nid en train de couver ses œufs ; elle commençait néanmoins à trouver le temps long jusqu'à l'éclosion de ses petits. Qui plus est, les autres canards ne venaient que rarement lui rendre visite, préférant de loin aller nager dans les eaux du canal plutôt que de monter le talus, de s'asseoir sous une feuille de bardane et de cancaner en sa compagnie.

Finalement, un œuf après l'autre se mit à éclore. « Cui ! Cui ! », firent-ils. Tous les jaunes d'œufs étaient devenus vivants, les petits se mirent à sortir la tête de l'œuf. « Coin ! Coin ! », répondit-elle. Ils se redressèrent alors tant bien que mal sur leurs pattes en regardant de tous côtés sous le feuillage vert, la mère les laissa faire autant qu'ils le voulaient puisqu'il paraît que la couleur verte est bénéfique pour les yeux.

— Que le monde est grand ! commentèrent tous les nouveau-nés car ils disposaient désormais de nettement plus d'espace qu'à l'intérieur de leur œuf.

— Vous croyez donc que cet espace représente le monde entier ? demanda la mère. Le monde entier s'étend beaucoup plus loin, de l'autre côté du jardin jusque tout droit dans le champ du pasteur ; mais je n'y suis encore jamais allée ! Êtes-vous bien tous là ? continua-t-elle en se redressant. Non, je ne vous ai pas tous, le plus gros œuf est resté entier. Combien de temps cela va-t-il durer encore ? J'en ai par-dessus la tête ! Sur ces commentaires, elle se remit à le couver.

— Alors, comment ça va ? demanda une vieille cane qui était venue lui rendre visite.

— Cela dure très longtemps avec ce dernier œuf ! répondit la cane qui s'était remise à couver. Il ne veut pas éclore. Mais regarde donc tous les autres, ne sont-ce pas les petits canards les plus mignons que nous ayons jamais vus ? Ils ressemblent tous à leur père, à ce vaurien qui ne vient même plus me rendre visite.

— Montre-moi donc cet œuf qui ne veut pas éclore ! lui demanda la vieille. Crois-moi, il doit s'agir d'un œuf de dinde ! Moi aussi, j'ai été trompée une fois, puis j'ai eu toutes les peines du monde avec les petits car ils ont peur de l'eau ! Je n'arrivais pas à les faire entrer dans l'eau, j'avais beau essayer de les attraper, de nager devant eux, mais sans succès. Montre-moi cet œuf ! Oui, il s'agit bien d'un œuf de dinde ! Abandonne-le ici et apprends plutôt à tes autres enfants à nager.

— Je vais quand même continuer un petit peu à le couver, répondit la cane. Puisque ça fait si longtemps que je le fais, je peux bien encore continuer quelques jours.

— Comme il te plaira, rétorqua la vieille cane, et elle s'en alla.

L'œuf finit tout de même par éclore. « Cui ! Cui ! », fit le jeune en sortant de l'œuf. Il était très grand et très laid ! La cane le considéra :

— Voilà un canard de taille immense, déclara-t-elle. Aucun des autres ne lui ressemble, serait-ce donc un poussin de dinde ? Eh bien, nous le saurons bientôt ; il faut de toute façon qu'il aille dans l'eau, même si je dois l'y pousser.

Le lendemain, il faisait un temps magnifique, le soleil resplendissant faisait étinceler les feuilles de bardane vertes. La mère cane descendit donc au fossé en compagnie de toute sa famille. Splatch ! fit-elle en sautant dans l'eau. « Coin ! Coin ! », leur demanda-t-elle ensuite. Chacun des petits canards plongea alors dans l'eau l'un après l'autre. D'abord englouties par l'eau, leurs têtes émergèrent aussitôt, ils savaient tous nager à merveille. Leurs jambes s'étaient mises à bouger d'elles-mêmes, tous sans exception nageaient à perfection dans l'eau, même le jeune qui était laid et gris.

— Non, ce n'est pas un dindon, affirma-t-elle. Regarde à quel point il se sert magnifiquement bien de ses jambes, à quel point il se tient droit, il s'agit bien de mon propre enfant ! Dans le fond, à y regarder de plus près, il est tout de même assez mignon. Coin ! Coin ! Venez avec moi, je vous introduis à présent dans le monde, je vous présente à la basse-cour des canards, mais restez toujours très près de moi afin que personne ne vous écrase et prenez garde aux chats !

C'est ainsi qu'ils pénétrèrent dans la basse-cour des canards. Il y avait un bruit infernal car deux familles se disputaient une tête d'anguille qui échut finalement au chat.

— Constatez-le par vous-mêmes, c'est ainsi que va le monde ! déclara la mère cane en affûtant son bec car elle aurait bien aimé pouvoir profiter également d'un petit morceau de tête d'anguille. Servez-vous à présent correctement de vos jambes ! exigea-t-elle. Redressez-vous bien et inclinez votre tête devant la vieille cane là-bas. C'est la plus noble d'entre toutes ici, elle a même du sang espagnol, c'est pour cela qu'elle est si grosse. Observez-la bien, elle porte un ruban rouge merveilleusement beau autour de sa jambe, c'est la plus grande distinction dont puisse bénéficier un canard. Cela signifie qu'on ne tient pas à la perdre, qu'elle doit être reconnue aussi bien par les animaux que par les humains ! Alors, redressez-vous bien ! Ne posez pas les pieds en dedans, un petit canard bien élevé les dirige largement vers l'extérieur, exactement comme le font son père et sa mère. Regardez, faites comme ça ! Inclinez maintenant votre tête en faisant : Coin !

C'est ce qu'ils firent, en revanche, les autres canards tout autour les observaient en commentant à voix haute :

— Eh bien voyons ! Il ne manquait plus qu'elle nous amène sa progéniture, comme si nous n'étions pas déjà assez nombreux ! Puis Quelle horreur, avez-vous vu l'aspect de l'un de ses petits canards ? Nous ne le tolérerons pas ici ! Aussitôt, un des canards vola en sa direction afin de le mordre au cou.

— Laissez-le tranquille ! exigea la mère. Il ne fait de mal à personne.

— Certes non, mais il est trop gros et trop inhabituel, répliqua le canard qui l'avait mordu. C'est pour cette raison qu'il faut lui donner une bourrade.

— Elle a de beaux enfants, cette mère, remarqua la vieille cane au ruban rouge autour de la jambe. Ils sont tous beaux, hormis un seul. Il n'y en a qu'un qu'elle n'a pas réussi, je souhaiterais qu'elle puisse le modifier.

— Ce n'est malheureusement pas possible, votre honneur, répondit la mère cane. Il n'est pas beau, mais il a bon caractère et il nage au moins aussi bien que les autres, oui, je dirais même encore un peu mieux. Je pense qu'il grandira joliment et qu'avec le temps, il sera un peu moins gros. Il est resté trop longtemps dans l'œuf, c'est pour cela qu'il n'a pas la bonne forme. Après avoir tiré sur une petite plume de son cou, elle lui lissa le plumage. En plus de ça, c'est un mâle, déclara-t-elle, c'est aussi pour cette raison que ce n'est pas si grave. Je pense qu'il deviendra assez puissant, qu'il finira par bien se débrouiller dans la vie.

— Les autres petits canards sont mignons, déclara la vieille, faites comme chez vous et si jamais vous trouvez une tête d'anguille, je vous demande de me l'apporter. Ils étaient donc désormais chez eux.

Mais le pauvre petit canard qui était si laid et qui avait quitté l'œuf en dernier fut sans cesse mordu, bousculé, tourné en ridicule, aussi bien par les canards que par les poules.

— Il est trop gros ! affirmèrent-ils tous. Le dindon mâle qui était venu au monde avec des éperons et qui se prenait donc pour l'empereur se gonflait comme un vaisseau toutes voiles dehors tout en se mettant à l'attaquer en glougloutant et en rougissant sur toute la tête. Le pauvre petit canard ne savait plus où aller se réfugier. Il était triste parce qu'il était si laid, mais aussi parce que toute la basse-cour des canards se moquait de lui.

Ainsi se passa la première journée, mais avec le temps les choses allaient de mal en pis. Le pauvre petit canard était chassé par tous, même ses sœurs devenaient méchantes avec lui en répétant sans cesse :

— Si seulement le chat pouvait t'attraper, espèce de créature laide ! Même sa propre mère finit par lui dire un jour :

— Si seulement tu étais loin d'ici ! Les canards le mordaient, les poules le battaient, la jeune fille chargée de nourrir les animaux de la basse-cour lui donnait des coups de pied.

Ayant décidé de s'enfuir, il passa un beau jour par-dessus la clôture. Les petits oiseaux dissimulés dans les buissons s'envolèrent de frayeur. *Ils s'envolent parce que je suis si laid*, pensa le petit canard en fermant les yeux tout en continuant d'avancer. Il finit par atteindre un grand marécage où habitaient les canards sauvages. Il y passa toute la nuit tant il était fatigué et affligé.

Vers le matin, les canards sauvages se mirent à voler autour de lui et à considérer leur nouveau compagnon.

— Qui es-tu donc ? demandèrent-ils. Le petit canard se tourna de tous côtés en saluant aussi gracieusement qu'il put.

— Tu es extraordinairement laid ! déclarèrent les canards sauvages. Mais cela nous est égal pourvu que tu n'épouses aucune cane de notre clan. Le pauvre ! Il ne songeait vraiment pas à se marier si seulement ils voulaient bien l'autoriser à se reposer entre les roseaux et à boire un peu d'eau dans le marécage.

Il y passa deux journées entières. C'est alors que deux oies sauvages, ou plus exactement deux jars, firent leur apparition. Cela ne faisait pas encore longtemps qu'ils étaient sortis de l'œuf, c'est pour cette raison qu'ils étaient si effrontés.

— Écoute camarade, affirmèrent-ils, tu es tellement laid que nous t'aimons bien. Veux-tu venir nous accompagner, devenir un oiseau migrateur ? Tout près d'ici, dans un marécage proche, habitent quelques belles et charmantes oies sauvages, ces demoiselles ont un chant très suave. Peu importe ta laideur, tu pourrais peut-être y trouver ton bonheur.

« Bang ! Bang ! » Une double détonation se fit soudain entendre. Les deux jars sauvages tombèrent aussitôt morts dans les roseaux, l'eau du marécage se colora rouge sang. « Bang ! Bang ! » Une nouvelle détonation se fit entendre, des hordes d'oies sauvages s'élevèrent alors des roseaux. On entendit encore de nouvelles détonations. C'était une importante campagne de chasse, de nombreux chasseurs s'étaient allongés tout autour du marécage. Oui, quelques-uns d'entre eux s'étaient même installés sur des branches d'arbres se déployant loin au-dessus des roseaux. Tandis que la fumée bleue s'engouffrait tel un nuage entre les cimes sombres des arbres en s'étendant loin au-dessus de l'eau, les chiens de chasse s'approchèrent du marécage. « Splatch ! Splatch » Les roseaux s'inclinèrent aussitôt de tous côtés. Quelle ne fut pas la frayeur du pauvre petit canard. À l'instant même où il décida de tourner la tête afin de l'enfoncer sous son aile, il se rendit compte de la présence d'un chien terriblement grand immédiatement face à lui. Sa longue langue sortait de sa gueule, ses yeux immenses scintillaient d'une laide couleur grise. Après avoir dirigé sa mâchoire directement sur lui en montrant ses dents acérées, il fit demi-tour sans l'avoir attrapé. « Splatch ! Splatch ! »

— Oh, Dieu merci ! soupira le petit canard. Je suis si laid que même ce chien n'a pas daigné me mordre ! Il demeura ainsi sans bouger tandis que les grenailles de plomb continuaient à siffler à travers les roseaux et qu'un coup après l'autre retentissait.

Ce n'est que tard dans l'après-midi que le calme s'installa progressivement, mais le pauvre oisillon n'osait pas encore se lever. Après avoir attendu encore quelques heures avant même d'oser regarder autour de lui, il s'enfuit du marécage, aussi vite qu'il le put. Il parcourut alors rapidement quelques champs et prairies en dépit une tempête si violente qu'il avait du mal à avancer.

Dans la soirée, il atteignit une pauvre petite cabane de paysan si délabrée qu'elle ignorait elle-même de quel côté elle allait devoir s'écrouler, c'est d'ailleurs l'unique raison pour laquelle elle tenait encore debout. La tempête mugissait tant et tant autour du petit canard qu'il dut s'asseoir pour pouvoir y résister. Elle continuait même de s'aggraver. Soudain, il se rendit compte que la porte était sortie d'un de ses gonds, qu'elle était tellement de guingois qu'elle lui permettait de se glisser à l'intérieur à travers un interstice, ce qu'il fit.

Cette cabane était habitée par une femme, son chat ainsi que sa poule. Le chat qu'elle appelait Fiston faisait le gros dos en ronronnant. Il savait même produire des étincelles, mais pour cela il fallait le caresser vigoureusement à rebrousse-poil. La poule se déplaçait sur des pattes très courtes et basses, c'est pour cette raison qu'elle était nommée Courte-Patte, elle pondait d'excellents œufs et la femme l'aimait comme son propre enfant. Au matin, ils se rendirent immédiatement compte de la présence du petit canard inconnu, le chat se mit alors à ronronner et la poule à glousser.

— Mais qu'est-ce que c'est ? demanda la femme en observant autour d'elle. Mais comme elle n'y voyait pas très clair, elle croyait que le petit canard était une cane grasse qui s'était égarée. Voilà une belle prise rare ! déclara-t-elle. Je pourrai donc avoir des œufs de cane. Pourvu qu'il ne s'agisse pas d'un mâle ! Il nous faut vérifier ça.

Ainsi, le petit canard fut adopté à l'essai pendant trois semaines, mais il ne pondit pas d'œufs. Le chat était le maître de la maison et la poule sa dame, elle n'avait de cesse de répéter :

— Nous et le monde ! Car elle était intimement persuadée d'en représenter la moitié, à savoir de loin la meilleure. Le petit canard était d'avis qu'il était également possible d'avoir une opinion différente, ce que ne supportait pas la poule.

— Sais-tu pondre des œufs ? demanda-t-elle.

— Non !

— Dans ce cas, je te demande de bien vouloir avoir la bonté de te taire !

Et le chat demanda :

— Sais-tu faire le gros dos, ronronner et produire des étincelles ?

— Non !

— Dans ce cas, il ne t'incombe pas non plus d'émettre ton opinion lorsque des individus dotés de raison discutent ! Le petit canard restait donc assis dans son coin, en proie à la mauvaise humeur. Dès que l'air frais et les rayons du soleil se mirent à pénétrer dans la pièce, il eut une telle envie étrange d'aller nager sur l'eau qu'il ne put résister à en parler à la poule.

— Quelle envie bizarre ! déclara celle-ci. Tu n'as rien à faire, c'est pour cette raison que de telles idées saugrenues te viennent ! Ponds des œufs ou ronronne, elles vont finir par passer.

— Mais c'est si agréable de nager sur l'eau ! affirma le petit canard. C'est si magnifique de se faire engloutir par l'eau, de ressortir la tête, puis de replonger vers le fond !

— Oui, oui, un magnifique plaisir, vraiment merveilleux ! rétorqua la poule. Je pense bien que tu es devenu fou ! Demande donc au chat qui est la créature la plus intelligente que je connaisse s'il aime nager sur l'eau et plonger dans les profondeurs. Et je ne parle même pas de moi. Va même poser la question à notre maîtresse, la vieille dame, personne au monde n'est plus intelligent qu'elle ! Crois-tu vraiment qu'elle ait envie de nager et de se faire engloutir par l'eau pour ensuite en ressortir la tête ?

— Vous ne me comprenez pas ! affirma le petit canard.

— Nous ne te comprenons pas ? Qui voudrais-tu donc qui parvienne à te comprendre ! Tu ne prétends tout de même pas à être plus intelligent que le chat ou la femme, sans parler de moi ! Ne te fais pas d'illusions, mon enfant ! Et remercie ton Créateur de tout le bien qu'il a fait pour toi ! N'as-tu pas réussi à vivre dans une pièce chauffée, ne te trouves-tu pas en présence d'individus dont tu peux profiter quelque peu ? Mais tu es un bavard, ta compagnie n'est pas agréable ! Tu peux me croire ! Je ne veux que ton bien. Car je te dis les choses désagréables en face, c'est à cela qu'on reconnaît ses meilleurs amis ! Tu devrais vraiment te mettre à apprendre à pondre des œufs, à ronronner ou à produire des étincelles !

— Je crois que je vais m'en aller dans le vaste monde ! déclara le petit canard.

— Oui, c'est ça, vas-y donc ! répondit la poule. Et le petit canard s'en fut nager sur l'eau, mais il fut ignoré par tous les autres animaux à cause de sa laideur.

L'automne avait fini par arriver, le feuillage des arbres de la forêt s'était coloré de jaune et de brun. Le vent s'en saisissait et le faisait virevolter. Tout là-haut dans l'air, il faisait très froid. Les nuages étaient lourds de grêle et de neige. La corneille perchée sur la clôture se mit à crier : « Aïe ! Aïe ! » tellement il faisait froid ; rien que d'y songer, tout le monde avait froid. Le pauvre petit canard n'avait vraiment pas la vie facile !

Un beau soir, le soleil était déjà en train de se coucher, une nuée de grands oiseaux magnifiques s'envola d'un buisson ; le petit canard n'en avait jamais vu d'aussi beaux. Ils étaient d'une blancheur étincelante avec de longs cous flexibles, c'étaient des cygnes. Après avoir émis un son tout à fait particulier et avoir déployé leurs magnifiques ailes longues, ils s'envolèrent de cette contrée froide en direction de pays plus chauds, de lacs non gelés. Ils montèrent si haut, si haut, et le vilain petit canard éprouva soudain une impression si bizarre. Après avoir tourné dans l'eau comme une toupie, il dressa son cou haut dans le ciel dans leur direction et émit un cri si fort, si étrange qu'il en fut lui-même effrayé.

Oh, il ne parvenait décidément plus à oublier ces beaux oiseaux heureux. Dès qu'il ne les vit plus, il se mit à plonger tout au fond, puis en ressortant la tête, il était dans tous ses états. Ignorant le nom de ces oiseaux, il ne savait pas non plus où ils étaient partis. Mais il les aimait comme il n'avait jamais aimé personne. Il ne les enviait absolument pas. Comment pouvait-il seulement avoir idée de souhaiter une telle grâce pour lui-même ? Il aurait déjà été satisfait si les canards avaient supporté sa présence, la pauvre vilaine bête !

Cet hiver-là fut si froid, tellement froid ! Le petit canard était obligé de nager constamment dans l'eau pour éviter qu'elle ne gèle totalement ; mais chaque nuit, le trou dans lequel il nageait rapetissait davantage. Il faisait si froid que la couche de glace se mit à craquer, le petit canard était constamment obligé de remuer ses jambes pour éviter que le trou ne se referme sur lui. Finalement, il s'affaiblit, cessa de bouger et finit par être pris dans la glace.

Tôt le matin, un paysan passant par là s'aperçut de la présence du petit canard, il s'approcha, brisa la couche de glace à l'aide de son sabot de bois et rapporta le petit canard à la maison chez sa femme. C'est là qu'il retrouva ses esprits.

Les enfants s'apprêtèrent à jouer avec lui, mais le petit canard crut qu'ils voulaient lui faire du mal. De frayeur, il s'échappa directement dans le pot de lait de sorte que le lait se mit à gicler partout dans la pièce. La femme leva les bras au ciel, son geste fit tomber le petit canard d'abord dans la baratte de beurre puis dans le récipient de farine avant qu'il réussisse à en sortir en voletant. Dans quel état avait-il mis la pièce ! Tandis que la femme s'était mise à hurler et à l'agresser avec la pince à feu de la cheminée, les enfants coururent dans tous les sens en se renversant mutuellement afin de capturer le petit canard, ils hurlaient, ils riaient. Heureusement, la porte était ouverte, ce qui lui permit de se glisser entre quelques brindilles dans la neige fraîchement tombée. C'est là qu'il se reposa enfin, épuisé.

Raconter toute la détresse et la misère que dut supporter le petit canard durant ce rude hiver serait trop triste. Toujours est-il que lorsque le soleil commença à réchauffer tout doucement l'atmosphère, il reposait sur le marécage, entre les roseaux. Les alouettes chantaient, le printemps resplendissait.

Soudain, le petit canard parvint à agiter ses ailes, elles se mirent à battre plus vigoureusement qu'auparavant et l'emportèrent puissamment. Avant qu'il ne s'en rende compte lui-même, il était arrivé dans un immense jardin où les pommiers étaient en fleurs, où le lilas exhalait son parfum en penchant ses longues branches vertes au-dessus des cours d'eau sinueux. Oh, que tout était beau ici, d'une fraîcheur printanière ! Devant ses yeux éblouis surgirent alors des broussailles trois magnifiques cygnes blancs au plumage gonflé, évoluant avec grâce sur l'eau. Le petit canard reconnut immédiatement ces merveilleux animaux. Une étrange tristesse s'empara alors de lui.

— Je veux aller à leur rencontre, m'envoler en direction de ces oiseaux royaux ! Ils vont me battre à mort, dans la mesure où moi qui suis si laid ose m'approcher d'eux. Mais cela m'est égal ! Je préfère mille fois être tué par eux que d'être pincé par les canards, battu par les poules, que de recevoir des coups de la part de la jeune fille qui garde la basse-cour et d'avoir faim et froid en hiver ! Il se mit donc à voler en direction de l'eau puis s'approcha en nageant de ces magnifiques cygnes. Dès que ces derniers s'aperçurent de sa présence, ils gonflèrent leur plumage et se mirent à foncer sur lui.

— Vous pouvez me tuer ! s'exclama le pauvre animal en penchant la tête en direction de la surface de l'eau, attendant une mort certaine. Mais que vit-il soudain apparaître sur l'eau limpide ? De ses propres yeux, il aperçut soudain le reflet de son propre aspect qui n'était plus celui d'un oiseau lourdaud, noir et gris, laid et moche, mais celui d'un cygne. Peu importe de naître dans une basse-cour de canards pourvu qu'on sorte d'un œuf de cygne !

Il se réjouit soudain de toutes les peines et de tous les tourments qu'il avait dû subir. Ne lui permettaient-ils pas de prendre plus pleinement conscience de l'immensité de son bonheur ? Les grands cygnes l'entourèrent en nageant et en le caressant de leurs longs cous.

Quelques enfants en bas âge surgirent alors dans le jardin, leur lançant du pain et du blé. Le plus jeune d'entre eux s'écria soudain :

— Voilà un nouveau ! Les autres enfants firent à leur tour éclater leur bonheur en se réjouissant :

— Oui, c'est vrai, il y a un nouveau qui est arrivé ! Ils frappèrent dans leurs mains, se mirent à danser, coururent vers leur père et leur mère, tout le monde lança du pain et du gâteau dans l'eau, et tous de s'exclamer :

— C'est le nouveau qui est le plus beau, il est si jeune et déjà si magnifique ! Les vieux cygnes se mirent à s'incliner devant lui.

Se sentant soudain honteux, il dissimula la tête sous ses ailes. Extrêmement heureux mais absolument pas prétentieux, car celui qui a bon caractère n'est jamais fier, il ne savait néanmoins pas quel comportement adopter ! Il se mit à songer à l'époque pendant laquelle il avait été poursuivi et raillé alors qu'à présent tout le monde affirmait qu'il était le plus beau de tous ces oiseaux magnifiques. Tandis que même le lilas penchait ses branches en direction de l'eau à ses côtés, le soleil envoyait ses rayons doux et chauds ! Son plumage se mit alors à gonfler, son mince cou se redressa et il jubila de tout son cœur :

— Jamais je n'aurais osé rêver d'un tel bonheur à l'époque où j'étais encore le vilain petit canard[2] !

Voilà pour le conte de fées...

2 Voir bibliographie.

Pauvre vilain petit canard, c'est néanmoins merveilleux que ce conte se termine finalement si bien, n'es-tu pas également de cet avis ? Malheureusement, la fin de ce récit ne reflète pas suffisamment la totalité des conséquences subies par un individu qui est ridiculisé et raillé dès la prime enfance. Une seule phrase, un regard de travers peuvent suffire pour priver un enfant de la confiance tout à fait naturelle qu'il a dans son charme et sa beauté.

N'as-tu eu aucun mal à te mettre à la place du petit canard ? Connais-tu amplement cette impression de te sentir toujours en quelque sorte déplacé, laid peut-être, mais pas uniquement, plutôt tout simplement différent des autres, comme si tu ne faisais pas partie de leur univers ? Le vilain petit canard constitue une dimension importante, particulièrement offensée, de notre enfant intérieur. Il représente l'élément qui se sent constamment étranger, pas assez à la hauteur, qui aspire à mourir parce qu'il est si solitaire, parce qu'il ne parvient jamais à correspondre aux exigences des autres, parce que personne ne l'aime tel qu'il est, mais avant tout parce qu'il ignore lui-même où est sa place. Cette dimension de ta personnalité porte en elle la vague nostalgie de trouver enfin un espace approprié, de rejoindre sa véritable famille, de rencontrer sa famille spirituelle.

Cet élément doute de l'existence même de cette sorte de famille spirituelle et de ce sentiment d'appartenance à un groupe. Je ne crois pas être obligée d'aller plus loin dans mes explications, n'est-ce pas ? Le vilain petit canard en toi sait parfaitement à quoi je fais allusion, tu commences d'ailleurs certainement déjà à ressentir sa tristesse et son isolation alors que tu lis ces lignes. Admets-les s'il te plaît, laisse-toi émouvoir, il n'y a que de cette façon que nous parviendrons à ramener ce petit canard chez lui.

Car si quelqu'un avait expliqué à ce supposé petit canard qu'il était en vérité un cygne tout simplement couvé dans un nid ne correspondant pas à son état de cygne, que les cygnes, lorsqu'ils éclosent, ressemblent à ce qu'il était et que son aspect était parfaitement normal, il aurait pu s'épargner tout son chemin de croix ainsi que la quête de son chez-lui. Eh bien, quel qu'ait pu être l'objectif de la recherche, il est désormais temps que ta propre quête de ton chez-toi et de ta beauté aboutisse.

Bien évidemment, il faisait sens de partir à la quête de ton propre moi à travers l'espace et le temps et, tout comme le petit canard, tu y as également fait toutes sortes d'expériences. Tu devrais néanmoins finir par arriver au lac des cygnes afin de te détendre et de parvenir à assimiler ton voyage. Le conte de fées se termine bien et il en sera de même pour ton récit. Cela prendra en revanche du temps dans la mesure où il n'est pas si facile pour un petit cygne d'oublier ses expériences.

Les informations concernant le fait d'être différent et laid se sont également accumulées dans les cellules du petit cygne. Il a été trop traumatisé, il a approché la mort de trop près pour pouvoir s'envoler sur-le-champ en compagnie des autres cygnes, heureux et insouciant. La première vague de bonheur est suivie d'une période de deuil pendant laquelle tu as d'abord besoin d'assimiler tout ce que tu as vécu, pendant laquelle tu dois faire preuve de beaucoup de compassion envers toi-même afin de pouvoir laisser derrière toi cet épisode bien trop douloureux. Il est possible que ce jeune cygne, désormais d'une merveilleuse beauté, se recroqueville dans un coin, en proie à la tristesse, sans comprendre ce qui lui arrive. Il ne parvient plus à se réjouir de quoi que ce soit, tout lui paraît trop lourd, aussi beau qu'il puisse être désormais, tant la présence du vilain petit canard traumatisé qui a toujours besoin d'aide et de secours reste encore et toujours enfouie en lui. La simple modification de la situation extérieure ne suffit pas à guérir ses blessures. Tous les traumatismes qu'il a accumulés aspirent progressivement à éclater au grand jour, à être analysés, compris et libérés afin que la vie puisse continuer librement son cours. Il se peut que dans ta vie également, le temps soit venu de te tourner vers ce vilain petit canard, de le délivrer.

Mets-toi donc en quête de ton lac des cygnes personnel.

> Mon cher vilain petit canard,
> Je suis heureux de te rencontrer et de pouvoir enfin faire ta connaissance. Je sais que cela fait déjà si longtemps que tu existes en moi. Ta tristesse et ton déracinement sont nettement visibles. Tu aspires tant à rentrer à la maison sans toutefois savoir où ton chez-toi pourrait se situer. Je sais que tu es sans cesse à sa recherche, que tu tentes désespérément de dissimuler ton propre plumage derrière des plumes qui ne sont pas les tiennes propres, que tu caches tes ailes, que tu modifies ta façon de parler pour pouvoir appartenir à un groupe tout en te rendant encore et toujours compte à quel point tu es différent des autres, à quel point tu es si peu reconnu et compris.
> Eh bien, cher petit canard, tu es en train de chercher au mauvais endroit. Ce n'est cependant pas de ta faute, les adultes fonctionnent ainsi parce qu'ils ne parviennent même pas à s'imaginer où ton lac pourrait bien se situer. Tu sais, c'est comme s'ils apercevaient les cygnes sans pour autant croire à leur existence, c'est pour cette raison qu'ils ne reconnaissent pas ta véritable nature. Tout au fond de toi-même, tu sais pourtant exactement où est ta place, n'est-ce pas ? Reconnais ta voie.

Et souviens-toi. Tu représentes une dimension particulièrement sensible et créative qui est intimement liée à ton âme. Tu es probablement un ange, un elfe, une fée, un esprit de la nature. Tu ressembles certes physiquement à un être humain, mais en vérité, tu es peut-être encore tout autre chose. C'est pour cette raison que tu as l'impression de ne pas faire partie de l'univers des autres. Ton chez-toi est le royaume des anges, des esprits de la nature ou de la lumière. Ton « lac originel » est éventuellement une galaxie lointaine, une exoplanète, le grand soleil central, une autre dimension. Tu es descendu sur cette terre afin de faire don de ton énergie spécifique, de ta beauté particulière, afin de chanter ta chanson, sans pour autant avoir trouvé ton moyen d'expression personnel dans la mesure où tu as oublié qui tu es. Il se peut également que tu aies surgi des profondeurs de la terre, que tu sois lié à l'énergie des grands cristaux, du cœur de la terre, que tu sois venu pour apporter la beauté et les secrets de la terre au monde des humains.

Je te reconduis chez toi. Il est peut-être temps de regagner ton chez-toi et de dépêcher à partir de là ta merveilleuse énergie en direction de la terre. Il se peut également que tu aies tout simplement envie de prendre conscience de qui ou de ce que tu es en vérité, puis de revenir ensuite sur terre.

Cher petit canard (qui en vérité est un cygne), tout ce que les autres ont pu te raconter à propos de toi-même est faux. Tout cela n'avait pour unique objectif que celui de t'envoyer à la quête de toi-même. Quel que soit l'objectif, quelles que soient les raisons de ces expériences, c'est toi-même qui as demandé à être posé dans un nid différent du tien propre afin de partir à la quête de toi-même.

Le jeune cygne du conte de fées sait maintenant parfaitement qu'il est un cygne. Les autres cygnes cependant l'ignorent. Ils se contentent d'être cygnes sans pour autant en avoir conscience. En réalisant qui ou ce que tu es en vérité, en rejoignant ton chez-toi intérieur approprié, tu parviendras à apporter cette énergie à la terre de manière tout à fait consciente et à la répandre partout. Tu sauras toujours ce que tu es et de quelle énergie tu disposes.
Tu parviendras alors à jouer ta partition en toute conscience, à apporter ta contribution particulière. Voilà l'objectif de tout ce voyage. Il s'agissait néanmoins d'une longue route très difficile qui t'a coûté toute l'énergie, tout l'amour, tout l'espoir que tu avais l'intention d'apporter sur terre. Il se peut que tu penses parfois que tu as fait fausse route, que tu préférerais ne pas être sur terre. Eh bien, je te comprends parfaitement, tu auras d'ailleurs bientôt la possibilité de la quitter. Tu es libre de rentrer chez toi, tu n'as pas besoin de rester ici si tu ne le désires pas.
Tu sais, le plus important n'est pas tant de savoir à quel point tu es beau en vérité. Que le vilain petit canard soit véritablement un cygne ou bien un petit oiseau insignifiant n'a aucune importance. Cette voie te conduit vers ton chez-toi intérieur, vers une appartenance, vers ta famille. Il y va de la reconnaissance de toi-même.
Bien évidemment que tu es beau ; dans la mesure où tu es l'expression naturelle de l'énergie vitale pure, tu ne peux être autrement que beau. Ce n'est que le miroir qui te fait défaut étant donné que ta famille spirituelle est si éloignée. Il est temps que quelqu'un te dise ou te montre qui tu es véritablement, il est grand temps que tu te reconnaisses toi-même dans le miroir de ta propre famille spirituelle.

Partons donc ensemble en voyage afin de rencontrer ta famille, veux-tu ? Je t'y accompagne, mon cher petit canard.

Ce prochain voyage intérieur sera un peu, un peu plus pour être honnête, et même particulièrement spirituel. Si tu préfères, tu peux te contenter de rassembler les outils que je t'ai proposés plus haut avec l'objectif de t'en servir. Imagine tout simplement une situation au cours de laquelle tu as été couvert de honte étant enfant. Éprouve les sentiments de l'enfant. Entre en action en tant qu'adulte, sauve l'enfant de la situation et conduis-le promptement dans un endroit intérieur sûr, c'est aussi simple que cela ! Si tu es tenté par une expérience spirituelle, ce voyage intérieur te sera d'un grand secours. Bien évidemment, l'un n'exclut pas l'autre.

VOYAGE INTÉRIEUR :
LE CHEZ-SOI DU VILAIN PETIT CANARD

Installe-toi confortablement, prends bien soin de toi, mets une belle musique, allume une bougie ou bien diffuse un peu de parfum d'ambiance dans la pièce. Crée une atmosphère détendue dans laquelle tu te sens bien, ou alors contente-toi de fermer les yeux. Prends quelques inspirations profondes et autorise-toi à ne plus rien faire. Tu n'as besoin ni d'être particulièrement détendu, ni d'adopter la respiration ventrale. Pour une fois, laisse toutes les agitations derrière toi, marque un temps d'arrêt, abandonne-toi à toi-même et dirige ton attention au fond de toi-même.

Imagine maintenant un nid contenant des œufs, du même genre que celui que tu as découvert dans le conte de fées. Toi-même, tu reposes également à l'intérieur de ce nid. Imagine s'il te plaît maintenant que tu te trouves à l'intérieur de l'un de ces œufs, tu t'y sens à l'abri, bien au chaud, protégé et en sécurité.

Peut-être te rends-tu compte malgré tout que quelque chose ne va pas, que tu es différent, que tu ne fais paradoxalement pas partie du groupe. De quelle manière le ressens-tu ? Quelle zone corporelle est concernée ? Quelle est la dimension en toi qui se souvient de ce savoir ? Autorise maintenant cet élément à se manifester plus nettement, à se montrer avec davantage de précision. Il se peut alors qu'un souvenir surgisse au fond de toi, peut-être te sens-tu perdu ou ressens-tu un vide intérieur confus en dépit d'un aspect extérieur parfaitement normal.

Incite maintenant cette dimension de toi qui se trouve à l'intérieur de cet œuf à se montrer, demande au vilain petit canard en toi de se manifester, peut-être sous la forme d'une ombre ou bien d'un enfant, mais aussi en tant qu'élément intérieur non précisé. Ne sois pas surpris s'il possède un aspect bizarre, ni même si tu ne parviens pas véritablement à le reconnaître. Pendant trop longtemps, il a dû se dissimuler et faire comme s'il faisait partie de ce groupe. Eh bien, il en fait certes partie, mais d'une manière nouvelle, tout à fait différente. Rends-toi compte de l'impression que procure le fait de reposer dans ce nid tout en sachant que tu n'y es pas à ta véritable place, qu'il ne s'agit pas de ta vraie famille, que quelque chose ne va pas. Ressens ta nostalgie si longtemps réprimée d'atteindre enfin ton véritable chez-toi, de rencontrer ta vraie famille, rends-toi néanmoins également compte du désespoir de cet élément intérieur qui a jeté l'éponge, qui n'en peut plus, qui paraît tout bonnement déplacé d'une manière ou d'une autre. Il se peut qu'un souvenir surgisse alors en toi, une image datant de ton enfance, d'une situation pendant laquelle tu t'es senti ainsi. Autorise cette situation à ressurgir une nouvelle fois très nettement, essaie de la ressentir précisément, puis imagine que tu entres toi-même en scène en tant qu'adulte et que tu prennes l'enfant dans tes bras. Dis-lui que tu l'aimes, que c'est vrai qu'il EST réellement différent, que tu es cependant venu avec l'objectif de le ramener chez lui.

L'œuf semble alors grandir, s'élargir pour se transformer en un espace intérieur clair que tu parviens à pénétrer. Observe de quelle manière l'œuf se transforme en un espace protégé, en un champ énergétique dont le rayonnement devient progressivement plus clair. Cet espace s'élargit toujours davantage, jusqu'à ce que tu aies l'impression de te trouver soit dans une salle claire, haute de plafond, soit à l'abri dans une grotte, en fonction de tes préférences. Si tu en as envie, tu peux entrer dans cette grotte ou cette salle afin de rencontrer le petit être qui y grandit. Pénètre donc dans l'espace dans lequel repose le vilain petit canard. Parviens-tu à le voir ou à ressentir sa présence ? Quel aspect a-t-il et comment va-t-il ? Il se peut que tu le perçoives en tant qu'enfant, en tant que nourrisson, mais peut-être réellement sous la forme de petit canard. Il est également possible qu'il se présente encore tout à fait différemment, en tant qu'ombre, en tant qu'ange déchu ou encore sous une autre forme parfaitement inconnue.

Approche-toi de la créature qui croît à l'intérieur de cet œuf. Demande-lui de quoi il a besoin ou contente-toi de t'installer simplement à côté de lui. Observe comment il réagit dès qu'il ne se retrouve soudain plus tout seul. Appelle tes anges gardiens, tes maîtres spirituels ainsi que tous les êtres de lumière compétents à la rescousse. Demande que l'œuf éclose maintenant. Un rai de lumière surgit alors de l'intérieur de l'œuf et pénètre l'espace tel un rayon vecteur.

Prends la petite créature dans tes bras si elle te le permet, affirme-lui qu'elle se trouve par erreur dans un nid qui n'est pas le sien, mais qu'elle dispose bien entendu d'un foyer bien à elle, qu'il est à présent temps pour elle d'y retourner afin qu'elle puisse faire rayonner son amour, son énergie et sa lumière dans ta vie. Le rayon lumineux atteint le petit être, se répand en lui et ce dernier commence immédiatement à se transformer, à reprendre sa véritable forme.

C'est à présent que tu réalises avec quel objectif il a voulu venir sur terre, quelles tâches il a tenu à accomplir, dans quel but il a dû supporter l'expérience de cet isolement. Le vilain petit canard se transforme alors, il devient ce qu'il est véritablement, peut-être un cygne au plumage gonflé de fierté, ou bien un ange, un elfe, un élément lumineux de ta propre âme. Tu commences à te rendre compte de sa véritable énergie, avant tout de sa beauté, et à les ressentir pleinement. Empli de joie, cet élément intérieur s'élève afin de se glisser, léger comme une plume, le long du rayon lumineux, ou de le traverser pour rejoindre son véritable foyer spirituel, et tu le suis. Demande à cet élément d'emporter toute la tristesse, tout ce désespoir. Ils se dissolvent alors simplement à l'intérieur du rayon lumineux.

Ta conscience s'ouvre, puis, en compagnie du petit canard désormais délivré, tu voles en direction de ton chez-toi spirituel. Te voilà arrivé. Regarde autour de toi. Comment est-ce ici ? De quelle manière ressens-tu cet espace ? T'est-il familier ? As-tu l'impression d'être arrivé chez toi ? Ressens clairement le soulagement, l'apaisement, la détente qui surviennent aussitôt après que tu es enfin parvenu à lâcher prise. Il se peut que ce ne soit que maintenant que tu te rendes compte avec encore davantage de précision à quoi cette expérience t'a servi. Peut-être portes-tu également cette impression de désespoir pour le compte de quelqu'un que tu aimes. Se pourrait-il que cette dimension spirituelle n'appartienne même pas à toi ? Quelle que soit l'identité de la personne à qui elle appartient et pour qui tu l'as portée en toi, c'est désormais terminé, cet élément peut regagner son chez-lui afin de répandre à partir de là son amour, son énergie, sa joie sur la terre. Absorbe cette énergie en toi si tu as l'impression que c'est ce qu'il faut faire et que cela te fait du bien.

Si jamais tu as porté cet œuf étranger en toi pour le compte de quelqu'un d'autre, incline-toi devant cette personne et déclare-lui : « J'ai volontiers porté ce fardeau pour toi. Mais il est maintenant temps de te rendre cette énergie afin qu'elle puisse être libérée et qu'elle puisse agir librement dans le champ énergétique de ton âme. »

Si cet élément fait partie de toi-même, autorise-le désormais à occuper la place appropriée dans ton champ spirituel incommensurable. Il ne doit pas obligatoirement se trouver sur terre afin de matérialiser son énergie, il peut également la faire parvenir à ton corps à travers le rayon vecteur. Demande maintenant que l'énergie libérée du vilain petit canard se répande en toi pour peu qu'il se soit agi d'un élément qui t'était propre, puis observe quelle impression cela te procure, il s'agit très certainement de l'impression nouvelle et inconnue d'une grande légèreté.

Reste encore un peu plongé dans cette énergie. Dès que tu te sens prêt, regagne très lentement ton époque, bouge doucement, étire-toi un peu, puis répands cette énergie dans l'ensemble de ton corps.

Ton enfant intérieur a certes besoin de représentations mentales, mais il a également besoin d'actions concrètes, terre à terre, afin que de nouvelles expériences puissent s'ancrer fortement en toi. Je te propose donc ici un rituel de libération magique à destination du vilain petit canard, dont l'objectif est d'enseigner avant tout à ton enfant intérieur qu'il est désormais libre.

RITUEL :
LA RÉDEMPTION DU VILAIN PETIT CANARD

Il te faudra de quoi écrire, du papier, un crayon, puis des allumettes ou un briquet ainsi qu'une fleur à tige courte. Muni de ces objets, rends-toi quelque part où tu pourras rencontrer des cygnes : un étang, une rivière ou bien un lac. Installe-toi pendant un bon moment pour les observer tout en réfléchissant à ce conte de fées, au vilain petit canard, à l'isolement que ce dernier a dû éprouver. Rends-toi compte de la beauté et de la grâce de ces animaux et affirme à ton enfant intérieur qu'il est au moins aussi beau qu'eux, qu'il possède un chez-lui, un foyer auquel il appartient.

Installe-toi maintenant dans un endroit à l'abri afin de noter tout ce que tu as vécu en tant que vilain petit canard. Rédige une sorte d'inventaire, prends ton temps, écris tout ce que tu as sur le cœur. Si tu veux, tu peux aussi demander directement à l'enfant intérieur ce qu'il a vécu, tu peux tout à fait rédiger ton texte avec les mots d'un enfant si c'est plus facile pour toi et si cela peut t'aider. Juste en dessous, inscris ce que tu souhaites pour l'enfant intérieur, peut-être pourra-t-il te le souffler lui-même.

Saisis-toi alors de la fleur, autorise l'enfant intérieur à y chuchoter son désir d'un espace où il se sent chez lui, d'amour, de sécurité et de protection, à lui donner l'ordre de porter son désir dans le vaste monde, puis lance la fleur dans l'eau. Détache-toi complètement d'elle, ne te préoccupe ni de t'assurer qu'elle continue à voguer sur l'eau, ni de savoir si elle reste accrochée quelque part, cela n'a aucune importance. Ce désir entre donc en relation avec l'eau et lui transmet son empreinte, et comme tu le sais bien, toutes les eaux de la terre sont reliées. Elles montent lorsqu'elles s'évaporent, puis retombent en tant que pluie, se rassemblent pour composer des rivières et des fleuves, des lacs, des mers, des océans. En fin de compte, c'est à l'intérieur d'un gigantesque circuit que toute l'eau circule autour de la terre. Sache donc que ton désir sera désormais véhiculé dans toutes les eaux de la terre et, à partir de là, à l'intérieur de toutes les plantes et tous les animaux. Il sera entendu par tous. Le fait d'être entendu est ce qu'il y a de plus essentiel pour l'enfant intérieur.

Si possible, brûle maintenant le papier sur lequel tu as décrit ton isolement, si tu ne peux pas le faire sur place, brûle-le une fois rentré à la maison. Peut-être auras-tu de la chance et trouveras-tu une plume de cygne que tu pourras emporter à la maison en tant que symbole de légèreté et de l'existence de ce chez-toi. Si tel n'est pas le cas, tant pis, tu rentreras sans elle. Tu peux néanmoins être certain de t'être débarrassé des souffrances du vilain petit canard. Il se trouve désormais sur la voie qui le conduit vers son chez-lui.

Si le vilain petit canard représente un élément si essentiel de ta personnalité, c'est pour la simple raison qu'il surgit à chaque fois que tu aspires à t'ouvrir, que tu essaies d'accorder ta confiance et que tu relâches le contrôle de toi-même. À chaque fois qu'un élément en toi aspire à se détendre, que tu essaies de te poser quelque part, cet enfant intérieur te met en garde, maintient ta vigilance en éveil. Tu ne parviens tout simplement pas à accorder ta confiance et à lâcher prise si tu es encore et toujours persuadé que tu seras rejeté de toute manière, que ta présence est en quelque sorte toujours déplacée. Il s'agit de cet élément en toi qui porte toute cette honte douloureuse en lui, que nous avons déjà évoqué dans la première partie de cet ouvrage. Cet élément intérieur te limite fortement, je veux dire du point de vue de tes amitiés, de ta situation au travail, de ta manière de gérer l'argent, sous tous les aspects. Dès lors que ce vilain petit canard est actif en toi, tu n'oses pas te montrer réellement comme tu es, et quand bien même tu le ferais malgré tout, tu devrais alors accomplir d'immenses efforts, tu tenterais de garder le contrôle en toutes circonstances, de projeter une image bien définie de toi vers l'extérieur, d'influencer les réactions d'autrui en ce qui te concerne. Ou bien tu te résignerais, tu montrerais certes ton vrai visage en t'imposant en toute connaissance de cause à toi-même et aux autres tel que tu es, y compris en affichant tes désirs, tout en éprouvant néanmoins cette sensation désespérée : « Ça m'est de toute façon égal que quelqu'un m'aime ou pas. » Vu de l'extérieur, ce comportement peut paraître indépendant et libre, tandis qu'au fond de toi-même, tu te sens dépendant, à la merci d'autrui et solitaire, obstiné, honteux et immensément triste. Le vilain petit canard est tout simplement incapable d'établir un lien social quel qu'il soit, ou bien il n'autorise personne à s'approcher de lui, ou bien il s'accroche désespérément à tout ce qu'il peut. Cela peut ressembler à de l'amour, mais il s'agit en vérité de dépendance. Tu ne parviens jamais à lâcher ton emprise énergétique sur l'autre, à l'autoriser à penser par lui-même, à ressentir de manière autonome, à planifier sa vie sans ton intervention.

Si tu exerces une profession, tu ne te sens jamais à la hauteur, tu as constamment l'impression que quelqu'un te critique. Immanquablement, tu fais le rapport entre la colère de ton supérieur hiérarchique et ta propre personne, tu fais tout ce qui est en ton pouvoir pour le contenter. Tant que le vilain petit canard vit et agit en toi, tu n'as aucune opportunité de prendre convenablement tes distances sans te mettre à donner des coups autour de toi de manière agressive, ou au contraire sans devenir dépressif.

Connais-tu ces effondrements énergétiques brusques au moment des rapports sexuels ? Tout semble aller pour le mieux, ton énergie s'accélère, puis soudain, tu t'aperçois comme de l'extérieur, tu t'observes avec un œil impitoyablement critique, tu te condamnes, tu endosses le rôle de tous ceux qui, jadis, ont ri de toi, t'ont vilipendé, couvert de honte. Rien ne va plus, ton énergie s'écroule aussitôt. Si tu poursuis maintenant, il s'agit d'une comédie car la sensation de honte, la colère, le découragement, le sentiment d'impuissance et de désespoir sont tellement intenses que tu n'aspires plus qu'à te dissimuler, n'ai-je pas raison ?

Non seulement l'immensité de la honte, de la peur et des blessures du vilain petit canard est incommensurable, mais aussi l'ampleur des conséquences sur ta vie. C'est pour cette raison que je te conseille encore une fois ici vivement de sauver ton enfant intérieur !

VOYAGE INTÉRIEUR :
PRENDRE SOIN DE L'ENFANT INTÉRIEUR HONTEUX

Détends-toi un peu, puis fais revivre dans ton imagination une situation au cours de laquelle tu t'es senti perdu, désemparé, laid, à la merci d'autrui. Il se peut que tu y sois un enfant en bas âge, mais tu peux aussi bien être déjà adulte, cette situation ne date probablement même pas de si loin. C'est en tout état de cause ton enfant intérieur qui a été blessé et qui a besoin de secours.

Imagine-toi donc dans une situation au cours de laquelle cet aspect est particulièrement à vif et prends-y réellement part. Qu'es-tu en train de faire ? En compagnie de qui te trouves-tu ? Quel âge as-tu ? Que se passe-t-il ? Quel est l'élément déclencheur de cette sensation désagréable ? Parviens-tu à le détecter ? Rends-toi compte de ton état d'esprit dans cette situation, autorise tous tes sentiments à s'exprimer, peut-être pour la première fois de ta vie. Autorise-toi réellement à éprouver toute la honte et l'isolement. Dis intérieurement « oui » à tout ce qui se présente en cet instant, accepte-le autant que possible, puis, s'il te plaît, entre maintenant en action tel que tu es. Approche-toi de l'enfant ou de l'adulte, prends-toi toi-même dans tes bras, conduis-toi affectueusement à l'extérieur de cette situation.

Il se peut que tu sois obligé de tenir tête à ta mère, à ton père, à ton supérieur hiérarchique ou aux autres enfants présents dans la cour de l'école, de leur dire leurs quatre vérités, de t'armer de courage afin de protéger enfin le petit enfant. Tu sais le faire puisque c'est toi l'élément adulte. C'est toujours l'enfant qui a peur, jamais l'adulte. Entre en action comme si tu étais ta propre mère, ton propre père, puis conduis l'enfant ou encore l'adulte désemparé à travers lequel l'enfant se montre en dehors de la zone du danger. Établis une limite précise, affirme-lui que tu seras dorénavant toujours présent pour lui et emmène-le. Déclare

> à tes parents que tu t'occuperas dorénavant de l'enfant intérieur, que tu ne leur permettras plus de le couvrir de honte ou de l'offenser de quelque manière que ce soit. Ton enfant intérieur a le droit d'aimer ses parents autant qu'il le désire, mais à partir de maintenant, c'est toi-même qui prendras soin de lui. Emmène-le, conduis-le dans le jardin magique s'il en a envie, délivre-le de cette situation inadmissible, ne le laisse plus jamais seul. C'est TOI qui es désormais là pour lui, il n'a plus jamais besoin de se sentir solitaire.

Si tu désires te rapprocher avec encore davantage de tendresse de ton enfant intérieur, achète-toi une poupée ou un nounours que tu pourras prendre dans tes bras pour symboliser la présence de cet élément intérieur.

Dès que tu te sens désemparé, laid, mal-aimé ou bien solitaire, prends-le dans tes bras, non pas de la manière dont un enfant tiendrait sa poupée, mais comme une mère ou un père prend son enfant dans ses bras.

Le vilain petit canard peut être guéri pour peu qu'il ait le droit d'admettre sa souffrance. N'hésite pas à avoir recours à un soutien professionnel, que ce soit sous la forme d'un thérapeute, d'un homéopathe ou de quelque autre spécialiste susceptible de venir à ton secours. Les mécanismes de la honte sont profondément ancrés dans nos cellules, le simple fait de se rendre compte de leur existence est bien souvent insuffisant. Parfois, une aide extérieure peut faire sens, à la manière du petit canard qui a fini par être sauvé par le paysan qui l'a libéré en brisant la glace (c'est d'ailleurs la représentation chamanique des sentiments figés).

Mais comment faire si tu as réellement honte, si tu trouves certaines zones de ton corps laides, si tu les refuses à un tel point que tu n'oses pas descendre dans la rue, que tu ne parviens pas à te déshabiller, que tu renonces à avoir une vie sociale et sexuelle ? Que faire si le poison a déjà déployé ses effets si destructeurs que tu en es tombé malade ?

Cherche de l'aide avant toute chose. Si ce livre a pu contribuer à attirer ton attention sur ce sujet, il ne pourra cependant pas te proposer de méditation capable de te libérer de cette maladie si grave et douloureuse. Tu es en mesure de le comprendre, n'est-ce pas ? Ce sera un long chemin, mais tu as de bonnes chances de guérir.

Essaie de te rendre compte de ce que tu trouves si laid en toi. S'il te plaît, sois aussi objectif que possible, vérifie précisément à quel niveau tu as besoin de soutien. Au premier abord, la solution de se précipiter dans un cabinet de chirurgie esthétique afin de se faire opérer sa laideur supposée peut paraître séduisante. Dans quelques rares cas, cette solution est exactement ce qu'il faut (si tel est le cas, adopte cette solution, elle peut réellement s'avérer utile), mais la plupart du temps, il n'en est pas ainsi. Bien souvent, il s'agit d'une question d'intégration et d'amour-propre, de la faculté de surmonter la honte et de te confronter à la vie en dépit d'un aspect extérieur qui te paraît impossible. Des cours de tantra, de yoga ou d'autres activités axées sur l'expression corporelle avec une approche holistique, animés par un professeur affectueux, peuvent s'avérer utiles. Je te conseille en outre de te mettre à la recherche d'un soutien en psycho ou physiothérapie.

Je te propose ici une méditation grâce à laquelle tu parviendras peut-être à identifier la honte accumulée dans tes cellules, voire à t'en débarrasser quelque peu. En tout état de cause, mets-toi néanmoins absolument à la recherche d'un soutien professionnel. Je suis certes avec toi, je suis capable de comprendre ce que tu ressens, mais je ne peux en aucun cas te rattraper. Cette tâche incombe à une personne qui doit réellement être présente physiquement. Je connais la souffrance, la honte, je crois savoir comment tu te sens et je prie pour que tu oses faire ton retour vers la vie et l'amour. Ne te laisse pas retarder davantage, tu as déjà bien assez attendu !

VOYAGE INTÉRIEUR :
S'AFFRANCHIR DE LA HONTE

Installe-toi confortablement, ferme les yeux et fais naître un paysage dans ton imagination. La nature est saine, d'une beauté comme tu n'en as jamais vu. Tu te rends aussitôt compte qu'elle fait partie d'un autre univers, d'un univers dans lequel règnent les lois de l'amour, de la plénitude, de la véracité et de la joie.

Un être spirituel d'un rang élevé te reçoit. Il s'agit peut-être d'un ange, peut-être d'un homme dont tu te rends immédiatement compte qu'il vit dans l'amour et la plénitude. Il se peut également qu'il s'agisse d'une tout autre créature. Cet être te demande de te débarrasser de tout ce que tu as apporté de ton ancienne vie comme si tu étais dans un vestiaire. Il se peut que tu te rendes alors compte de la présence d'un lourd sac à dos, d'un vieux manteau, de bottes épaisses, voire d'une ceinture de chasteté rouillée que tu portes. Débarrasse-toi de tout cela, cède tout à la créature. Observe ce qu'elle en fait. Peut-être tout sera-t-il brûlé, mais peut-être tout disparaît-il, simplement.

L'être spirituel te demande à présent si tu veux inspecter tout ce que tu as accumulé en toi. Il affirme que le temps est maintenant venu pour toi d'examiner tous tes vieux fardeaux, puis, ou bien de leur attribuer un espace approprié, ou bien de les lâcher. Tu scrutes une nouvelle fois ton for intérieur, tu sais pourtant que la créature a raison, il est grand temps. Tu acquiesces donc d'un signe de la tête et te laisses guider par elle. L'être te conduit en direction d'une montagne abrupte, massive, impraticable. Tu as la vague impression qu'elle t'est familière même si tu ne l'as peut-être jamais aperçue consciemment.

— Voilà ta honte, déclare l'être de lumière. Depuis si longtemps, tu tentes de vaincre cette montagne, de la mettre sous ton contrôle. Alors qu'elle ne demande qu'à être inspectée afin que tu puisses te rendre compte de ses trésors.

C'est exact, tu en es profondément touché. Cela fait si longtemps que tu tentes de gravir cette montagne bien trop raide. À présent, tu te rends compte qu'il est impossible de la vaincre, qu'elle est même dangereusement abrupte par endroits.

L'être te conduit donc au pied de la montagne. C'est alors que tu remarques avec étonnement qu'un accès mène à l'intérieur de cette montagne. Dans la mesure où l'entrée se révèle très étroite, tu n'es pas spécialement surpris de ne pas l'avoir remarquée plus tôt. Si l'être ne t'avait pas montré l'accès, tu ne l'aurais jamais remarqué. Tu n'aurais très probablement même pas réfléchi à l'éventualité de l'existence d'un tel accès à cette montagne. Avec impatience, tu pénètres à l'intérieur de la montagne, tu te retrouves soudain à l'intérieur d'une grotte ou d'une immense salle. D'un seul coup, tu te rends compte qu'il s'agit de l'intérieur de tes cellules : c'est ici que ta honte est accumulée, que ce soit au niveau de ta graisse, de ton nez ou de quelque autre emplacement que ce soit dans lequel la honte a été ancrée en toi.

Tu examines l'espace. Fait-il jour ou nuit ? Y a-t-il une lumière ou bien portes-tu un flambeau ? L'être te laisse désormais seul et tu regardes tranquillement autour de toi. Si tu te rends compte de la présence d'une quantité impressionnante de bric-à-brac, déménage tout à l'extérieur de la grotte.

Il est fort probable que tu rencontres ici un enfant qui semble très perdu. Installe-toi près de lui, écoute-le. Prends-le dans tes bras et conduis-le doucement à l'extérieur de la grotte. Ton guide spirituel l'y accueille et le conduit vers la lumière si telle est sa volonté.

Il se peut également que tu découvres une sorte de cinéma. Tu peux y visionner tous les vieux films, toutes les situations qui t'ont amené à te figer de honte. S'il te plaît, entre en action, interviens dans les situations et sors-en l'enfant intérieur blessé. Il a de toute urgence besoin de ton aide, de ton amour. Emmène-le et prive celui qui l'a tant couvert de honte de tout droit d'exercer à l'avenir une influence quelconque sur cet enfant, même s'il s'agit de tes propres parents.

Écoute ce que l'enfant a à te dire et console-le dans sa souffrance incommensurable si tu en as la faculté. Appelle l'être spirituel à ta rescousse, il t'aidera, il tiendra l'enfant. Il est fort probable que l'enfant préfère de toute manière disparaître dans la lumière et s'y dissoudre. S'il en est ainsi, accorde-le-lui. Incline-toi devant lui ainsi que devant le destin qu'il a porté. Il a été pour ainsi dire prisonnier de la honte, incapable d'accepter et de vivre la vie. Il est à présent temps qu'il retrouve son chez-lui, qu'il retourne vers la lumière, vers ton royaume spirituel ou bien dans la dimension dans laquelle il est chez lui. Il se peut qu'il se transforme en petit ange avec l'objectif de retrouver le royaume des anges. Tout se passera exactement comme il faut.

Un feu brûle maintenant dans la grotte. L'être de lumière l'a allumé afin que tu puisses y brûler tout ton vieux lest. Le feu est composé d'une gigantesque flamme violette ou bien orange. Elle s'élance très haut. Tout ce dont tu n'as plus besoin, le vieux bric-à-brac, les meubles cassés, les vieux films ou tout autre objet qui se trouve dans cette grotte ou cette salle, tu as le droit de tout brûler ici. Prends ton temps pour observer attentivement les objets une dernière fois, un à un si tu le désires, avant de les lancer dans les flammes. Il se peut que tu découvres de vieux albums photo contenant des souvenirs d'enfance, mais peut-être ne s'agit-il que d'affaires sombres et sales. Quelques tonneaux remplis de poison ou bien quelques éléments intérieurs négligés depuis longtemps sont probablement aussi accumulés ici. Prends tout ton temps, range. Prends soin des éléments intérieurs, entreprends ce qui est nécessaire. Si tu as besoin d'aide, l'être de lumière est à ta disposition, il viendra à ton secours. Range tranquillement, tu as tout le temps du monde devant toi. Éprouve réellement tes sentiments, admets-les, rends-toi compte de tout ce qui est accumulé ici. Porte à l'extérieur tout ce dont tu ne veux désormais plus ici.

Ce faisant, tu réalises alors éventuellement que tu portes ta honte pour le compte de quelqu'un d'autre. Peut-être fais-tu la rencontre de ta mère, de ton père, voire de toute ta famille dont l'histoire renferme cette honte profonde. Remets alors la honte là où elle est à sa place, rends-la à celui ou à celle pour le compte duquel ou de laquelle tu l'as portée. Il se pourrait bien que tu puisses également la remettre directement au destin. Tu peux aussi brûler la honte symboliquement dans le feu.

À un moment donné, tu sens que tout va bien. La salle ou la grotte est rangée et propre, tu as tout identifié, puis lâché.

L'être de lumière te présente maintenant une baguette magique. Grâce à elle, tu parviens désormais à transformer l'espace, à l'aménager comme tu aimerais qu'il soit. Tu voudrais peut-être accrocher des cristaux scintillants sur les murs ou allumer un feu convivial dans la grotte. Il se peut éventuellement que tu désires aménager la salle pour qu'elle soit claire, y laisser pénétrer l'air et le soleil. Permets-toi d'organiser l'espace de manière à y créer un merveilleux refuge intérieur pour toi, dans lequel tu te sens bien, dans lequel ne se trouve que ce que tu désires vraiment. Voilà le trésor qui était dissimulé derrière toute cette honte, tu t'es à présent créé un abri hautement efficace dont non seulement tu as dorénavant la faculté mais également le devoir de profiter en pleine conscience.

À un moment donné, tu as terminé. Tu regardes une dernière fois autour de toi et tu es satisfait, je dirais même plus, tu te sens heureux. Après avoir quitté la grotte ou la salle, tu te rends soudain compte que la montagne a disparu. À sa place, tu découvres une jolie colline doucement ondulée recouverte d'herbe ou de fleurs qui s'intègre harmonieusement dans le paysage et lui procure une note particulière.

Le feu continue à briller de tout son éclat sans toutefois s'élancer aussi haut qu'auparavant tandis que ton guide spirituel te sourit affectueusement.

— Quel que soit l'élément qui doit être lâché en toi ou dans ta vie, lance-le désormais directement dans ces flammes, elles sont à ta disposition, déclare-t-il.

Dès que tu t'installes près du feu en sa compagnie, tu te rends compte de l'immense énergie que dégage cet être de lumière.

— Tout ce que tu rencontres sera transformé par ce feu, t'explique-t-il alors, tu n'as qu'à te servir de son énergie. Si tu le désires, pénètre toi-même à l'intérieur. D'un seul coup, tu ne sais pas trop comment, tu décides de t'exposer réellement à ce feu. Tu avances en son centre. Tandis que tu éprouves la sensation d'une chaleur soyeuse, tu entends le bourdonnement sourd de la flamme. Le feu t'enveloppe. Ton corps semble alors se désagréger d'une manière très agréable, il s'unit à la couleur violette ou orange du feu. La chaleur pénètre aussitôt chaque cellule de ton corps. Tu as l'impression de représenter toi-même ce feu. Tu te rends compte de cette énergie incommensurable, du dynamisme précis de la purification et de la transformation. À un moment donné, les flammes se modifient, deviennent progressivement plus claires, jusqu'à transformer le feu en une fontaine de lumière d'une blancheur éclatante. Laisse cette lumière d'une étincelante blancheur chatoyante se répandre dans ton corps.

Demande alors à ton corps de se manifester à l'intérieur de cette fontaine de lumière. Pour ce faire, la lumière modifie sa fréquence, elle prend peut-être une couleur ou perd un peu de son scintillement surnaturel afin de permettre à ton corps de supporter toute cette énergie.

Tu commences à ressentir la présence de ton corps avec une intensité croissante, tu sens la lumière se répandre en lui, il se met à fourmiller, il se peut également que ce phénomène provoque quelques tiraillements ici ou là. La lumière circule avec une intensité toute particulière dans les zones que tu voudrais spécialement voir guéries. Elle guérit, purifie, t'offre une énergie totalement nouvelle que tu n'as jamais ressentie à ce point. Laisse les choses suivre leur cours, permets-toi de reculer progressivement, la situation évoluera d'elle-même.

À un moment donné, tu en as assez et tu quittes les flammes. Tu sais néanmoins désormais que tu peux avoir recours à cette énergie à tout moment afin de te débarrasser de ton vieux lest obsolète. Tu n'as plus jamais besoin de l'accumuler au niveau de tes cellules, tu peux au contraire désormais vivre sans l'obligation de porter toute cette honte.

LA FORCE DE LA FÉMINITÉ EMPOISONNÉE

Permets-moi tout d'abord de te poser une question qui peut te paraître à première vue quelque peu bizarre. As-tu parfois l'impression de ne pas être une véritable femme, te sens-tu quelquefois comme s'il te manquait une dimension essentielle, puissante, de ton moi[1] ? En te posant cette question, je ne veux pas savoir si tu te sens trop maigre ou trop grosse, trop petite ou trop grande ; j'évoque en revanche le fait que tu ignores quelque peu de quoi il est question lorsque quelqu'un aborde le sujet de la force de la féminité.

Lorsque tu entames une relation avec un homme, lorsque tu fais la connaissance d'un homme et que tu te trouves face à lui, que

---

1 Petit avertissement à destination de mes lecteurs masculins. J'ignore si mes propos ci-après peuvent également être valables pour les hommes. Mon respect devant l'énergie masculine est bien trop grand pour que je sois tentée d'écrire sur un sujet dont je ne connais rien. Choisis donc ce qui te paraît cohérent dans ce que j'évoque ci-après et oublie tout simplement le reste. Merci pour ta compréhension.

ce soit dans le domaine privé ou professionnel, as-tu parfois l'impression de ne pas savoir précisément de quelle manière tu dois aller à sa rencontre en tant que femme, et non pas en tant que mère, amante, jeune fille, sainte ou encore prostituée, mais en tant que véritable femme possédant un charme féminin naturel ? Dérapes-tu immédiatement en adoptant un comportement de petite fille s'appliquant aussitôt à prendre soin de cette personne, ou bien désirant de prime abord faire preuve de ses compétences afin de lui plaire de cette façon ? Te sens-tu blessée dans ta féminité, te sens-tu d'une manière tout à fait latente inférieure ou bien supérieure aux autres, en fonction du cercle dans lequel tu évolues ? Apprécies-tu réellement d'appartenir à la gent féminine, te sens-tu vraiment bien en compagnie des femmes ou bien as-tu constamment l'impression de te trouver en concurrence avec elles ? Te compares-tu fréquemment à autrui et t'en tires-tu soit mieux, soit moins bien que les autres ? Ton estime de toi dépend-elle du fait que tu sois bien coiffée ou non ? Te sens-tu réellement femme, connais-tu ta force particulière qui n'a rien à voir avec ce que racontent les magazines féminins, quelle que soit leur tendance, mais qui consiste tout simplement en la présence d'une énergie qui rayonne tout à fait naturellement ? Es-tu bien ancrée dans ton corps, aimes-tu ton physique ou bien l'évalues-tu en fonction des critères les plus divers ? Es-tu détendue lorsque tu fais l'amour avec ton partenaire ? Sais-tu rire aux éclats, sais-tu être entièrement fidèle à ta personnalité ? Ou bien fais-tu finalement tous les efforts possibles et imaginables afin de correspondre à une reproduction, afin d'afficher un comportement que tu crois être féminin sans pour autant te sentir réellement femme ? Sais-tu te réjouir et réellement profiter de l'amour physique ? As-tu une bonne relation à toutes les zones de ton corps ?

Probablement pas, non ? Il se peut qu'il soit toujours un peu éprouvant pour toi de te sentir toi-même, de te rendre compte de la présence de ta femme intérieure. Peut-être ne sais-tu même pas précisément à quoi je veux faire allusion ni quelle impression te procurerait sa présence. La petite fille en toi se met-elle immédiatement à la recherche du père dès qu'elle se trouve face à un homme ? Ressens-tu peut-être même la présence d'orphelines intérieures, te sens-tu parfois totalement perdue ?

Eh bien, ce n'est pas surprenant. D'ailleurs, beaucoup de femmes se trouvent exactement dans ce même cas.

Tu connais certainement le récit de Blanche-Neige, la jeune fille qui est empoisonnée pour la simple raison que sa personnalité tout à fait naturelle était devenue si dangereuse qu'il fallut finalement l'assassiner ? Au cours de ce conte de fées, Blanche-Neige est à un moment donné allongée dans un cercueil de verre. Tu y côtoies le moi intérieur féminin en attente de sa rédemption. Ce récit offre de très nombreuses possibilités d'interprétation. Nous allons les examiner à l'échelle de l'enfant intérieur.

Subissant la jalousie maladive de sa marâtre qui empêche son développement serein, Blanche-Neige, la petite fille, se trouve ainsi dans une concurrence permanente avec les autres personnages féminins. Était-ce également ton cas ? Que ce soit ta mère qui s'est sentie désavantagée de quelque manière que ce soit, ou bien une sœur, ta grand-mère, voire une tante, toujours est-il que la Blanche-Neige en toi possédait une dimension menaçante aux yeux des autres. Sa beauté, son énergie, sa vivacité n'étaient pas les bienvenues. Il se peut également qu'elle leur rappelle tout simplement à l'excès toutes les dimensions que les autres ne parvenaient pas à vivre. Il y avait très probablement quelqu'un qui ne supportait pas ta présence en tant qu'enfant dans la mesure où sa propre place à l'intérieur du système familial semblait ou était réellement compromise par celle-ci. C'est toi-même qui en connais le mieux les tenants et les aboutissants. Si tu te sens concernée, tu l'es véritablement. Si tu en as seulement l'impression, tu représentais réellement l'épine dans le pied de quelqu'un. Si quelqu'un s'est senti obligé d'empêcher ton développement et a préféré te bannir, cela correspond au moins à un aspect de toi et cet élément était alors en danger de mort.

Examine le conte de fées d'un peu plus près. Blanche-Neige avait à peine plus de sept ans lorsqu'elle fut conduite dans la forêt afin d'y être tuée. Il ne s'agissait pas de la jeune femme sous les traits de laquelle elle est souvent représentée dans les recueils de contes de fées, mais d'une petite fille. Elle a été épargnée, la reine a été trompée. Dans un premier temps, une énergie masculine positive sous la forme du chasseur (et non pas du père) la protégea. Plus tard, ce furent les nains qui prirent soin d'elle. De la part de ses hôtes intelligents, prévoyants, qui symbolisent tes instincts, Blanche-Neige reçut l'ordre formel de ne jamais ouvrir la porte, mais elle était tout simplement encore trop petite et trop confiante. Elle se laissa donc berner par les moyens les plus rudimentaires.

Voilà un point essentiel. Perds-tu parfois la notion de tes instincts, agis-tu souvent à l'encontre de tes propres intérêts vitaux, sains, avec l'objectif de plaire, ou tout simplement par pure naïveté ? Je ne te demande bien sûr pas de parcourir le monde en étant constamment méfiante vis-à-vis de tout ni en présumant une trahison derrière chaque sourire affectueux : il s'agirait alors d'une attitude empreinte d'amertume qui ne se révélerait pas particulièrement intelligente. La plupart des individus adoptent les deux comportements. Dans certains cas, ils se livrent avec une rapidité effrayante, tandis qu'en d'autres occasions, ils ne font délibérément confiance à rien ni personne étant donné qu'ils ont déjà été trompés souvent.

Eh bien, on ne peut pas dire que Blanche-Neige a été trompée tout à trac. Les avertissements furent clairement prononcés, les dangers étaient connus, oui, les nains lui avaient même donné expressément leurs instructions. Tout le monde savait qu'elle était en danger, qui plus est, elle disposait d'un moyen simple de l'éviter. Il aurait suffi qu'elle n'ouvre pas cette porte. Quel diable l'a donc incitée à faire fi de tous les avertissements, à se mentir à elle-même et à succomber à toutes les tentations auxquelles la reine l'exposait ?

Si une Blanche-Neige intérieure vit en toi, il s'agit entre autres de l'enfant en toi qui est tout simplement incapable de comprendre que quelqu'un peut lui vouloir du mal, qu'il peut représenter un danger pour autrui pour la simple raison qu'il existe tel qu'il est. Tu n'es tout simplement pas en état d'imaginer que tes parents ne désiraient peut-être pas toujours le meilleur pour toi, mais qu'ils te maltraitaient, t'enviaient, accaparaient ton amour et ta tendresse à leur propre profit au lieu de te protéger. Cette réalité est tout simplement trop douloureuse, elle ébranle ta confiance tout entière. C'est pourtant ce qui se passe tous les jours, incidemment, naturellement, sans qu'il y ait nécessairement intention malveillante. Le fait de ne pas être protégé, mais d'être au contraire rejeté, exploité, envié est tellement contraire aux sentiments naturels que tu éprouves lorsque tu es enfant que tu ne parviens pas à l'intégrer émotionnellement, tu es donc obligée de le bannir dans le coin le plus reculé de ta conscience. Tu t'es construit un espace sûr, même s'il ne s'agissait que d'une illusion.

En tant qu'enfant, tu n'avais pas d'autre choix pour survivre. Blanche-Neige devait ouvrir la porte à la méchante reine déguisée. Elle ne parvenait tout simplement pas à croire qu'il puisse y avoir véritablement quelqu'un qui lui voulait du mal, bien qu'elle ait dû le savoir dans la mesure où elle en avait déjà fait l'amère expérience elle-même.

Le besoin de sécurité, de véracité, de protection est pour un enfant si immense et naturel qu'il est obligé de se construire ce « cadre » sûr, même s'il s'agit d'une illusion. C'est le subconscient qui le crée afin que l'individu puisse se sentir en sécurité. Bien que Blanche-Neige sache pertinemment à quel point sa belle-mère l'enviait et la rejetait, elle fut effroyablement confiante, ignora les avertissements et se laissa tromper. Elle ne put agir autrement. Blanche-Neige n'aurait pu survivre dans un monde si dangereux et malhonnête.

Si tu as été par trop blessée dans ton enfance, tu as également perdu l'accès à tes énergies intérieures saines. La douleur d'avoir été trompée, utilisée ou abandonnée était si immense, si grande que tu as été obligée de t'enfuir dans un monde de rêves intérieur. Tu as été confrontée à une série de chocs qui t'ont intérieurement fait perdre conscience de la même manière que Blanche-Neige, qui t'ont mise dans un état dans lequel elle se trouverait d'ailleurs encore aujourd'hui si le prince ne s'était présenté. Tu es traumatisée. C'est comme si tu continuais encore et toujours à mordre dans cette pomme empoisonnée alors que tu devrais depuis très longtemps savoir ce qu'il en est. Tout comme Blanche-Neige cependant, tu ne parviens pas à le croire.

Blanche-Neige a-t-elle été sauvée par son monde de rêves intérieur ? Sa mère était morte, son père ne se préoccupait visiblement pas vraiment d'elle, elle était donc totalement livrée aux machinations de cette reine marâtre elle-même extrêmement blessée, privée de sa féminité. Il n'y avait personne pour la protéger. Certes, le chasseur ne la tua point ; il l'abandonna néanmoins toute seule dans la forêt.

Si tant est qu'il faille attribuer un sens à cette duperie, celui-ci réside dans la personne du prince qui aime Blanche-Neige à un tel point qu'il décide de l'emmener dans son château bien qu'elle semble morte. C'est une énergie masculine positive (également présente chez les femmes) qui prend soin de l'enfant intérieur empoisonné. Blanche-Neige se serait peut-être réveillée d'elle-même au terme de cent ans, la fée qui avait atténué la malédiction de la treizième n'avait d'ailleurs fait allusion ni à un prince, ni à un baiser. Il n'empêche que Blanche-Neige serait restée comme morte si son sauveur n'était pas passé par là et ne l'avait emmenée dans son château en dépit de son état.

Même lorsqu'elle était plongée dans cet état d'inconscience, il y avait toujours l'un des nains qui veillait sur elle. L'enfant intérieur empoisonné n'est jamais seul, même s'il est allongé sans vie. Une bonne énergie intérieure veille sur lui aussi longtemps qu'il est nécessaire et jusqu'à ce qu'il soit temps de le réveiller, jusqu'à ce que le prince intérieur ait mûri. La protection que Blanche-Neige aurait dû recevoir tout naturellement en tant qu'enfant de la part de son père peut désormais surgir de l'intérieur. Le prince l'emmène dans son château, elle peut se développer en toute liberté, lui-même mais aussi son père, le roi mûr et responsable, montent la garde. La masculinité est synonyme de protection et de dynamisme.

Consacre-toi maintenant à cette Blanche-Neige blessée, empoisonnée, allongée dans son cercueil, qui veut et doit finalement être délivrée. Pour ce faire, il est nécessaire que tu t'avoues dans un premier temps à toi-même que tu portes peut-être en toi un élément qui semble comme mort, qui gît là, qui attend d'être délivré. Il s'agit très probablement de la dimension féminine originelle en toi qui n'avait ni la possibilité, ni le droit de mûrir, qui a été conservée intérieurement sur un lit de glace et qui n'attend maintenant que d'être délivrée. Si tu héberges une Blanche-Neige empoisonnée en toi, tu n'es jamais sûre de ta féminité, tu es constamment persuadée d'être obligée d'ajouter quelque chose. Toi seule ne sembles pas en capacité de remplir le rôle de la femme. Tu te laisses séduire, tu achètes le peigne empoisonné de la reine et tu autorises qu'on te serre beaucoup trop la ceinture. Ce qui signifie que tu succombes peut-être également à beaucoup de promesses publicitaires, à tout ce qui paraît te rendre plus belle, plus attractive, plus séduisante, plus désirable en tant que femme. Ce n'est pas obligatoirement le rouge à lèvres dernier cri, il peut tout à fait s'agir également d'un séminaire ou d'un livre supposé t'apporter enfin la révélation, ou bien de l'homme parfait, peu importe que tu vives seule ou en couple.

Pour quelle raison en est-il ainsi ? Parce que la force de ta féminité originelle te semble trop dangereuse dans la mesure où tu as fait l'amère expérience de son effet sur autrui à travers les agissements de la méchante reine. Ainsi, tu préfères ne pas la développer, tu décides donc de rester la petite fille qui se déguise en femme. Par la suite, tu t'étonnes de ton incapacité à connaître l'épanouissement dans une relation. Quel élément en toi devrait donc s'en charger à ton avis, s'il te plaît ? La dimension en toi qui en aurait la faculté est allongée dans le cercueil, empoisonnée.

Il est bien possible que tu ne réalises pas vraiment que la femme en toi gît ainsi, empoisonnée, ton mode de fonctionnement en revanche le sait très bien. Si tu ne veux donc pas courir le danger d'être encore et toujours empoisonnée, de provoquer encore davantage de jalousie et de rejet, tu es donc obligée de rester bien sage, de ne surtout pas attirer l'attention, tout au moins pas trop. Ta vie est ainsi partagée entre le rôle de l'amie charmante, affectueuse, inoffensive à l'égard des femmes et celui de l'amante séductrice, attractive envers les hommes.

Si la Blanche-Neige en toi s'éveillait et recrachait le poison, elle pourrait se développer en toute quiétude, devenir reine, puis régner ultérieurement tout naturellement sur son royaume. Dans ce cas de figure, ton comportement ne serait pas dangereux mais affectueux et adulte. Dans ce cas, tu as la faculté d'être simultanément une bonne amie et une merveilleuse amante sans pour autant être obligée de recourir à un tour de force d'autocontrôle permanent et épuisant. Dans la mesure où tu sais alors que les autres femmes sont à la recherche de ce que tu as déjà développé en toi, tu seras compatissante envers toutes celles qui pourraient t'envier. Car tu sais que leur jalousie ne te vise pas, qu'elles se cherchent en revanche elles-mêmes en toi.

Tu peux les aider à se trouver elles-mêmes en leur rappelant leur force et leur beauté naturelles. Au lieu d'obliger la reine blessée qui a si longtemps cherché à te faire éliminer, à danser chaussée de ses escarpins incandescents comme dans le conte de fées, tu prendras tes distances, tu lui pardonneras peut-être (voire tu reconnaîtras le service qu'elle t'a rendu), tu sauras bien sûr néanmoins te protéger. Tu te sens féminine pour la simple raison que tu l'es sans avoir besoin de recourir à certains attributs extérieurs te permettant de ressentir une perception fantasmée de la force de la féminité. Tu les utilises éventuellement si cela te fait plaisir, mais sans en avoir réellement besoin. Si ton enfant intérieur est vraiment délivré, il se peut qu'il agisse comme une sorte de menace sur les femmes qui ne disposent pas de leur propre force de féminité. Toi-même, tu vis cependant dans un autre état de conscience, c'est pour cette raison que leur jalousie ne t'atteint pas. Tu n'éviteras pas la menace venant de la part de la reine en t'allongeant dans le cercueil, en revanche, tu l'éviteras en devenant adulte et en lui tenant tête, ou bien en évitant de la croiser, c'est selon.

Le conte de fées de Blanche-Neige décrit le processus d'un développement féminin que nous connaissons peut-être toutes d'une manière ou d'une autre en tant que femmes. Il est maintenant grand temps de mettre un terme à ce développement et de libérer Blanche-Neige de son cercueil.

Bien évidemment, la véritable force ne se matérialisera que si tu consens à t'engager réellement dans ton expérience intérieure au lieu de te contenter de lire quelques ouvrages sur le sujet. Il est certain que presque toutes les femmes portent cet enfant intérieur empoisonné assez particulier en elles.

Dans ce contexte, il est essentiel de comprendre que ce n'est pas la féminité de la méchante reine qui a voulu attenter à la vie de Blanche-Neige, mais bien sa souffrance due à l'absence de sa propre féminité. La féminité, aussi bien que la masculinité d'ailleurs, n'est pas en mesure de blesser. C'est toujours l'absence d'une force qui blesse.

Il y a des milliers de raisons pour lesquelles Blanche-Neige a dû être empoisonnée. La société a joué un rôle prépondérant, les églises également ont largement contribué à la nécessité de la présence de ce cercueil de verre. Mais tout cela est désormais terminé.

Avant de pouvoir te consacrer à ta Blanche-Neige intérieure, à ce symbole de la force de la féminité délivrée, tu as besoin d'un prince intérieur sain, de cet élément masculin qui protège la force féminine intuitive.

Le conte nous apprend que lorsque Blanche-Neige était en train de dormir dans son cercueil, le prince la trouva si belle qu'il voulut l'emmener dans son château afin de la protéger. En train de dormir ! Sans qu'elle fasse quoi que ce soit pour lui ! Connais-tu cette situation ? Non. Mais tu en ressens certainement la nostalgie, ce désir que quelqu'un te reconnaisse, qu'il t'emmène pour la simple raison que tu es comme tu es, n'est-ce pas ? Eh bien, tu as la faculté et même le devoir de le faire pour toi-même. Examine attentivement si tu es prête à prendre la responsabilité de toi-même, y compris celle de l'élément empoisonné en toi, à défendre et à protéger Blanche-Neige, même si cela signifie que tu dois être capable de ne pas toujours être gentille. Se protéger implique de prendre ses distances, voire de remettre les autres à leur place si nécessaire, ainsi, la fin du conte de fées prend tout son sens.

La méchante reine est donc invitée. En guise de punition, elle doit danser chaussée d'escarpins incandescents jusqu'à ce que mort s'ensuive. As-tu la faculté d'exiger de toute personne susceptible d'offenser ta Blanche-Neige intérieure qu'elle enfile des chaussures incandescentes ? Pour parler plus sérieusement, te crois-tu capable de prendre clairement tes distances en allant jusqu'à courir le risque de tomber en disgrâce si cela s'avérait nécessaire ? Es-tu prête à ne plus jamais trahir Blanche-Neige, coûte que coûte ? À lui procurer de l'espace, à identifier les tentations en tant que telles ?

Ton enfant intérieur ne supporte pas qu'il y ait peut-être eu ou qu'il y ait encore des individus réellement méchants, cruels et offensants dans ta vie, qu'elles qu'en soient les raisons. Cela te brise le cœur, tu en perds la volonté de vivre. Tu n'as pas besoin d'apprendre à gérer leur cruauté. L'enfant intérieur n'y parviendra pas de toute façon, car il est trop sensible. Tu peux et tu dois cependant développer les énergies en toi qui y parviennent déjà, dont l'équilibre émotionnel ne dépend pas du fait que le monde soit inoffensif, des énergies qui sont au fait des menaces et qui savent se défendre contre elles. Tu possèdes cette énergie en toi, il s'agit de ton système de défense immunitaire. Ton corps sait parfaitement qu'il est constamment menacé, il sait pourtant se défendre à merveille. Tes émotions possèdent néanmoins également une force de résistance, il s'agit d'une énergie qualifiée de résilience. C'est la faculté d'un système donné à se protéger contre une déformation venant de l'extérieur. Renforçons donc cette force de résistance. Ta Blanche-Neige intérieure pourra alors se réveiller afin de déployer toute sa beauté.

VOYAGE INTÉRIEUR :
À LA RENCONTRE DE BLANCHE-NEIGE

Ferme les yeux et apprête-toi à aller à la rencontre de la petite fille empoisonnée en toi qui n'a jamais pu vivre, qui n'a jamais pu expérimenter sa féminité. Demande-lui simplement de se montrer, que ce soit à travers un sentiment, ou bien à travers le souvenir d'une situation précise, même si celle-ci ne te semble pas être en relation avec elle.

Elle est empoisonnée et sans vie. C'est pour cette raison qu'elle est peut-être incapable de se manifester activement auprès de toi, qu'elle est obligée d'emprunter des voies détournées. Il sera donc ainsi également possible que tu éprouves quelques sentiments très anciens, extrêmement familiers.

Tu seras peut-être soulagée du fait que cette enfant soit enfin nommée. Autorise-toi à être émue par elle, permets-lui de te dévoiler toute l'étendue de ses blessures en fonction des possibilités dont tu disposes aujourd'hui.

Autorise le petit enfant empoisonné en toi à te révéler une situation dans laquelle on lui a fait avaler, au sens figuré, la pomme empoisonnée, c'est-à-dire une situation clé. Tente de la revivre, autorise-toi à te retrouver exactement dans la même situation que celle au cours de laquelle tu t'es évanouie étant enfant, au cours de laquelle tu as tant et si bien été couverte de honte ou blessée que tu ne pouvais faire autrement que de te laisser glisser dans le néant pour pouvoir lui survivre. Revis la situation, éprouve-la de nouveau, souviens-toi. Tu la connais probablement, mais il est également possible que tu l'aies totalement oubliée ou que tu l'aies considérée comme non essentielle. Ressens la blessure, la honte.

Entre s'il te plaît maintenant en scène en tant qu'être humain adulte, celui que tu es aujourd'hui. Entreprends s'il te plaît tout ce qu'il faut pour ta Blanche-Neige intérieure afin de la sauver. Tu fais éventuellement fuir son agresseur, mais peut-être défends-tu également ton enfant intérieur avec une telle véhémence que personne ne parvient à t'approcher. Observe attentivement ce qui se passe. Quoi que tu aies l'intention de faire, vas-y. Toujours est-il que ta défense se dirige exclusivement contre l'énergie dévastatrice, hostile, qui attaque, mais en aucun cas contre l'être humain lui-même et encore moins contre son âme. Déclare à ton assaillant, à celui qui t'offense : « Je ne permettrai plus jamais que tu blesses mon enfant intérieur, je prends désormais soin de lui, je ne te laisserai plus jamais t'approcher de lui. » C'est justement parce que ton enfant intérieur est si gentil et confiant, parce qu'il est incapable de croire que quelqu'un peut vraiment avoir l'intention de lui nuire, que tu as également besoin d'une dimension en toi qui soit prête à accepter que la cruauté existe, qu'il y ait des forces dont tu dois absolument protéger les dimensions vulnérables de ta personnalité.

Prends l'enfant dans tes bras, affirme-lui : « Je suis là désormais, je te protège, je connais un espace sûr. Nous nous y rendons maintenant. » Puis conduis ton enfant intérieur dans le jardin intérieur magique.

Mais que faire si tu n'y parviens pas, si cette dimension courageuse en toi te fait totalement défaut ? Dans ce cas, mais s'il te plaît uniquement dans ce cas, appelle un garde du corps à la rescousse de ton enfant intérieur. Il se peut que ce soit un animal totem, un dragon, le personnage d'une légende ou bien un ange. En tout état de cause, il doit s'agir d'une entité à laquelle ton enfant intérieur fait confiance et dont tu sais qu'elle a la capacité d'entreprendre ce dont tu es incapable. Elle possède la faculté de protéger ton enfant intérieur quel que soit l'effort que cela exige d'elle.

Observe s'il te plaît maintenant attentivement la Blanche-Neige empoisonnée dans son cercueil. Ta représentation mentale s'est-elle modifiée ? Cet élément intérieur, très innocent, incapable de croire que quelqu'un peut vouloir le blesser, a besoin d'une protection radicale afin de prospérer et de s'épanouir. Savoir se protéger soi-même fait partie des obligations de la vie. Tu as le droit de t'engager auprès de ta Blanche-Neige intérieure, auprès de ta force de féminité essentielle, originelle, tu disposes en outre désormais des outils te permettant de lui procurer l'espace dont elle a besoin ainsi que de répandre son énergie dans ta vie. Cette force est néanmoins susceptible de se manifester chez chacun de façon légèrement différente. Vérifie donc attentivement de quelle manière la petite Blanche-Neige en toi réagit, la manière dont elle se blottit contre toi ou bien contre son garde du corps, à quel point elle se sent en sécurité et protégée, à quel point elle a le droit de rester innocente, à quel point elle peut rester affectueuse, belle et rayonnante, innocente. Si tu veux faire l'expérience de cette énergie sur terre, tu as besoin d'une protection intérieure capable de lui procurer cet espace sûr nécessaire.

Cette petite fille, cette petite princesse rayonnante en toi, peut désormais prospérer et s'épanouir, elle te procurera ainsi une nouvelle image de toi-même tout à fait naturelle, empreinte de dignité féminine, bien loin des astuces de la mode et des autres stratégies de séduction.

EXERCICE

La méditation écrite de Blanche-Neige

Si tu désires encore mieux ressentir son énergie spécifique se répandre en toi, apprête-toi à rédiger un petit, voire un grand inventaire, une sorte d'analyse de tes blessures.

Commence par la phrase ci-après.

Dans mon enfance, à chaque fois que je rayonnais de beauté, de caractère sauvage et de vivacité :

- j'étais réprimandée ;
- on me considérait avec mépris ;
- tout le monde trouvait que j'en faisais trop ;
- je représentais une menace ;
- on me mettait en garde comme si la vivacité constituait un danger ;
- ...

Il se peut d'ailleurs également que ça ait réellement été dangereux : peut-être les réactions de ton oncle voire de ton propre père à ta vivacité naturelle étaient-elles réellement trop enthousiastes ?

Mais ce sont également les yeux un tantinet trop brillants, voire une approbation démesurée de tes tentatives de séduction enfantines qui sont susceptibles de te blesser outre mesure pour peu que tes parents ne te protègent pas et ne t'autorisent pas à être l'enfant que tu es. Dans l'hypothèse où tes parents ont affiché un comportement par trop enthousiaste à ton sujet[2], tu ne disposes pas non plus d'un espace sûr dans lequel tu peux expérimenter ton vécu de jeune fille[3]. Observe attentivement tout ce qui te vient à l'esprit, tout ce dont tu te souviens. Prévois suffisamment de temps pour le faire. Il s'agit d'un élément qui sommeille en toi dans un état d'évanouissement, et il a toutes les raisons d'être dans cet état.

Éprouve tes sentiments avec précision. Bien évidemment, tu seras triste. Il peut être utile de prévoir quelques gouttes de remède de secours. Dans la mesure où tu commences à décrire toute la trahison qu'ont subie ta beauté et ta nature féminine, tu ressentiras certainement aussi la colère et les souffrances que celle-ci a provoquées en toi.

Il est plus que temps que le poison soit évacué de ton organisme. Recrache le morceau de pomme qui te reste à travers la gorge. Écris tout ce que tu as sur le cœur, épanche-toi, pleure, sois en colère. Il se peut que cela représente un processus assez douloureux et long. S'il te plaît, fais impérativement appel à un soutien si tu n'oses pas procéder seule. Le simple fait de te sentir concernée signifie qu'un nombre considérable de pommes empoisonnées a

2 Quelqu'un a peut-être même réellement abusé de toi. Il s'agit de la pire forme de l'empoisonnement féminin. Dans ce cas, fais absolument appel à un soutien supplémentaire de la part d'un professionnel. Cet ouvrage n'est pas fait pour te rattraper dans tous les domaines. Fais-toi aider par un thérapeute ou une autre personne capable d'assurer un accompagnement complémentaire.

3 Il en va bien évidemment de même en ce qui concerne les garçons. Il faut que tu puisses expérimenter toutes tes facettes à l'intérieur d'un espace sûr, protégé, quel que soit le moyen d'expression de ton énergie. Cette protection est essentielle. Si tu n'en disposes pas, cet élément intérieur sera empoisonné et se manifestera un jour sous sa forme distordue. Il te ferait peut-être du bien de consigner par écrit la manière dont ta vivacité, ton énergie, ton caractère sauvage ont été empêchés de s'exprimer.

très certainement été fourré dans ta bouche. Il est même fort probable que tu tentes de surcroît d'avaler les morceaux de pomme empoisonnés de la lignée de tes ancêtres. Écris encore et toujours la phrase que je t'ai indiquée plus haut, sois attentive à ce qui te vient à l'esprit lorsque tu la couches sur le papier. Il peut également être utile de la prononcer à voix haute, tu parviendras ainsi peut-être encore plus facilement à te démasquer que si tu te contentes de l'écrire simplement.

Tu as le droit d'exagérer, de te sentir victime, tu n'as pas besoin d'être courageuse, admets toute l'étendue de ta colère. Tu as déjà invité la féminité qui relève de toi à te rejoindre dans ta vie, dorénavant, tu crées un espace en toi qui lui est destiné. Donne voix à Blanche-Neige, prends-la dans tes bras, écoute-la, autorise-la à raconter tout ce qu'elle a subi car cela aussi fait partie de ta vérité. Je le répète ici, fais absolument appel à une aide extérieure si tu penses ne pas pouvoir y parvenir toute seule.

VOYAGE INTÉRIEUR :
RÉVEILLE TA FÉMINITÉ

Assieds-toi ou allonge-toi confortablement. Tu n'as désormais plus rien à faire. Tu peux t'autoriser à lâcher prise, à être telle que tu es ici et maintenant. Ta respiration peut aller et venir comme bon lui semble, ton corps, tes sentiments, tes pensées peuvent être tels qu'ils sont pour l'instant. Tu n'as pas besoin de plaire à qui que ce soit, tu fais tout cela pour toi toute seule. Tu autorises à présent le monde extérieur à tourner sans toi pendant un petit moment, tu diriges ton attention sur ton for intérieur, sur ton monde intérieur. C'est absolument essentiel de porter son attention à l'intérieur de soi-même et de se rendre compte de sa propre présence. C'est ici que tu puiseras l'énergie grâce à laquelle tu parviendras à mettre en mouvement les choses de ce monde.

Il se peut que ton corps se mette à soupirer d'aise. Tout en toi a désormais le droit d'être tel qu'il est, y compris tous les sentiments qui existent en toi, tous les désirs et les rêves aspirant à être vécus à travers toi. Ta respiration se calme et s'approfondit toujours davantage. Il est possible que tu ne sentes alors plus vraiment la présence de ton corps, ou bien qu'il devienne très lourd ou au contraire extrêmement léger. Tes pensées passent tels les nuages dans le ciel, elles ont le droit d'exister, mais tu te contentes de les laisser passer. Tu te rends compte de la présence de tes sentiments, eux aussi commencent à glisser sur toi. Tu te plonges de plus en plus au fond de toi-même, ta respiration se détend progressivement, tu finis par atteindre ton moi le plus profond.

Tu demandes alors à ta force de féminité originelle indemne de te rejoindre. Elle peut aussi bien choisir de se montrer sous la forme d'une déesse, que ce soit Aphrodite, Isis ou bien Diane, la déesse de la chasse, qu'en tant que Mère Terre ou encore que créature sauvage. Même si tu n'as probablement jamais encore ressenti sa présence, elle te semble pourtant étrangement familière. Tout au fond de toi-même, tu sais exactement à qui tu appartiens. Autorise désormais cette énergie à se révéler ou à se faire sentir.

Elle te souhaite la bienvenue dans l'univers de la force de la féminité. C'est ou bien progressivement, ou bien d'un seul coup que tu relâches alors ton contrôle sur tout ce que tu refoules en toi, sur tout ce que tu n'as pas vécu. Puis elle te demande de lui céder tes armes et les outils dont tu t'es servi, que tu as utilisés sur terre afin de conquérir l'amour. Avec soulagement, tu lui cèdes tout ce que tu traînes avec toi ; il s'agit éventuellement d'un lourd manteau, d'un sac à dos contenant du bric-à-brac, tu portes peut-être également une ceinture de chasteté, voire des vêtements que tu as employés en tant qu'instruments. Mais il se peut également que tu aies glissé un voile noir devant ton visage afin de dissimuler ta véritable force, ta féminité. Quelle que soit la manière dont tu te dissimules, dont tu fais des efforts, tu as désormais le droit de t'arrêter. Ta force de féminité originelle, sous la forme de cette déesse ou de tout autre sage, te décharge de tout ce dont tu n'as plus besoin. Par la suite, elle te conduit à l'intérieur d'un temple.

Les gardiennes de la force de ta féminité qui sont des créatures d'une merveilleuse beauté t'y accueillent, te conduisent dans un agréable bain chaud. C'est ici que tu te reposes ; tandis que l'eau évacue tous les vieux fardeaux usés de toi, elle crée simultanément un espace destiné au neuf, au divin, à la force de ta féminité. Avec douceur, une des gardiennes ôte le morceau de pomme empoisonnée de ta bouche, tu te détends, tu te mets enfin à respirer. Tu comprends l'étendue du désespoir avec lequel tu as jusqu'à présent tenté de ressentir ta propre présence, tu réalises les moyens que tu as déployés afin de te rendre compte de ta force féminine, mais aussi le peu de rapport qu'avait cette force avec la féminité authentique.

Tant que tu as l'impression d'être encore approvisionnée, épanouie, qu'on prend soin de toi, que tu es plongée dans une paix profonde, tu restes allongée dans l'eau chaude. Les énergies se répandent surtout au niveau de ton bassin, t'y épanouissent. Tu te rends soudain compte de la présence d'une grande coupe à l'intérieur de ton bassin. L'eau curative chaude se répand en toi en nettoyant cette coupe intérieure, en la guérissant afin qu'elle puisse de nouveau être à ta disposition sous une forme saine et étincelante en tant que symbole de ton énergie nourricière, féconde. Ici, à l'intérieur de ton bassin, tu protèges et nourris la vie, tes désirs, tes rêves, tout ce qui aspire à naître sur terre à travers toi. Tu as l'impression d'être entièrement féminine, emplie d'énergie et de beauté, indépendamment d'une reconnaissance quelconque de la part d'autrui, tu es fondamentalement toi-même.

Tu décides maintenant de sortir du bain. Tu es séchée et revêtue d'une robe magnifique. Elle symbolise l'amour à l'état pur ainsi que la force de ta féminité originelle. Au moment de t'en vêtir, tu te sens protégée et confirmée dans ce que tu es en vérité, dans cette féminité qui désire vivre à travers toi.

Prends maintenant tout ton temps pour rejoindre la pièce dans laquelle tu te trouves ; ravitaille-toi à l'avenir régulièrement dans ce bain de féminité.

Afin de parachever ce chapitre, voici encore une lettre adressée à Blanche-Neige. Je souhaite de tout cœur qu'elle te touche et qu'elle te procure le courage de faire entièrement confiance à ta force intérieure.

> Mon cher enfant,
> Je voudrais t'encourager. Que ton énergie intérieure conserve pour toujours son ardeur à l'image d'un bon feu qui possède la faculté de réchauffer.
> Si jamais un coup de vent, voire une tempête, survenait dans ta vie, prends garde à cette flamme, ma petite fille, car elle représente ton énergie originelle. Toi seule connais la quantité de bois dont tu as besoin afin de préserver les braises de ton feu ainsi que la qualité de bois qu'il exige. Si tu te sens solitaire, installe-toi près de cette flamme, ferme les yeux et bascule doucement dans un sens puis dans l'autre. Répands sa chaleur dans tout ton corps à partir de ton cœur.
> Ta flamme intérieure ne s'éteint même pas lorsque tu dors. Elle veille sur toi, elle constitue ta protection. Prendre soin de la flamme intérieure, c'est cette même impression que procure la féminité originelle que tu as acquise naturellement au moment de ta naissance. Si tu te souviens toujours de ton énergie originelle, alors rien ni personne au monde ne réussira à te glacer intérieurement ni à te pétrifier.
> En tout amour, ta mère

LA GUÉRISON DE L'ENFANT CODÉPENDANT

As-tu parfois l'impression que le monde entier profite de toi ? Tu n'arrêtes pas de donner et personne ne t'offre de reconnaissance en échange. Tu as probablement aussi l'impression que personne n'est à ta disposition si jamais un jour c'est à toi qu'il arrive d'avoir besoin de quelqu'un. As-tu du mal à demander de l'aide, éprouves-tu de la honte lorsque tu es dans le besoin ? Es-tu en revanche immédiatement disponible dès que quelqu'un d'autre a besoin de toi ? Cèdes-tu facilement au chantage, renonces-tu très rapidement à tes propres désirs dès que quelqu'un d'autre semble avoir un besoin urgent de soutien ? Est-il facile de détourner ton attention de tes projets initiaux ? Es-tu toujours prêt à intervenir lorsque personne d'autre n'est là pour le faire ? Es-tu stupéfait si tu entends par la suite que tes efforts étaient insuffisants, que tu n'es jamais là pour aider les autres ? Ou pour l'exprimer autrement, représentes-tu du pain béni pour les vampires énergétiques ?

Les vampires énergétiques se déguisent sous les plus beaux et chatoyants accoutrements. Ils te flattent, demandent affectueusement de tes nouvelles tout en préparant leur attaque. Car c'est juste à l'instant où tu as commencé à te détendre et à respirer, juste au moment où tu commences à te sentir soulagé parce que tu es enfin en présence de quelqu'un qui s'intéresse vraiment à ton état qu'ils passent à l'attaque en attirant avec habileté l'attention sur eux-mêmes. Ils te posent une question, commencent à raconter quelque chose, et hop, ils te tiennent aussitôt. Dans le fond, tu n'avais pas vraiment le temps, tu n'éprouvais d'ailleurs pas non plus le besoin de parler de toi, mais étant donné que l'autre personne avait posé la question... Dans la mesure où l'autre avait payé à l'avance puisqu'il t'avait écouté depuis quelques minutes déjà et t'a peut-être même déjà procuré un bon conseil, tu ne peux désormais plus t'en aller. Tu te sens alors obligé de l'écouter à ton tour bien que tu ne lui aies pas proposé ton aide. Tu as accepté un paiement à l'avance dont tu ne voulais pas ou dont tu pensais qu'il représentait un cadeau, à toi de t'exécuter maintenant... Bien évidemment, les vampires énergétiques peuvent également être très exigeants ou bien malheureux, à un point tel qu'il te semble impossible de faire autrement que de les aider et d'être disponible pour eux.

Les vampires énergétiques qui parviennent à te persuader que tu es le seul à pouvoir faire quelque chose pour eux, soit parce que tu es si génial et que tu es le seul à les comprendre à ce point, soit parce qu'ils ont peur de s'ouvrir à quelqu'un d'autre, sont particulièrement perfides. Les vampires énergétiques te racontent toujours exactement ce que tu veux entendre. La plupart du temps, ils y parviennent d'ailleurs à merveille. Ils le font certes inconsciemment, il n'empêche que cela ne change rien au fait qu'ils sont extrêmement épuisants et que tu dois être très vigilant si tu ne veux pas tomber dans leur piège.

Tu écoutes donc la personne, lui accordes ton attention, lui offres de ton temps, tu es là pour elle, tu l'autorises à se ressourcer, tu l'aides à se reconstruire. Si tu es une femme et pour l'exprimer de manière chamanique, tu accueilles les thématiques d'autrui dans la coupe située tout au fond de ton bassin, tu les protèges, les nourris, puis tu accouches d'une solution pour autrui. Si tu es un homme, tu mets le feu de ton énergie à la disposition d'autrui, tu réfléchis à ce qu'il pourrait entreprendre afin d'aller mieux.

Tu te sens peut-être légèrement mieux parce que quelqu'un a besoin de toi, mais tu te sentirais encore mieux si tu avais tout simplement réglé tes propres affaires. Tu sais pertinemment que tu retires certes une sorte de profit du fait d'écouter l'autre, mais tu sais également que tu serais plus heureux dans la durée si tu étais là pour toi-même au lieu de l'être pour autrui. Tu ne parviens néanmoins pas à modifier la situation.

Ce mode comportemental est activé en toi comme par une simple pression sur un bouton. Tu t'évanouis intérieurement, tu te sens obligé de t'occuper d'autrui, que tu le veuilles ou non. Tu sais même que ce phénomène s'appelle codépendance, ou obsession relationnelle, mais tu agis malgré tout ainsi. Tu ne parviens simplement pas à tirer un trait. C'est comme si le fait de dire « non » était simultanément puni de carence affective et de peine de mort. Ce qui pourrait d'ailleurs être le cas en ce qui concerne ta vie. Tandis que ton enfant intérieur disjoncte pour ainsi dire de crainte d'être rejeté, tu as peur de paraître égoïste, d'être foncièrement mauvais, de te retrouver rapidement dans une grande solitude si pour une fois tu respectes vraiment tes propres limites et les défends réellement à l'extérieur.

Tu acquiesces donc en grinçant des dents, tu l'écoutes, tu t'efforces réellement de lui donner un conseil, tu l'autorises à aspirer ton énergie. Il est même possible que tu ailles jusqu'à masquer ton attitude avec une touche de spiritualité, que tu essaies d'y dénicher un sens supérieur ou plus profond. Alors qu'en réalité, tu n'aspires qu'à avoir la paix.

Par la suite, tu es envahi par la mauvaise conscience, car n'étais-tu pas censé te conformer à l'image de la petite fille du conte de fées *Les Ducats tombés du ciel* ? Comment se fait-il que tu n'offres pas tout ce que tu possèdes aussi facilement qu'elle ? Comment se fait-il que tu puisses être égoïste au point de vouloir garder quelque chose pour toi, voire d'exiger quelque chose pour ton propre compte ? Ne devrais-tu pas avoir confiance dans le fait d'être richement récompensé une fois que tu auras tout donné ? N'es-tu pas incité à laisser les autres profiter de toi ? Ce comportement ne constitue-t-il pas la porte d'entrée de l'empire céleste ? Tu ne sais vraiment plus quoi faire. Peux-tu réellement faire confiance à tes propres impulsions ou au contraire n'affiches-tu tout de même pas un comportement quelque peu égoïste en y cédant ?

C'est surtout si tu as une approche spirituelle que tu ne te permets pas de poser des limites puisque tes anges ne le font pas non plus. De quel droit le ferais-tu donc, toi, n'est-ce pas ? C'est justement parce que tu es relié à la grande source de toute vie, à l'ordre divin ou quels que soient les termes que tu emploies, que tu oses encore moins dire « non » au moins une fois de temps en temps, n'est-ce pas ? Tu ressens donc une obligation non seulement morale, mais également spirituelle te contraignant d'être à la disposition d'autrui.

Eh bien, comment était-il donc, ce conte de fées des frères Grimm ?

LES DUCATS TOMBÉS DU CIEL

Il était une fois une petite fille dont le père et la mère étaient décédés. Elle était si pauvre qu'elle ne disposait même plus d'une petite pièce où habiter ni d'un petit lit où dormir. En fin de compte, elle ne possédait plus rien d'autre que les vêtements qu'elle portait sur elle ainsi qu'un morceau de pain rassis qu'une âme miséricordieuse lui avait offert. Mais elle était bonne et pieuse. Et comme elle avait été ainsi abandonnée de tout le monde, elle se mit en route sous la garde du bon Dieu.

C'est alors qu'elle rencontra un pauvre homme qui lui demanda :

— Hélas, donne-moi quelque chose à manger, j'ai si faim. Elle lui tendit tout son quignon de pain en déclarant :

— Que Dieu te bénisse, puis elle poursuivit son chemin. Vint alors à passer un petit enfant qui lui dit en se lamentant :

— J'ai tellement froid à la tête, donne-moi de quoi la couvrir. Elle ôta donc son bonnet et le lui offrit. Après avoir marché un peu plus loin, elle rencontra une autre enfant qui n'avait pas de corsage et qui avait froid. Elle lui donna donc le sien. Un peu plus loin, une autre lui demanda une jupe et elle lui offrit également la sienne. Finalement, elle arriva dans une forêt. La nuit était déjà tombée lorsqu'un autre enfant lui demanda sa chemise. La petite fille pieuse songea : *Il fait nuit noire, personne ne te voit, tu peux donc te passer de ta chemise.* Elle ôta alors sa chemise et l'offrit également à l'enfant.

Et comme elle se retrouvait là sans plus rien, d'un seul coup, les étoiles se mirent à tomber du ciel. Il s'avéra que c'étaient des ducats étincelants. Bien qu'elle ait offert sa chemise à l'instant, elle se retrouva vêtue d'une chemise toute neuve, de la toile de lin la plus exquise. C'est dans cette chemise qu'elle ramassa les ducats et elle se retrouva ainsi riche pour le restant de ses jours[1].

Ce conte de fées établit la relation avec l'enfant intérieur qui ne peut faire autrement que tout donner, tout offrir, jusqu'à ce qu'il ne possède lui-même plus rien. La petite fille ignore si quelqu'un prendra soin d'elle. Elle ne peut pas s'y attendre. Elle pourrait aussi bien mourir de froid et de faim dans la forêt. À la fin, tout finira bien, les ducats tomberont du ciel, l'enfant aura tout ce qu'il faut, mais elle ne pouvait néanmoins pas le prévoir, n'est-ce pas ?

Cette petite fille semble ignorer qu'elle-même a besoin de quelque chose, ou bien elle n'a réellement besoin de rien. Ce sont les besoins d'autrui qui déterminent son action, elle ne se préoccupe absolument pas de son propre état, et elle en est visiblement richement récompensée.

Mais songe un peu d'où vient cette petite fille. Elle a déjà perdu ses parents. Peut-être est-elle tellement sous le choc que c'est pour cette raison qu'elle donne tout ce qu'elle possède encore, parce que plus rien n'a aucune importance dans sa vie. Donne-t-elle tout en ayant le cœur heureux et léger ? Nous ne le savons pas. La petite fille offre peut-être tout parce que cela lui est égal, elle ne se soucie

1 Voir bibliographie.

plus d'elle-même dans la mesure où elle a de toute façon déjà perdu l'essentiel à ses yeux, je veux dire ses parents. Cette disparition ne pourrait-elle pas constituer la raison de son comportement ?

Il se peut également que ce conte de fées veuille signifier tout autre chose. Car un enfant qui n'a plus rien à perdre parce qu'il est de toute manière déjà totalement découragé ne peut constituer un bon exemple pour toi. Il n'est tout simplement pas concevable que tu sois récompensé pour avoir trop sacrifié. S'il en était ainsi, l'impression que procure le conte serait tout à fait différente, plus légère, plus libre, plus joyeuse, et non pas empreinte d'autant de fausseté et de lourdeur.

Même Jésus s'est retiré pendant quarante jours pendant lesquels il n'était accessible pour personne, hormis Dieu. Pour les malades qui attendaient son secours, cette situation n'a pas dû être si facile à accepter, mais il n'a demandé la permission à personne et il avait raison. Car de qui Jésus était-il au service ? En transmettant son message à ceux qui acceptaient de l'entendre et non pas en se transformant lui-même en victime, il était au service de l'amour réellement vécu, de son Dieu.

Mais quel est l'aspect qui te différencie de la petite fille du conte de fées *Les Ducats tombés du ciel* ? Pour quelle raison ne bénéficies-tu pas de la pluie d'or alors que toi aussi, tu donnes tout, que tu sacrifies ta dernière chemise, que tu es toujours présent pour autrui ? Sa confiance absolue en Dieu était tout ce que cette jeune fille possédait encore. Quelle signification ce conte pourrait-il donc avoir ? Que penses-tu de cette proposition : il y a toujours quelqu'un pour prendre soin de toi. Mais possèdes-tu réellement la faculté de reconnaître tes ducats d'or ? Les ramasses-tu vraiment ?

La petite fille ne ramasse pas les ducats parce qu'elle croit en Dieu, mais parce qu'elle les accepte ! Elle sait naturellement que quelqu'un prend soin d'elle et elle l'accepte tout simplement. Contrairement à toi, n'est-ce pas ? Tu ne permets pas aux ducats de venir à toi et si jamais ils le font, tu ne daignes même pas les ramasser. Peut-être cela fait-il d'ailleurs déjà un moment qu'ils traînent partout autour de toi, tandis que tu continues à donner toujours davantage dans l'espoir qu'ils finiront bien un jour par pleuvoir sur toi.

Qu'en serait-il si tes ducats étaient déjà tombés du ciel depuis un bon moment ? Pour la simple raison que la vie est également là pour toi, sous quelque forme que ce soit, et non pas parce que tu as été si sage. Qu'en serait-il si ton instinct sain de survie pouvait faire en sorte que tu acceptes ces ducats, mais que tu ne te rendes même pas compte de l'existence de cet élément parce que tu n'as aucune confiance dans le fait que quelqu'un pourrait t'offrir ce dont tu as besoin ? Qu'en serait-il si ces ducats pleuvaient dans ta vie sous la forme d'offres de secours extrêmement concrètes, de la part de voix intérieures ou extérieures qui t'affirment que tu as également le droit de prendre soin de toi, de bonnes opportunités que tu ne reconnais peut-être même pas en tant que telles ?

Il se peut également que tu ne reconnaisses même pas tes ducats dans la mesure où tu n'admets pas avoir besoin de quoi que ce soit, parce que tu es trop fier ou parce que tu crains trop de glisser vers une sorte de dépendance. As-tu peur de ta propre indigence ? As-tu appris à toujours tout gérer tout seul ? C'est exactement ce qui arrive si tu as souvent été laissé seul dans ton enfance, lorsque tu n'as pas reçu ce dont tu avais besoin. Lorsque tu as tout perdu, c'est également l'impression que quelqu'un pourrait seulement envisager de prendre soin de toi qui te fait défaut.

Qu'es-tu donc à même de modifier ? Comment peux-tu apprendre à reprendre confiance ?

La petite fille a-t-elle demandé l'autorisation de se saisir des ducats ? Non, pour elle, il était évident qu'ils lui étaient destinés. Serais-tu en mesure de ramasser les ducats tout en te sentant bien en le faisant ? Serais-tu réellement en mesure d'accepter ce cadeau ?

La petite fille possède un avantage sur toi : elle a confiance en Dieu. Il est bien sûr peu réaliste qu'elle ait tout perdu, en premier lieu ses parents, tout en conservant une confiance absolue en Dieu. Bien souvent, les êtres humains perdent la foi pour des raisons nettement moins essentielles que le décès de leurs parents. Quoi qu'il en soit, la petite fille a réussi à préserver cette foi, c'est elle qui constitue la clé. Elle ne se demande pas pour quelle raison elle a mérité la mort de ses parents, ni si elle a commis une erreur ou si elle n'est pas suffisamment bonne. Elle ne se révolte pas contre son destin. Elle n'a pas honte de se retrouver toute nue dans la forêt, elle suit tout simplement les impulsions de son cœur d'une manière touchante. Elle ne se remet pas en question, mais elle est confiante que tout ira bien. En fin de compte, elle a raison.

Tu pourrais parfaitement donner tout ce que tu aspires à offrir si tu étais prêt à recevoir dans la même proportion. Car le conte de fées *Les Ducats tombés du ciel* ressemble certes à une parabole de l'offrande désintéressée ainsi que de la récompense reçue en échange, mais il constitue en vérité un récit sur l'équilibre entre donner et recevoir. C'est très facile de donner énormément si tu es également en état de recevoir. Mais c'est exactement sur ce point que beaucoup d'entre nous échouent, n'est-ce pas ? Ils ne croient pas avoir mérité la récompense, les ducats.

Eh bien, la petite fille ne se pose même pas la question. Il s'agit donc de suivre les impulsions de son cœur et de savoir que quelqu'un prendra soin de toi tout en étant dans le même temps intérieurement certain que tu accepteras cette sollicitude. Tu n'as besoin ni de la mériter, ni de la dérober à qui que ce soit d'autre.

Les ducats tombés du ciel sont exclusivement destinés à cette petite fille, ce n'est qu'ainsi qu'ils acquièrent toute leur valeur et qu'ils peuvent produire leur résultat dans le monde. Quel effet cela te fait-il ? Ça va déjà mieux maintenant, n'est-ce pas ? La petite fille du conte de fées symbolise l'énergie positive de ce mode de fonctionnement, un enfant intérieur confiant qui donne mais qui reçoit également avec la même facilité. Fais revenir cette énergie en toi, procure-lui l'espace approprié afin de réussir à mettre un terme à tes dons énervés, disproportionnés, unilatéraux.

Les ducats tombés du ciel sont éparpillés tout autour de toi par milliers. Ne crois-tu pas qu'il serait enfin temps de les accepter ? Il est dans le fond assez infâme d'obliger d'un côté l'enfant intérieur aux ducats tombés du ciel à tout donner, puis de l'autre de ne pas l'autoriser à ramasser les étoiles, n'est-ce pas ? Car aux yeux de cet enfant intérieur, il serait tout naturel de tendre également la main de temps en temps afin d'accepter le bien de son côté. Qui ou quoi t'en empêcherait ?

Eh bien, tu le sais pertinemment. Te souviens-tu ? C'était à l'époque à laquelle tu étais petit, tu prenais alors tout naturellement ce que tu voulais jusqu'à l'instant où quelqu'un te demandait de cesser d'être aussi égoïste. Au moment où tu as dû partager pour la première fois quelque chose que tu voulais pour toi tout seul, tu as certainement fait l'expérience du manque de manière consciente. Les enfants partagent tout à condition qu'ils en aient décidé ainsi. Si quelqu'un les oblige à partager alors qu'ils veulent garder quelque chose pour eux-mêmes, cette obligation peut certes posséder sa valeur pédagogique, mais pour l'équilibre intérieur, elle est extrêmement perturbante et elle procure des informations absolument fausses. C'est ainsi que tu apprends notamment que ton impression intérieure en ce qui concerne tes besoins et tes désirs est erronée. Mais c'est faux. Il y a des phases pendant lesquelles les enfants partagent volontiers, mais il en existe également d'autres pendant lesquelles ils ne le font pas. Pourquoi ne s'agirait-il pas d'une expression tout à fait naturelle et d'un équilibre intérieur entre le fait de donner et de recevoir ?

Étant enfant, combien de fois as-tu entendu qu'il ne fallait pas tout donner aux autres mais que tu avais également le droit de garder quelque chose pour toi ? De temps à autre, peut-être, dans le meilleur des cas. Mais combien de fois as-tu été rappelé à l'ordre lorsque tu n'étais pas disposé à partager, lorsque tu disais « non », lorsqu'un autre enfant pleurait parce que tu voulais garder quelque chose exclusivement pour toi ? Comment peux-tu apprendre à accepter le refus d'autrui si ton propre refus est dénié ?

Bien entendu, en tant qu'enfant, tu prends le seau de sable d'un autre même parfois sans en avoir demandé l'autorisation. Bien évidemment, les parents sont censés intervenir si les enfants ne parviennent pas à régler une telle situation entre eux. Il faut que tu apprennes à respecter les limites d'autrui. Mais en contrepartie, tu n'es pas obligé de céder ton seau de sable si tu ne le désires pas, même pas si tu n'es pas en train de jouer avec pour l'instant.

Si tu avais appris que tous tes besoins sont équitablement justifiés et précieux, qu'ils s'équilibrent mutuellement, que le comportement social est également fondé sur un ordre intérieur, tu aurais à la fois la faculté de donner et de recevoir en fonction des capacités de ton équilibre énergétique. Mais étant donné que tu as été puni, rappelé à l'ordre ou ignoré dès que tu avais toi-même besoin de quelque chose ou que tu n'avais pas envie de partager, et qu'à l'opposé, on t'a adressé des compliments, des sourires, fait des caresses dès que tu donnais quelque chose même si tu n'avais pas la moindre intention de le faire, ton équilibre intérieur naturel, néanmoins sujet à perturbations, a été déplacé. Tu t'es mis à contrôler le fait de donner et de recevoir. Tu t'es mis à partager en grinçant des dents avec l'objectif de te faire caresser la tête, tu as commencé à négliger tes propres besoins afin d'échapper au mépris parental.

Il est maintenant temps de nous consacrer à cet enfant aux ducats tombés du ciel, peu importe qu'il s'agisse d'une petite fille ou d'un petit garçon. Il est grand temps que tu l'autorises expressément à ramasser les ducats tombés du ciel, voire que tu le lui demandes instamment, car cet enfant intérieur sait où ils se trouvent, quel aspect ils possèdent, et il dispose également de suffisamment de courage pour s'en emparer, même s'il révèle à travers ce geste qu'il a lui-même besoin de quelque chose. Il ose admettre dépendre de la vie ainsi que d'une énergie spirituelle positive quelle qu'elle soit, même s'il a déjà tout perdu.

De quelle manière y parvient-il ? Comment peut-il ne pas être aigri, ne pas être découragé ? De quelle manière réussit-il, contrairement à *La Petite Fille et les Allumettes* que nous évoquerons un peu plus loin, à traverser le monde en gardant sa pleine confiance en dépit de sa perte ? D'où lui viennent son énergie et son assurance ? Eh bien, tu ne le sais probablement pas, d'ailleurs, le conte de fées non plus ne répond pas à cette question. Mais pourquoi ne pas aller à la recherche de cette énergie mystérieuse en toi-même ?

VOYAGE INTÉRIEUR :
RAMASSE TES DUCATS TOMBÉS DU CIEL

Installe-toi confortablement, ferme-les yeux et demande qu'une colonne de lumière fasse son apparition dans ton imagination. Elle est d'une clarté éblouissante, d'une blancheur éclatante, mais peut-être dégage-t-elle également une chaleur dorée, elle correspond en tout cas exactement à ce qu'il te faut. Si tu en as envie, pénètre à l'intérieur de cette colonne de lumière. Savoure cette merveilleuse lumière curative et purificatrice, autorise-la à se répandre en toi de sorte que tout ce qui est vieux et lourd puisse retomber de toi ou bien s'envoler à la manière d'une fumée à l'intérieur de cette colonne de lumière.

Détends-toi toujours davantage tout en autorisant les domaines dans lesquels tu ressens un manque à devenir encore une dernière fois palpables, peu importe ce dont il s'agit. Passe s'il te plaît encore une fois en revue tous les secteurs où tu as l'impression d'être obligé de donner ou d'en faire trop pour ne recevoir en échange qu'une mince récompense, que ce soit sous forme de remerciements, d'amour, de félicitations, ou bien d'argent. Admets tes sentiments, rends-toi compte à quel point il est difficile en vérité de donner constamment. Constate l'étendue de ta fatigue, autorise-la également à monter à la manière d'une fumée à l'intérieur de la colonne de lumière. Si tu veux, appelle auprès de toi le petit enfant intérieur qui croit être obligé de donner constamment pour être aimé, prends-le dans tes bras. Affirme-lui que, dorénavant, tout sera différent, qu'il disposera enfin de tout ce dont il a besoin.

Appelle une force positive de ta confiance à la rescousse, une énergie de plénitude, peu importe l'image sous laquelle tu te représentes cette force, sous la forme d'une énergie, d'un être spirituel dont tu crois qu'il se préoccupe véritablement de tes besoins, qu'il soit expressément intéressé à te permettre d'obtenir ce dont tu as besoin. Il peut aussi bien s'agir d'un ange, éventuellement d'une autre créature spirituelle, que d'un esprit de la nature, mais peut-être également d'un personnage de film ou de roman, voire d'une personne qui a réellement existé. Il se peut que ce soit également la petite fille aux ducats tombés du ciel elle-même. L'essentiel est qu'il s'agisse d'une énergie à laquelle tu accordes une confiance illimitée.

Invite cette énergie en laquelle ton enfant intérieur croit déjà et découvre, peut-être avec étonnement, sous quelle forme elle se présentera. Quelle que soit cette énergie à laquelle tu confies dorénavant le soin de ta plénitude, de ton accomplissement, accepte-la telle qu'elle t'apparaît, sache néanmoins que c'est avant tout ton enfant intérieur qui doit prendre confiance, beaucoup plus que toi-même. Pourquoi ne pas tout simplement demander à la fée des vœux d'apparaître devant toi ? Ton enfant intérieur la connaît bien, ne t'inquiète pas, elle t'accordera plus de trois vœux. Dans la mesure où cette énergie positive t'accompagne dorénavant, elle te procurera tout ce dont tu as besoin, tout ce qui te rend heureux. Demande donc à cette énergie de t'accompagner à l'avenir. Invite-la à toujours te désigner tes ducats personnels tombés du ciel.

Grâce à cette énergie nouvellement acquise, tu peux désormais demander à ton enfant intérieur de te faire revivre une situation pendant laquelle il a été amèrement déçu. Une fête de Noël, d'anniversaire, ou toute autre occasion lors de laquelle il n'a pas reçu ce qu'il a si ardemment désiré alors qu'il s'agissait de quelque chose d'essentiel pour lui. La situation lors de laquelle l'enfant a compris qu'il ne recevrait jamais ce dont il avait réellement besoin, la situation qui a fait que tu as cessé de faire confiance à la plénitude et à la vie.

Laisse-toi guider vers ton enfance, autorise ton enfant intérieur à te montrer ce qui s'est passé autrefois, même si tu ne te souviens absolument pas d'une situation concrète. Il se peut que tu revives alors une fête de Noël ou bien un anniversaire que tu as totalement oublié dans la mesure où ton vœu ne te paraissait pas vraiment essentiel, ou bien parce que tu l'as refoulé dans ton for intérieur. Mais tu revis peut-être également une situation dont tu te souviens parfaitement, qui te fait encore et toujours mal à chaque fois que tu y repenses.

Replonge-toi dans l'atmosphère de cet anniversaire ou de ce Noël, ressens de nouveau ta déception. Qu'avais-tu souhaité sans l'avoir obtenu ? T'en souviens-tu encore ? Il peut s'agir d'un objet, d'un jouet ou d'un animal, peut-être même d'un chien. Mais il peut également s'agir d'un sentiment, d'une impression de sécurité et de protection qui t'a fait défaut, voire peut-être de la présence de ton père ou de ta mère. Essaie d'éprouver encore une fois tes sentiments d'alors, puis entre en scène en tant qu'adulte, prends l'enfant dans tes bras ou approche-toi de lui, déclare-lui que tu connais un espace où tous ses vœux et désirs seront très facilement exaucés.

Une fée des vœux est également présente, elle caresse l'enfant. Tu sens immédiatement qu'une dimension en toi respire et reprend aussitôt confiance. La fée confirme à l'enfant que c'est par erreur que son vœu n'a pas été exaucé. Qu'il n'y a pas de loi universelle proclamant l'interdiction d'exaucer ses vœux. Elle te déclare que tu as le droit de venir l'accompagner dans le jardin magique si tu en as envie, mais aussi qu'elle s'en réjouirait énormément.

Dès que l'enfant intérieur est prêt, imagine s'il te plaît un paysage merveilleux, demande alors à l'enfant de t'y rejoindre en compagnie de la fée des vœux. Ce paysage dispose d'un sentier sur lequel vous commencez à avancer. Ton enfant intérieur et la fée des vœux t'y accompagnent. Il n'est pas impossible que tu le portes, il se peut qu'il te prenne par la main, mais il est encore plus vraisemblable qu'il te devance en sautillant joyeusement. La nature devient progressivement plus mystérieuse, plus magique, toujours plus belle. Tu as l'impression de te trouver dans une région particulièrement magique de ton paysage intérieur, c'est d'ailleurs réellement le cas.

Soudain, vous arrivez devant un grand portail. Un gardien le protège, il est grand et puissant.

— Que désires-tu ? te demande-t-il d'une voix grave et tu réponds :

— Je raccompagne mon enfant chez lui. Le portail s'ouvre immédiatement, tu pénètres dans le jardin magique de l'enfant intérieur. Cette fois-ci, il possède un aspect différent, car c'est Noël.

Un magnifique sapin richement décoré s'y dresse, des elfes et des anges le contournent d'un air affairé en disposant les derniers cadeaux dessous. Il est décoré exactement comme tu en as l'habitude, comme tu l'aimes, ou bien de la manière dont tu aurais toujours souhaité qu'il le soit dans ton enfance, c'est un arbre parfait. Ton enfant intérieur rit de bonheur.

C'est alors que le gardien du jardin magique fait son apparition. Il s'agit d'un grand ange clair que tu connais peut-être déjà. La fée des vœux et lui-même se mettent brièvement à l'écart. Tu sais alors qu'un événement merveilleux, très salutaire, magique, ne tardera pas à se produire. Un sourire mystérieux aux lèvres, la fée des vœux s'approche de ton enfant intérieur et lui chuchote quelque chose à l'oreille, peut-être même parviendras-tu à l'entendre. Il acquiesce gravement d'un signe de la tête, la fée lui remet alors un cadeau entouré d'un emballage ravissant.

L'enfant l'accepte, l'ouvre avec impatience, il s'agit de ce présent que tu as tant désiré étant enfant et que tu n'as jamais reçu, peu importe que tu t'en souviennes encore aujourd'hui ou non. C'est ce cadeau qui aurait fait la différence si tu l'avais reçu, le cadeau qui te redonne la confiance que ton cœur désire véritablement, ce dont il a réellement besoin est vraiment à ta disposition. Il s'agit de l'offrande capable de guérir la blessure du manque intérieur, qui te redonne la possibilité de reprendre et de faire confiance. De ce don qui a la faculté de guérir les anciennes blessures une fois pour toutes, qui modifie ta vie entière parce que tu sens que la vie est maintenant de ton côté et que tu recevras très facilement ce dont tu as besoin parce que la vie sait tout simplement ce qui t'épanouit, ce qui représente l'essentiel pour toi.

Ce cadeau est à même de tout réparer. C'est peut-être un objet, mais il s'agit plus probablement d'une situation, d'une énergie, d'une dimension spirituelle que tu croyais perdue, ou encore de toute autre chose capable de te procurer l'énergie dont tu as besoin pour pouvoir continuer à avancer en ayant confiance dans les cadeaux que t'offre la vie. Tu sens que quelque chose en toi s'apaise, guérit, se calme, tu t'apprêtes donc à accepter désormais les cadeaux que la vie met à ta disposition.

Avec prudence et affection, la fée des vœux te désigne alors l'emplacement de tes ducats tombés du ciel, ceux que tu n'as peut-être pas vus, mais elle t'indique aussi les endroits où quelques occasions que tu peux et tu dois même saisir t'attendent toujours. Tu sens, tu comprends alors d'un seul coup que tes ducats tombés du ciel n'acquièrent leur réelle valeur que par ta propre action. Si tu ne les ramasses pas toi-même, leur énergie salutaire favorable à l'épanouissement ne pourra servir à personne d'autre dans la mesure où cette force spécifique existe exclusivement à ton intention.

Tu te détends en découvrant que ta vie recèle bien davantage de richesses, de plénitude, que celles que tu as supposées ou reconnues jusqu'à présent.

Tu t'engages à considérer les ducats tombés du ciel avec bien plus d'égards qu'auparavant. Tu comprends que toi aussi, tu as le droit de prendre, que le fait de recevoir va autant de soi que celui de donner, que tu ne parviendras à offrir de tout cœur qu'à la condition expresse de t'autoriser à recevoir.

Si ton enfant intérieur en a envie, autorise-le à rester dans le jardin magique. Ce jardin est situé dans ton cœur. C'est à partir de là que l'enfant intérieur fait parvenir son énergie affectueuse dans ta vie. Toi-même, tu rediriges maintenant ton attention sur l'époque actuelle, sur la vie extérieure, tout en restant relié intérieurement à la colonne de lumière ainsi qu'à ton savoir nouvellement acquis à propos des ducats tombés du ciel. Dorénavant, la fée des vœux sera toujours auprès de toi et de ton enfant intérieur. Quoi que tu souhaites, quels que soient tes besoins, prends tes désirs au sérieux, sois à l'affût des occasions susceptibles de les exaucer. La vie est de ton côté, il suffit de garder les yeux ouverts.

RITUEL

LA LISTE DES VŒUX DE L'ENFANT INTÉRIEUR

Prépare-toi de quoi écrire, quelques feuilles de papier, un stylo ou un crayon ainsi qu'une enveloppe que tu libelles à ton adresse. Allume une bougie, veille à créer une atmosphère calme et sereine. Si tu en as envie, mets un peu de musique. Demande alors à la fée des vœux ou à l'énergie positive qui te pourvoit en plénitude et en ducats tombés du ciel de se joindre à toi. Adjoins-y ton enfant intérieur symbolisé par une poupée, un nounours ou seulement sous forme imaginaire et demande-leur quels messages ils voudraient t'adresser. Ensuite, rédige s'il te plaît cette lettre à toi-même.

Chère (Cher)...

Voici mes vœux :

S'il te plaît consigne ici tous tes vœux, y compris ceux qui te semblent les plus farfelus. L'enfant intérieur n'a pas de désirs saugrenus ou ridicules, il sait parfaitement de quoi il a besoin afin de pouvoir guérir, même si toi-même, tu ne parviens pas à le détecter immédiatement.

Des objets pouvant te paraître totalement ridicules, par exemple une couronne de fer-blanc dorée du magasin de jouets à destination de la princesse intérieure ou bien un livre d'images tout à fait particulier, peuvent représenter exactement ce qu'il faut dans la mesure où ils sont capables de symboliser des énergies essentielles à la vie. Tu sais, si nous sommes capables d'installer un dragon chinois dans notre appartement avec l'objectif de rééquilibrer notre flux énergétique selon les enseignements du feng-shui, nous pouvons tout aussi bien acquérir une couronne de fer-blanc bon marché pour notre enfant intérieur. Tu as peut-être plutôt envie de choisir un objet qui rappellerait davantage les ducats tombés du ciel. Il existe par exemple un grand choix de médailles de vœux elfiques de forme magnifique que tu pourrais par exemple disposer sur une sorte d'autel pour symboliser à la fois les ducats tombés du ciel et la plénitude.

Rédige donc cette lettre, prends tes vœux au sérieux, permets également à la fée des vœux de prendre elle-même la parole. Il se pourrait bien qu'elle puisse te procurer quelques précieux indices sur la manière de faire exaucer tes vœux. Pour ce faire, note la phrase ci-après :

Si je disais « oui » à mes vœux…

— j'apprendrais à faire du cheval ;

— je démissionnerais enfin de mon poste de travail ;

— je partirais à l'étranger pour quelques années ;

— je m'habillerais tout à fait différemment ;

— je me promènerais bien plus souvent en pleine nature ;

— je me mettrais à peindre ou à dessiner ;

— j'apprendrais à chanter ;

— …

Peu importe que les projets que tu aspires à réaliser ou à vivre soient mineurs ou qu'il s'agisse de grands changements, toujours est-il qu'il faut que tu consignes tout.

Voilà la phase la plus importante : rédige maintenant une liste de choses que tu ne voudrais plus accomplir si tu étais parfaitement honnête. À quel niveau offres-tu quelque chose que tu préférerais garder, que ce soit de l'énergie, du temps, de l'argent ou de l'attention ? À quel niveau es-tu enlisé dans des relations codépendantes ? Dans quel domaine gaspilles-tu ton énergie pour la simple raison que tu as peur des conséquences ? À chaque fois que tu vis dans l'espoir que cela finira par s'améliorer, que tu dois juste encore faire preuve d'un peu plus de patience, il est possible que tu sois empêtré dans une illusion. S'en rendre compte fait horriblement mal, en revanche, s'en libérer ouvre la voie à l'énergie, à l'amour et à la plénitude authentiques.

Tu sais, la petite fille aux ducats tombés du ciel a d'abord tout donné, puis s'est contentée de poursuivre son chemin. Elle n'a pas donné avec l'espoir d'être payée en retour. Il n'y a que lorsque tu aspires vraiment à donner quelque chose, il n'y a que si tu te moques de recevoir une récompense en retour, il n'y a que si tu ne conclus pas un marché, mais qu'au contraire tu offres et que tu poursuis ta route en étant confiant, en sachant que tu recevras tout naturellement ce dont tu as toi-même besoin, tout simplement comme ça, aussi facilement, que tu as vraiment atteint ton accomplissement, que tu es vraiment dans le flow.

Vérifie donc s'il te plaît tout à fait honnêtement ce qu'il en est. As-tu vraiment l'intention de donner autant ou espères-tu que l'autre te rendra un jour quelque chose ? Prends-tu soin de quelqu'un avec l'objectif que cette personne sera également là un jour pour toi ? Te nourris-tu de l'espoir au lieu de ce qui existe réellement ? Offrirais-tu vraiment autant si tu savais qu'autrui ne te rendra jamais davantage que ce qu'il t'a donné jusqu'à présent ?

S'il s'agit d'un animal ou d'un enfant, ta réponse sera probablement « oui ». S'agissant de ton compagnon ou de ta compagne, de tes parents, de ton travail, espérons qu'elle soit « non ». Tu sais pertinemment si cela vaut la peine de persévérer encore, si les choses peuvent encore prendre un tour positif. Si ta réponse est « non », offre ce que tu as envie de donner de gaieté de cœur et cesse d'aller au-delà. Quelques changements vont alors se produire, mais probablement de manière bien plus différente, bien plus épanouissante et libératrice que tu peux les imaginer aujourd'hui. Il se peut en revanche également que l'énergie salvatrice de ton for intérieur finisse par dissoudre totalement ce désir. Cela aussi peut constituer une solution. Parfois, nous sommes tellement persuadés d'avoir un besoin urgent d'une chose précise alors qu'en vérité nous avons besoin de tout autre chose. Si tu n'es pas encore sûr de toi, attarde-toi encore un peu dans ta situation difficile, donne encore un peu davantage. Consigne précisément tes véritables besoins, essaie de te rendre compte si leur satisfaction réside vraiment dans le fait de t'exploiter à ce point.

La plupart du temps, nous ne supportons un manque que pour la simple raison que sa présence nous permet de ne pas ressentir notre propre nostalgie ; tu t'es installé dans une sorte d'état de famine permanent, tu es devenu anorexique en ce qui concerne la satisfaction de tes désirs et de tes rêves. Les désirs peuvent faire très mal pour peu qu'ils ne soient pas satisfaits. Tu l'as bien assez souvent vécu étant enfant. Tu as donc décidé de ne plus jamais vouloir être exposé à cette déception, n'est-ce pas ? Tu diminues donc tes attentes sans cesse. En ne souhaitant plus rien, tu évites la déception, n'est-ce pas ? Il s'agit certes d'une stratégie fréquente, elle ne peut cependant pas fonctionner dans la mesure où les désirs les plus chers ne sont pas négociables. Tu peux certes les refouler, mais ça s'arrête là. Une approche plus courageuse, plus sensée, consiste à les faire revenir dans ton cœur avec l'objectif d'atteindre leur accomplissement. Étant donné que tu entres en relation avec ton manque, cette approche fait mal. En revanche, tu as désormais reçu le cadeau qui change tout, tu peux dorénavant vivre dans la plénitude, la confiance, la richesse, exactement comme l'enfant aux ducats tombés du ciel dans le conte de fées : « C'est dans cette chemise qu'elle ramassa les ducats et elle se retrouva ainsi riche pour le restant de ses jours. »

Une fois que tu as tout noté, signe s'il te plaît ta lettre en mentionnant « Ta (Ton)... qui t'aime », glisse-la dans l'enveloppe et cachète-la. Colle un timbre et poste-la à un moment donné, par exemple une semaine plus tard. Ce serait encore mieux si tu pouvais la confier à une amie ou à un ami qui la déposerait à la poste quelques jours plus tard à ta place, ainsi, tu ne saurais pas exactement à quel moment précis la lettre est censée arriver.

Il faut cependant que tu saches que si tu consignes scrupuleusement tout cela sans aller jusqu'à te l'envoyer, tu risques de l'oublier à nouveau. Mais si au contraire tu reçois une lettre écrite par toi-même, tu réactives ta conscience une fois de plus. En outre, ton enfant intérieur sera certainement ravi de recevoir de si gentilles lettres.

VOYAGE INTÉRIEUR :
FAIS REVENIR EN TOI TES DÉSIRS LES PLUS CHERS

Installe-toi tout à fait confortablement. Ferme les yeux. Détends progressivement toutes les régions de ton corps, dans un premier temps les épaules, l'abdomen et le visage. Relâche ensuite également tes jambes, tes pieds. Tu te laisses glisser de plus en plus profondément à l'intérieur de toi-même.

Autorise maintenant tes vœux les plus chers à faire leur apparition dans ton imagination à la manière de perles rares scintillantes ou de pierres précieuses étincelantes. Tu n'as pas besoin de savoir de quels vœux il s'agit précisément, permets-leur simplement de se montrer de manière symbolique. Dirige ton attention sur ton corps, rends-toi compte de l'emplacement où se trouvent tes vœux les plus chers. Il se peut qu'ils soient disséminés un peu partout, au niveau de la tête, de l'abdomen, des jambes.

Tandis que tu les recherches attentivement et en pleine conscience à l'intérieur de toi-même, ils se mettent à rejoindre leur emplacement approprié situé dans ton cœur. Peut-être te rends-tu alors compte qu'ils sont devenus un peu opaques ou pâles, mais cela ne fait rien.

Progressivement, toutes les perles ou tous les cristaux se répandent dans ton cœur jusqu'à ce qu'il soit totalement rempli de tous tes vœux les plus chers. Ils se trouvent à présent exactement à l'endroit qu'il faut, ils y sont bien gardés. Autorise tes sentiments à se manifester tels qu'ils sont pour le moment. Il est maintenant temps de prendre ces vœux au sérieux, de te rendre compte de leur urgence. Tu seras peut-être surpris de la présence de certains d'entre eux, tandis que d'autres semblent manquer à l'appel, dont quelques-uns qui te semblaient pourtant importants. Tu peux être certain que les perles et les cristaux qui sont arrivés ici représentent les vœux qui sont essentiels dans ta vie actuelle, dont l'accomplissement est peut-être resté en suspens depuis longtemps.

Dans ton imagination, promène-toi maintenant avec ce cœur ainsi chargé sur la plage blanche, merveilleusement belle d'un bord de mer. L'eau scintille de reflets bleus et turquoise, tu éprouves alors une immense envie d'y plonger. Quelques dauphins s'approchant presque du rivage en nageant viennent à ta recherche. Tu entres pas à pas dans cette eau merveilleuse, elle te purifie, te vivifie, te rafraîchit, te procure un nouveau courage de vivre ainsi qu'un nouvel espoir. Les dauphins te donnent de petits coups avec leur nez, ils te font rire tellement ils sont drôles. Ensuite, ils te font comprendre que tu dois te détendre et te laisser guider par eux. Tu n'as rien de spécial à faire, contente-toi de les laisser agir.

Ils se mettent à nager en dessous de toi, ils te portent, te soulèvent à la surface de l'eau, facilement et avec une rapidité surprenante. Tu te relâches, tu te livres entièrement à eux, tu t'autorises à ne rien faire, tu te contentes d'accepter pleinement leur soutien. Une profonde sérénité se répand alors en toi. À une vitesse constante, ils traversent les vagues en ta compagnie. Tu n'as plus rien d'autre à faire que te laisser porter, tu éprouves une sensation de bonheur qui commence à t'imprégner pleinement. Tu te sens libre. À une certaine distance, une île dont les reflets verts luisent au soleil fait maintenant son apparition. Les dauphins te portent alors à terre, tu te sèches, tu profites de la chaleur, de la liberté, de la légèreté. L'île est recouverte par une forêt verte, merveilleusement luxuriante, elle est d'une beauté salvatrice comme tu as rarement eu l'occasion d'en observer.

En explorant la contrée, tu te rends soudain compte de la présence d'une sorte de miroitement entre les arbres. Ton cœur se met à battre la chamade. D'un seul coup, tu te souviens de quelque chose. En t'approchant de ce miroitement, tu te rends progressivement compte qu'il s'agit d'une chapelle dorée, d'un haut lieu d'énergie et de calme merveilleusement beau, attrayant, étincelant sous le soleil. En t'approchant encore davantage, tu es saisi par le calme et le caractère sacré de cette chapelle. Tu poursuis ton chemin presque avec recueillement, tu éprouves alors nettement la majesté et simultanément la légèreté, la joie que dégage ce lieu.

Parvenu devant l'entrée, tu es frappé par le miroitement doré, par l'amour incommensurable dont rayonne cette chapelle. Tu n'es peut-être pas sûr d'avoir le droit d'y entrer. Il n'empêche que tu es fasciné par cet étincellement, ce scintillement. Tu entres donc avec prudence. Une silhouette rayonnant d'un éclat doré, peut-être s'agit-il d'un ange, te souhaite la bienvenue à l'intérieur de la chapelle de ton cœur. La vague d'amour que dégage cet être t'atteint aussitôt, te soulage si profondément que tu parviens d'un seul coup à accorder confiance à la vie. L'espoir s'éveille en toi. Y aurait-il malgré tout une opportunité de vivre heureux et satisfait, dans l'épanouissement et la légèreté ?

La créature te guide en direction d'un autel richement décoré. Un rayon de lumière multicolore tombe sur une coupe dorée placée en son centre. Le rayon vibre, scintille de vivacité, change de couleur, il procure une telle impression d'énergie et d'exubérance qu'il te fait soudain sourire, voire éclater de rire. Tu aimerais tant y plonger la main, peut-être oses-tu même le faire. Ta main se met aussitôt à fourmiller d'une énergie vivifiante.

— Voici la coupe de la plénitude, t'annonce la créature dorée, cela fait déjà un certain temps qu'elle attend tes désirs. Ému, tu sors les pierres précieuses ou les perles de ton cœur, tu les déposes dans la coupe, peut-être en retires-tu même la totalité de ton cœur qui en est plein afin de les placer avec prudence dans cette coupe aux reflets chauds. Dès que la lumière tombe sur tes désirs, ils commencent à se modifier. Quelques-uns se dissolvent aussitôt et montent comme des éclairs de cristal à l'intérieur de ce rayon de lumière. Ce sont les vœux dont l'accomplissement est imminent. D'autres restent en sécurité à l'intérieur de la coupe. Ils ont encore besoin d'un peu de temps. Tu ressens néanmoins avec précision qu'il se passe exactement ce qui doit se passer. Tu sais que l'espace approprié pour tes vœux les plus chers se situe ici puisque c'est ici qu'ils sont reliés à ton âme, à ta destinée.

En déposant tes vœux dans cette coupe, tu sais pertinemment qu'ils seront exaucés exactement au moment propice, mais aussi précisément de la manière appropriée afin de contribuer correctement à ton épanouissement, à ton développement. Tu décides que tu déposeras désormais toujours tes vœux les plus chers dans cette coupe, que tu ne les dissimuleras plus jamais à l'intérieur de ton corps avec l'objectif de ne pas en éprouver la nostalgie, mais que tu les accepteras au contraire, que tu auras confiance dans leur accomplissement.

Repose-toi maintenant, savoure le miroitement doré à l'intérieur de la chapelle. À un moment donné, lorsque le temps sera venu, les dauphins viendront te rechercher, ils te porteront vers un endroit où tu pourras diriger de nouveau ton attention avec beaucoup de calme et de douceur sur le monde qui t'entoure. Tu te souviens alors lentement de la pièce dans laquelle tu te trouves, tu ressens progressivement la présence de ton corps, avant tout celle de ton cœur, tu as l'impression que quelque chose a changé. Tes vœux les plus chers sont en sécurité entre de bonnes mains. Détendu, imperturbable et libre, tu peux désormais poursuivre ton chemin de manière indépendante, libérée, et à ton propre rythme.

LE RETOUR VERS LA LUMIÈRE

LA PETITE FILLE ET LES ALLUMETTES

Il faisait atrocement froid ; la neige était en train de tomber et il commençait déjà à faire nuit ; c'était la dernière soirée de l'année, la nuit de la Saint-Sylvestre. Au milieu de ce froid et de cette obscurité, une petite fille pauvre marchait dans la rue, tête découverte et pieds nus. Elle avait certes porté des pantoufles au moment de quitter la maison, mais à quoi bon ! Toujours est-il qu'il s'agissait de pantoufles très grandes, autrefois portées par sa mère tant elles étaient grandes. La petite les avait perdues lorsqu'elle s'était dépêchée de traverser la rue alors que deux voitures y passaient à toute allure ; il lui avait été impossible de retrouver la première des deux pantoufles tandis que la seconde lui avait été volée par un petit garçon qui avait pris la poudre d'escampette tout en promettant de l'utiliser en guise de berceau le jour où il aurait des enfants.

La petite fille avançait donc ainsi sur ses petits pieds nus et menus, devenus tout rouges et bleus à cause du froid. Son vieux tablier contenait une quantité considérable d'allumettes dont elle tenait une poignée dans sa main. Tout au long de la journée, personne ne lui avait rien acheté, personne ne lui avait offert d'aumône. Affamée et transie de froid, la pauvre petite continuait ainsi à se traîner, elle avait déjà l'air tout abattue et intimidée. Les flocons de neige se répandaient joliment sur ses longs cheveux blonds ondulant au niveau de sa nuque ; ce genre de détail décoratif était néanmoins à mille lieues de ses préoccupations. Toutes les fenêtres brillaient de leur plus bel éclat, le délicieux arôme de l'oie rôtie se répandait dans toutes les rues. Car c'était le soir de la Saint-Sylvestre. C'est donc par cette pensée que la petite fille était entièrement absorbée.

Dans un petit recoin entre deux maisons dont l'une avançait un peu plus dans la rue par rapport à l'autre, elle s'accroupit. Elle avait rapproché ses deux petites jambes sous elle, mais elle en ressentit d'autant plus le froid vif ; elle n'osait cependant pas rentrer à la maison dans la mesure où elle n'avait pas vendu une seule petite boîte d'allumettes ni n'avait reçu le moindre sou vaillant. Son père l'aurait sûrement battue, de plus, il ne faisait guère moins froid à la maison ; ils logeaient sous un toit où le vent froid s'infiltrait par les interstices bien que les plus grands aient été bouchés avec de la paille et des chiffons.

Ah, qu'une petite allumette ferait du bien à ses petits doigts gelés ! Si seulement elle pouvait oser en sortir une de sa petite boîte, la frotter contre le mur et s'y réchauffer les mains !

Elle finit tout de même par en sortir une. Crac, quelle belle étincelle, ah, comme elle brûlait bien. L'allumette avait aussitôt dégagé une flamme claire et chaude, elle ressemblait à une petite lampe lorsqu'elle l'entourait de sa main. Ce fut une étrange lumière ; aussitôt, la petite fille eut l'impression d'être installée devant un grand poêle en fonte richement orné de ferrures en laiton ; le feu brûlait si bien et la réchauffait si agréablement ! La petite s'était même mise à étendre ses pieds afin de les réchauffer également. C'est alors que la flamme s'éteignit. Le poêle disparu, elle se retrouva assise en tenant un bout d'allumette brûlée entre les doigts.

Immédiatement, une nouvelle allumette fut enflammée, elle brûlait, elle éclairait, l'endroit du mur sur lequel sa lueur tombait devint soudain transparent comme un voile. La petite eut aussitôt une vue directe sur le séjour où se trouvait une table recouverte d'une nappe d'un blanc étincelant et de porcelaine exquise, sur laquelle une oie rôtie fumante farcie de pruneaux et de pommes répandait son délicieux arôme. Mais il y avait encore mieux, l'oie se mit soudain à sauter de son plat, elle se dandinait le long du plancher, la fourchette et le couteau plantés dans son dos ; elle avança ainsi tout droit en direction de la petite fille. C'est alors que la flamme s'éteignit, la petite fille n'aperçut plus que le mur épais et froid.

Elle en alluma une autre. La petite se retrouva aussitôt sous le plus beau des sapins ; il était encore bien plus grand et beaucoup plus richement décoré que celui qu'elle avait aperçu à travers la porte de verre chez le riche commerçant le soir de Noël. Des milliers de chandelles brûlaient sur ses branches vertes, des images multicolores comme celles qui sont exposées dans les vitrines des magasins y étaient accrochées et se penchaient dans sa direction. La petite fille leva les mains vers elles. C'est alors que l'allumette s'éteignit. Les innombrables chandelles de Noël s'élevèrent de plus en plus haut, c'est en cet instant qu'elle s'aperçut qu'il s'agissait d'étoiles scintillantes. L'une d'entre elles se mit à dégringoler tout en dessinant une longue trace de feu sur le ciel.

— Quelqu'un est en train de mourir ! déclara alors la petite fille, dans la mesure où sa vieille grand-mère, la seule à avoir toujours été gentille avec elle, mais qui était morte depuis longtemps, lui avait souvent répété : « Lorsqu'une étoile choit, une âme monte auprès de Dieu ! »

Après avoir frotté une nouvelle allumette contre le mur, elle vit un grand rayon de lumière faire son apparition. En son centre se trouvait sa vieille grand-mère qui avait l'air si douce, si gentille.

— Grand-mère ! s'exclama alors la petite fille. Oh, emmène-moi ! Je sais que tu disparaîtras dès que l'allumette s'éteindra, que tu disparaîtras de la même manière que le poêle chaud, que le délicieux rôti d'oie, que le grand sapin étincelant ! Elle alluma rapidement le reste des allumettes qui se trouvaient encore dans la petite boîte tant elle eut envie de retenir sa grand-mère ; les allumettes répandirent alors une telle lueur qu'on se serait cru en plein jour. Jamais sa grand-mère n'avait été aussi belle, aussi grande ; elle prit la petite fille dans ses bras et elles s'envolèrent toutes les deux joyeusement au milieu de ce rayonnement ; le froid, la faim, la peur l'avaient quittée, elle était auprès de Dieu.

Aux premières heures froides du matin, on découvrit la petite fille aux joues rouges accroupie dans un petit recoin entre deux maisons, un sourire aux lèvres, morte de froid le dernier jour de l'année passée. Le jour du Nouvel An se leva sur le petit cadavre assis avec les allumettes dont presque une boîte avait été brûlée.

— Elle a dû vouloir se réchauffer ! disaient les gens. Jamais personne ne se rendit compte de toute l'étendue de beauté qu'elle avait aperçue, ni du rayonnement dans lequel elle était entrée dans la nouvelle année en compagnie de sa grand-mère[1].

Pour quelle raison t'ai-je infligé ce récit si triste ? Parce que toi aussi, tu portes probablement un petit enfant en toi, qui aspire à rentrer chez lui. Une âme perdue, un élément de toi qui a été si profondément blessé que tu as dû te séparer de lui afin de pouvoir survivre. Il est fort possible que tu ne ressentes pas sa présence. Tu te sens même probablement assez bien. Tout va bien. Tu contrôles parfaitement ta vie. Seulement parfois, tu te sens triste sans raison,

1 Voir bibliographie.

profondément affligé sans en comprendre la cause. Il est même possible que tu ne t'en rendes pas compte toi-même, toujours est-il que quelque chose ne tourne pas rond dans ta vie, tu ne te sens pas relié à ta véritable énergie, tu te sens fréquemment fatigué, voire en état dépressif. Peut-être as-tu contracté des dettes, as-tu l'impression de te trouver en état de déséquilibre, dois-tu fournir des efforts démesurés pour que tout fonctionne à peu près. Peut-être as-tu l'impression que le monde entier est gris, voire as-tu développé une addiction, t'es-tu retiré, vivotes-tu cahin-caha, excelles-tu dans ta vie professionnelle, alors qu'à la maison personne ne t'attend. Il se peut également que tu ne viennes réellement à bout de rien du tout. Peut-être as-tu certes une famille tout en sachant cependant qu'une dimension de toi-même erre désespérément à travers le monde à la recherche de quelque chose sans savoir de quoi il s'agit.

Eh bien, c'est probablement tout à fait ça. Ayant été trop blessé durant l'enfance, tu as fait l'expérience de la peur, du découragement et du désespoir déjà dans le ventre de ta mère, tu as été abandonné, même si cela s'est passé de manière non intentionnelle, on a abusé physiquement ou émotionnellement de toi ; suite au décès d'un être aimé, il est possible qu'un élément de ton âme aspire à quitter la terre et qu'il le fasse aussi réellement. Si tu perds quelqu'un de ta famille spirituelle que tu ne connaissais peut-être même pas dans la vie terrestre mais qui est extrêmement proche de toi sur le plan spirituel, certains éléments de ton âme se dissocient. Dans ce contexte, cela signifie qu'ils sont incapables de retourner en toute sérénité, en sécurité dans ton royaume spirituel comme nous le favorisons ici intentionnellement à travers les méditations, mais qu'ils sont fragmentés entre deux mondes. Tu te sens vide et incomplet. Peut-être deviendras-tu même très fragile, ou finiras-tu par tomber gravement malade. Il est également possible que tu croules constamment sous les dettes ou que tu te sentes toujours en manque d'énergie. Car cet élément spirituel représente une énergie qui te fait défaut.

Où se trouvent donc ces éléments spirituels que tu as perdus ? Comment au juste est-il possible de perdre un élément de soi-même ? Eh bien, ces éléments ne se contentent bien évidemment pas de tomber et de disparaître tout court. Ces éléments spirituels se sont en revanche glissés si bas au niveau de leurs vibrations que tu ne parviens plus à les identifier. Ils se sont déplacés dans des mondes que tu ne parviens pas à atteindre directement avec ta conscience actuelle. Représente-toi donc la conscience humaine sous forme d'une image mentale. Tu ressembles toi-même à un piano disposant d'un nombre quasiment illimité de sons. Chaque touche correspond à une vibration énergétique définie, une qualité particulière. Toutes ces qualités ne font pas partie de la conscience humaine, les sons aigus, par exemple, sont situés au niveau spirituel. Pour rester dans le monde de la musique, il s'agit d'ultrasons que tu ne peux pas entendre en tant qu'être humain. À défaut d'entraîner ta conscience, ils sont trop aigus pour ton audition. Et pourtant, ils existent. Dans ces sphères, c'est l'âme qui joue sa musique. Un certain nombre de ces sons se situe à l'intérieur du seuil auditif humain. Ce sont les énergies qui sont accessibles à la conscience humaine. Si maintenant un élément de ton âme se dissocie, il glisse en dehors du seuil auditif qui t'est accessible pour approcher les sons très graves. Cet élément spirituel vibre alors avec une telle lenteur que tu ne parviens plus à « l'entendre » en tant qu'être humain et que tu en perds la mémoire. Il reste malgré tout présent et fait partie de toi. Un jour ou l'autre, il demandera à être vécu de nouveau.

Peut-être subis-tu parfois des rêves incohérents sans pour autant parvenir à trouver un accès à cet élément de ton âme qui s'est retiré dans l'obscurité. Pour quelle raison au juste cela s'est-il produit ? Afin d'assurer ta survie dans une situation traumatique, voire, dans le pire des cas, de la rendre possible tout court.

Si tu es touché par la lecture de ce passage, je pars du principe que cette situation pourrait au moins partiellement correspondre à la tienne. Comment peux-tu parvenir à retrouver cet élément spirituel ? Une telle démarche est-elle réellement judicieuse ? Car de toute évidence, les souffrances, le choc et la honte subis par ces éléments de ton âme sont si insupportables que tu as dû les refouler à des niveaux de conscience obscurs, pour ainsi dire inatteignables.

Tout ce qui se passe en toi sert à la préservation de ton équilibre intérieur, à ta survie. Tes forces d'autoguérison ont veillé à repousser cet enfant intérieur qui a été blessé de manière si insupportable dans des zones sombres, non atteignables par la conscience afin d'éviter de ruiner ta santé psychique. À l'époque, cette solution semblait être la meilleure, autrement, elle n'aurait pas été choisie.

Pour ces éléments spirituels, le temps n'est pas passé ; demeurant toujours en état de choc, ils éprouvent encore cette souffrance, cette honte, cette peur qui auraient probablement eu raison de toi autrefois. Toi, en revanche, tu as grandi, tu as accumulé des forces, à l'heure actuelle, tu sais mieux gérer les blessures d'autrefois. C'est pour cette raison qu'il est maintenant temps d'aller rechercher ces éléments de ton âme et de les envoyer vers la lumière à la condition expresse que tu sois prêt à les accueillir et qu'ils l'acceptent.

Ce sont généralement les éléments les plus lumineux, les plus sensibles, les plus affectueux que nous perdons dans la mesure où ils ne peuvent supporter la cruauté de ce monde ni les blessures qu'il nous inflige. Ils n'y sont d'ailleurs pas obligés. Ils t'ont permis de vivre ces blessures immenses afin que tu puisses les comptabiliser en tant qu'expérience traversée. Désormais, la souffrance peut néanmoins cesser, tu iras rechercher ces éléments spirituels, tu les accompagneras chez eux. C'est exactement là qu'il convient de guider les éléments de l'âme qui se sont perdus.

Je te propose ci-après un voyage intérieur susceptible d'entraîner des changements notables. S'il te plaît, ne l'entreprends tout seul qu'à la condition expresse de te sentir en état de le faire, mais aussi de comprendre de quoi je veux parler. Je dois t'en laisser l'entière responsabilité. Dans la mesure où il est si essentiel d'aller rechercher l'enfant intérieur perdu et de le ramener à la maison, j'ai décidé de te le proposer dans ce contexte. Peut-être préfères-tu te faire accompagner. Toi seul connais tes propres possibilités et limites. Lis dans un premier temps attentivement cette méditation, vérifie scrupuleusement si tu te sens réellement en état de protéger cet enfant, de veiller sur lui comme il se doit. Cherche de l'aide auprès d'un chamane, demande-lui un recouvrement d'âme. Ou bien fais appel à un thérapeute si tu crains ne pas y arriver seul. Ce n'est pas par hasard que ces éléments sont dissociés, ils ont leurs raisons. J'appelle les enfants fragmentés les « enfants-ombres » dans la mesure où ils ont quitté la lumière de la conscience pour rejoindre l'ombre de l'oubli. D'autres auteurs emploient ce terme « enfants-ombres », Stefanie Stahl le fait par exemple. Elle désigne par cette expression les enfants intérieurs blessés. J'emploie ce terme sciemment de manière différente parce qu'il me paraît ainsi plus adapté. Ne te laisse cependant pas perturber si le terme « enfant-ombre » possède déjà une signification pour toi, trouve-toi tout simplement un autre terme pour désigner l'enfant intérieur perdu.

VOYAGE INTÉRIEUR :
L'ENFANT INTÉRIEUR PERDU

Installe-toi confortablement dans ton imagination. Apprête-toi maintenant à franchir un portail. Après l'avoir franchi, demande à un animal totem de ta confiance de se joindre à toi. Confirme-lui expressément que tu es désormais prêt à t'aventurer dans les secteurs dans lesquels tu voudrais retrouver ton enfant intérieur perdu et que tu as besoin de son aide précisément pour cela.

Vérifie attentivement quel est l'animal totem qui fait son apparition. Tu seras peut-être également accompagné par des anges ou d'autres créatures spirituelles. Tout ce qui peut te procurer de l'énergie est utile. Si tu vois un animal totem dans ton imagination ou que tu en aperçois réellement un, demande-lui s'il vient rechercher ton enfant intérieur à ta place ou s'il se contentera de t'accompagner pour le faire. Parfois, ce sont les animaux totems eux-mêmes qui vont rechercher les éléments de l'âme dans l'obscurité. Si l'animal totem va lui-même chercher l'enfant intérieur, procure-lui maintenant tout simplement suffisamment d'espace, tu ne dois pas obligatoirement y assister. Cela se produit tout seul. Si vous y allez ensemble en revanche, sois bien préparé. L'animal totem t'accompagne et te guide. Si tu le désires, demande à l'ange gardien spécifique de l'enfant intérieur perdu de te guider auprès de l'enfant, quel que soit l'endroit où il se trouve actuellement. Garde s'il te plaît ton entière confiance, tout se passera bien. Tu es en sécurité. Imagine maintenant que vous franchissiez un portail supplémentaire.

Vous pénétrez alors dans le royaume des enfants-ombres. Ce sont les enfants qui ne sont plus atteignables par la lumière de ta conscience, ceux qui sont tombés dans l'oubli. Il ne fait pas bon séjourner en cet endroit, mais cela ne fait rien, tu sauras le faire. Car tu n'es pas seul. Vous poursuivez votre chemin. Il se peut que les environs ressemblent à un paysage, mais il peut aussi bien s'agir plutôt d'une sorte de simple obscurité. Vous vous trouvez peut-être également à l'intérieur d'un bâtiment, tout au fond d'une cave. Quelle que soit la manière dont la situation se présente dans ton imagination ou dans ta perception intérieure, reste où tu es. L'animal totem se met en quête de l'enfant.

Appelle l'enfant intérieur. Affirme-lui que tu es dorénavant en état de l'intégrer consciemment dans ton champ énergétique, que toutes ses expériences négatives appartiennent au passé, que le temps est venu pour lui de rejoindre sa famille spirituelle, son chez-lui. Il se peut maintenant que tout s'assombrisse, que tu ne perçoives plus la moindre lumière, que tu commences à te sentir gagné par la morosité et la tristesse.

Continue à parler à l'enfant : « Sans toi, je n'aurais jamais fait les expériences que mon âme a décidé de vivre. Si tu ne t'étais pas chargé de ce fardeau à ma place jamais je n'aurais pu survivre. » Demande à l'enfant de se montrer, quel que soit l'état dans lequel il se trouve. Déclare-lui que tu es venu le chercher pour le ramener à la maison. L'animal totem vous précède soit en marchant, soit en nageant, soit encore en volant. Laisse-toi guider par lui dans ta recherche car cela peut prendre un certain temps avant que vous ne trouviez l'enfant. Il se peut également qu'il ne tienne pas à être découvert dans la mesure où il est si blessé, si triste.

Continue d'avancer, toutes les énergies de la lumière t'accompagnent. Laisse-toi entraîner de plus en plus profondément dans le royaume des âmes perdues, quel que soit l'endroit où il te mène. Tu es protégé et en sécurité, tu n'as pas à te soucier de quoi que ce soit. Appelle l'enfant par le diminutif qui était utilisé pendant ton enfance, il y sera probablement sensible. Il se peut que ton voyage te mène dans une forêt profonde et sombre, ou encore à l'intérieur d'une sorte d'énergie grise, probablement sur une planète inconnue. Ne renonce pas, vas-y, laisse-toi guider.

D'un seul coup, tu découvres l'enfant. Tu l'aperçois à quelque distance, il fait soudain son apparition dans ton imagination. Il est très certainement extrêmement farouche, blessé ou très malade. Éventuellement, c'est encore un nourrisson, voire un embryon. Il donne peut-être l'impression d'être mort. Ne te laisse pas dissuader par son apparence. Prends-le dans tes bras, affirme-lui que tu es venu pour le ramener à la maison, demande à l'animal totem, à l'ange gardien, aux anges de la guérison de lui procurer exactement ce dont il a besoin à l'instant même. Toi-même, tu n'as pas besoin de savoir de quoi il s'agit. Admets simplement que la guérison puisse avoir lieu.

Où que tu sois, prends maintenant l'enfant dans tes bras, ou encore par la main. Ton animal totem vous précède de nouveau. Soudain, il découvre un portail vous permettant de sortir de ce monde. Après avoir franchi ce portail vous menant à l'extérieur de ce royaume des ombres, vous vous retrouvez d'un seul coup dans un merveilleux paysage naturel inondé de lumière. Le soleil est justement en train de se lever ou bien de se coucher. La lumière est si vive, elle scintille de couleurs si étincelantes, si particulières que tu te sens comme au paradis. Des elfes ou d'autres créatures du même genre dansent avec les fleurs ; il y a une si puissante présence lumineuse sur ce ciel bleu lavande inondé des couleurs de l'aube ou du crépuscule que tu as l'impression qu'un deuxième soleil est en train de briller. Cette lumière est en revanche plus douce, affectueuse comme si ce deuxième soleil répandait tout son amour et sa compassion sur la terre.

C'est alors, tu parviens à peine à le croire, que ce deuxième soleil si étincelant et malgré tout si doux descend lentement sur terre, se transforme en sphère lumineuse. Elle flotte devant toi, te touche, tu as l'impression qu'elle te salue, qu'elle est heureuse. Une puissante attirance t'entraîne en direction de cette sphère lumineuse. D'un seul coup, tu comprends qu'il s'agit de ton âme, de la partie de ton âme qui est étroitement liée à toi en tant qu'être humain, mais qui n'est pas incarnée. Immatérielle, elle est descendue sur terre à ton intention. Ton âme flotte autour de toi, elle t'enveloppe. Pendant quelques instants tu as même l'impression de te trouver debout au centre de cette sphère lumineuse, qu'elle t'embrasse totalement. La guérison se répand alors en toi ; tandis que l'âme retire de ton corps tous les éléments faisant partie de son immatérialité, elle fait circuler de nouveaux aspects en toi. C'est comme une sorte de transfert d'âme qui se déroulerait en toi, comme si les éléments ayant achevé toutes leurs expériences sur terre pouvaient à présent rejoindre leur chez-eux. De nouveaux éléments aspirant à rejoindre la terre avec de tout nouveaux désirs d'expériences se répandent maintenant à l'intérieur de ton corps. Tu ressens notamment avec précision que l'enfant-ombre est extrait de toi avec une grande douceur. Il se peut qu'une silhouette lumineuse apparaisse à l'intérieur de la sphère lumineuse. Il s'agit de ta propre présence lumineuse. Toi-même, tu ôtes alors l'enfant-ombre des bras de l'être humain que tu es, tu l'entoures de tes propres bras lumineux. Instantanément, il se modifie : ou bien il se dissout, ou bien il se transforme en enfant lumineux heureux.

C'est alors que cet élément de toi a le droit d'être délivré, libéré ; désormais chargé d'énergie lumineuse, il peut guérir et respirer. Si tu l'autorises à rejoindre la lumière ou à demeurer auprès de l'âme d'un défunt aimé, tu ne le dissocies pas, il continuera à faire partie de toi. Tout cela représente ton énergie, tu es beaucoup plus grand et puissant que tu ne le pensais. C'est à partir d'ici que l'enfant intérieur lumineux peut répandre son énergie, son amour, son affection dans ta vie, dans ton cœur.

Lâche-le, il saura parfaitement identifier l'espace dont il a besoin. Autorise-le à occuper sa place appropriée à l'intérieur de ton mode de fonctionnement, où que celle-ci se situe, éprouve le soulagement, la liberté, la rédemption qui se manifestent dès que cet enfant intérieur rejoint enfin son chez-lui, le royaume de ton âme.

Attarde-toi encore un peu debout à l'intérieur de la sphère lumineuse. Laisse-toi purifier, guérir, envahir par la lumière. Demande qu'une quantité particulièrement importante d'énergie lumineuse se répande dans ton corps astral. Il se peut qu'un souvenir oublié depuis longtemps prenne forme en toi, que tu te rendes soudain compte de la situation au cours de laquelle l'enfant intérieur s'est dissocié. Si tu en éprouves la volonté et que tu sens que c'est préférable, évoque encore une fois ce souvenir en toi. Éprouve ce que l'enfant a ressenti dans cette situation, puis procède comme tu l'as déjà fait plusieurs fois, entre en scène en tant qu'adulte. Sauve l'enfant. Fais ce qu'il convient d'entreprendre. Protège-le, mets-le à l'abri, mets-le en sécurité comme il convient. Puis accompagne-le à l'intérieur du jardin magique s'il a envie d'y aller. Il est également possible qu'il se dissolve tout simplement dans la lumière.

Il faut que tu comprennes qu'il s'agit d'une expérience émotionnelle. Tu es un être extrêmement complexe. Il est tout à fait possible que certaines dimensions de ton enfant intérieur refusent de te rejoindre dans la lumière une fois que tu les auras sauvées. Admets tout simplement que les choses peuvent se dérouler comme si elles se passaient d'elles-mêmes.

La sphère lumineuse de ton âme se retire alors très lentement, s'envole doucement dans les hauteurs. Elle trouve sa place sur le magnifique ciel crépusculaire qui change certes de couleur mais

> qui ne s'assombrit ni ne s'éclaircit. Tu comprends soudain que tu te trouves dans un monde intermédiaire, c'est ici que le jour et la nuit, le ciel et la terre, l'âme et l'être humain se rejoignent.
>
> Ton animal totem te raccompagne alors à travers un portail, vous rejoignez maintenant un environnement différent. Il a l'air d'être plus solide, moins mystique. Soudain, tu réalises que tes pieds foulent de nouveau la terre ferme, matérielle. Prends congé de ton animal totem et remercie-le. Il s'apprête alors à retourner dans son monde.
>
> Prends tout ton temps pour rejoindre la pièce dans laquelle tu te trouves. Respire profondément, détends-toi totalement. Accorde-toi tout le calme dont tu as maintenant besoin.

Tu viens de faire l'expérience d'une profonde guérison. Il se peut que tu te sentes un peu perturbé durant les journées à venir. C'est parfaitement naturel étant donné que de très profondes modifications ont eu lieu en toi. Si tu le désires, rédige un journal. Mais n'en fais pas une contrainte quotidienne. Ta guérison ne dépend pas du fait que tu l'observes ou que tu t'en rendes compte consciemment. Les blessures physiques guérissent toutes seules sans que tu accompagnes consciemment chaque cellule nouvellement formée, sans même que tu t'en rendes compte. Il en va de même avec la guérison émotionnelle. Elle se déroule discrètement, tu la reconnais à ses résultats. Tu ne sais pas dans quels domaines tu ressentiras la modification ; le soulagement et la guérison se déroulent bien souvent de manière bien plus étendue et plus profonde que nous ne pouvons l'imaginer. La petite fille intérieure (ou le petit garçon intérieur le cas échéant) aux allumettes qui n'avait pas de maison où aller a tout de même fini par trouver son chez-lui en toi, tout va donc pour le mieux.

Tu sais qu'il est également possible que tu héberges plusieurs enfants intérieurs perdus, susceptibles de faire leur apparition à tour de rôle. Ils se manifestent ou bien sous la forme d'une sensation de vide, ou bien sous celle d'une tristesse profonde, ou encore d'une fatigue. Si tel est ton cas, aie une nouvelle fois recours à ce voyage intérieur, embarque-le en tant qu'outil dans ta trousse d'urgence émotionnelle. Tu ne peux pas commettre d'erreur en pratiquant ce voyage. S'il n'y a pas d'enfant intérieur perdu, tu n'en découvriras pas, ou bien ton animal totem se contentera de ne pas faire son apparition.

L'ENFANT INTÉRIEUR SOMBRE

Réponds-moi tout à fait honnêtement en tête à tête, agis-tu toujours en ton âme et conscience ? Où possèdes-tu un élément intérieur qui ne cesse de mentir et de tricher de crainte d'être insuffisamment approvisionné, qui ne cesse d'arranger les choses jusqu'à ce qu'elles paraissent justifiées d'une manière ou d'une autre ? Affiches-tu parfois un comportement calculateur et hautain ? Agis-tu de manière impitoyable dans le seul objectif de gagner de l'argent ou de te procurer un avantage quelconque, pas obligatoirement à grande échelle, mais en ce qui concerne des affaires même tout à fait quotidiennes ? Tournes-tu parfois la situation un peu à ton avantage ? Es-tu conscient de ton pouvoir, en profites-tu parfois, même si ce n'est que de manière subliminale, voire en éprouvant un léger sentiment de culpabilité ? Nourris-tu parfois des désirs de vengeance, te réjouis-tu de temps en temps du malheur d'autrui ? Cet aspect-là fait également partie de ton fonctionnement, voici le côté sombre de l'enfant intérieur. Je vais t'en apprendre maintenant un peu plus à son sujet, si tu veux bien.

Dans le meilleur des cas, l'enfant intérieur rayonne de vivacité, de spontanéité, de joie ainsi que d'une énergie claire, positive, magique. Résidant dans ton cœur, il veille à ce que tu traverses la vie en dansant avec vigueur, librement, et que tu sois heureux.

Les éléments blessés ont besoin de protection et de guérison, de réconfort et de confiance, tout simplement de ton amour et de ton attention. Relativement rattachés à l'amour, ils sont au service de ton cœur, ils te soutiennent dans ta quête spirituelle. Au terme d'un certain laps de temps dont ils ont besoin afin de prendre confiance en toi, ils deviennent accessibles, ils se laissent consoler par toi. Ouverts à de nouvelles voies, ils sont prompts à réagir à la présence de la lumière et à tes soins affectueux.

Mais il existe également un autre élément, l'enfant intérieur sombre. Il est si blessé, il s'est tant dissocié qu'il n'a cure de la guérison ou des solutions bénéfiques à tous. Il n'est motivé que par ses propres besoins et c'est d'ailleurs son rôle. Il fait partie de ton mode de fonctionnement, il te protège toi, ainsi que ton énergie vitale. L'enfant intérieur sombre réagit lorsque quelqu'un te blesse. Réagissant de façon égoïste, il veille désespérément à la satisfaction de tes besoins, comme si tu étais détaché de tout, comme si tu existais tout seul dans l'univers, comme cela a d'ailleurs été assez fréquemment le cas autrefois.

L'enfant intérieur sombre soutient les efforts de ton faux moi, de cette construction mentale qui s'est élaborée avec l'objectif de se débrouiller, de s'en sortir d'une façon ou d'une autre, de veiller à ce que tu obtiennes ce dont tu avais besoin tant que tu n'avais pas encore trouvé de meilleure solution. Il est entêté, vindicatif, obstiné, voilà son énergie, il s'agit d'ailleurs là d'une force essentielle tant que tu ignores encore où prendre l'énergie te permettant de survivre. Dans ce cas, l'enfant intérieur sombre te pousse à tirer un maximum de profit d'autrui, à escroquer les autres, à leur mentir et à tout faire pour obtenir cette attention d'autrui qui représente ton énergie vitale. L'enfant intérieur sombre sait pertinemment manipuler les autres.

L'enfant intérieur sombre sait aussi afficher un comportement particulièrement adorable et affectueux si son objectif consiste à attirer l'attention. Les actions qu'il entreprend ne donnent néanmoins pas une impression spécialement affectueuse dans la mesure où cet enfant ne s'intéresse pas aux autres mais uniquement à lui-même. C'est cet enfant sombre qui te pousse à t'adapter, à faire tout ce que les autres désirent afin d'obtenir l'amour. C'est également cet enfant intérieur sombre qui fait que tu es obsédé de pouvoir, qui n'accepte aucun autre point de vue en dehors du tien dans la mesure où la coopération et la collaboration ne l'intéressent pas. Tout ce qu'il veut, c'est avoir raison et ne pas subir de honte. Il t'influence toi ainsi que tous les autres, te persuade que ce n'est pas grave de mentir, de dissimuler ou de voiler certaines choses, bien que ton cœur le sache mieux[1].

Si tu es par exemple victime d'une addiction, c'est l'énergie de l'enfant intérieur sombre qui agit en toi. Il veille à ce que tu obtiennes ce dont tu as besoin, mais il procède d'une manière extrêmement peu lumineuse, dissociée de tout. Si tu vis en couple en essayant de contrôler constamment ta compagne ou ton compagnon, voilà

---

1 La différence entre l'enfant perdu et l'enfant sombre est la suivante : l'enfant intérieur perdu n'est pas accessible à ta conscience. En dépit de toutes ses blessures, il peut être lumineux, tandis que l'enfant intérieur sombre est parfaitement présent. Contrairement à l'enfant intérieur perdu, il est exclusivement au service de ton ego, il représente un élément très efficace et conscient de ton énergie. Il ne doit donc pas être trouvé mais il doit au contraire être destitué de son service auprès de ton ego.

encore une preuve de l'activité de l'enfant intérieur sombre. Ayant peur d'être quitté, il est donc persuadé que ces mesures sont justifiées. Il croit que toutes les actions contribuant à tenir la peur en échec sont justifiées de la même manière, c'est là que se révèle la construction mentale[2]. Ce n'est pas la guérison qui l'intéresse, mais bien l'évitement ainsi que le contrôle.

L'enfant intérieur sombre est d'avis qu'il s'agit d'une mauvaise idée que de lâcher le contrôle. Il est persuadé de posséder le droit d'assujettir et de manipuler autrui. C'est pour cette raison qu'il est impossible de discuter avec lui. Il est temps pour cet enfant intérieur sombre de se reposer et de faire la connaissance de l'enfant intérieur lumineux.

À chaque fois que tu es entêté, vexé, irrité, lorsque tu t'es acculé toi-même dans une impasse, que tu dissimules tes véritables sentiments, mais que tu pestes intérieurement et que tu réfléchis à des cérémonies de punition destinées à autrui, c'est ton enfant intérieur sombre qui agit. Dès que tu n'œuvres pas pour le bénéfice de tous, mais que tu persistes en affirmant avec entêtement : « Mais cela me revient de droit ! » et que tu agis sciemment à l'encontre de l'intégrité, de la confiance, de l'amour, il s'agit de l'œuvre de ton enfant intérieur sombre. Étant donné que c'est son rôle de t'approvisionner en énergie vitale de quelque manière que ce soit, il est extrêmement possessif tout en restant insensible aux argumentations.

C'est également l'enfant intérieur sombre qui se débat intérieurement en se blessant lui-même. Il accumule en lui d'anciennes souffrances et blessures, il se souvient de toutes les situations

2 Pour mémoire, il s'agit de ton faux moi que tu montres à l'extérieur, de ce masque qui s'est progressivement construit parce que ton véritable moi a constamment été blessé.

dans lesquelles tu as été couvert de honte et il s'y accroche. Il est profondément touché, mais simultanément entêté, il n'aspire pas à être guéri, il tient au contraire à préserver la tension intérieure. Te rendant agressif et non pas triste, il provoque des réactions agacées ou énervées de ta part, il entretient constamment la tension intérieure. Tout en dissociant les blessures de lui-même, il est à la recherche d'un miroir extérieur.

Je le répète, c'est son rôle au sein de ton mode de fonctionnement, il a le droit de se comporter ainsi. En revanche, le temps est maintenant venu de gérer les choses autrement, de délivrer l'enfant intérieur sombre. Si une voix intérieure te répète sans cesse que tu n'es pas assez beau, pas assez intelligent, pas assez performant, qu'il ne vaut tout simplement pas la peine de t'aimer, il peut certes s'agir de la voix de ta mère ou de ton père, mais il n'empêche que c'est l'enfant intérieur sombre qui entretient la souffrance en te la remémorant sans cesse. Dans l'intervalle, cette souffrance est si éloignée que tu ne la ressens pour ainsi dire pas, elle s'est transformée en une rage aveugle et impuissante. Tu réagis maintenant de manière très agressive aux situations extérieures qui évoquent cette thématique en toi sans pour autant que l'idée t'effleure que ces situations extérieures peuvent justement refléter tes propres blessures, à tel point qu'elles se sont glissées à l'extérieur de ta conscience.

L'enfant intérieur sombre n'est pas gentil, il se moque même de justifier son comportement. La compassion voire l'amour ne l'intéressent pas, il œuvre à préserver la souffrance et la séparation, il s'y acharne même avec entêtement. Nous sommes incapables de discuter avec lui, il n'accorde aucune valeur à la compréhension.

Non seulement l'enfant intérieur sombre est profondément blessé, mais il s'est également refermé sur lui-même, ses seules réactions à la chaleur humaine et à l'amour consistent en sarcasmes et entêtement. Simultanément, il donne l'impression d'être étrangement plat, il a l'air d'être dépourvu d'émotions. Totalement incapable de s'attacher à qui que ce soit, il n'ouvre jamais son cœur, ne laisse personne approcher de lui. Il réagit avec indifférence et cynisme à la punition tout en se refermant toujours davantage sur lui-même. C'est cet enfant intérieur sombre qui te rend incapable de toute sorte d'attachement tout en réclamant à cor et à cri une proximité intérieure. C'est ainsi que tu obliges les personnes qui désirent être proches de toi à exécuter sans cesse une valse-hésitation, tandis que tu restes constamment sur tes gardes tant tu crains les blessures et le rejet.

Un être humain permettant à son enfant intérieur sombre d'agir peut paraître très sympathique et d'un abord facile lors des premières rencontres, mais il ne s'ouvre jamais totalement à qui que ce soit. Il contrôle toutes les situations à sa manière et se met à fuir dès que quelqu'un l'approche de trop près. Son comportement est totalement imprévisible. Il aspire à la vengeance, même si celle-ci ne s'exprime que de manière très subliminale. En le scrutant cependant avec discernement, tu te rendras rapidement compte de l'immense agressivité et du ressentiment sous-jacent qui sévissent en lui. Inconsciemment, il est toujours prêt à se servir d'autrui avec l'objectif de se procurer un avantage (ce comportement peut également représenter une forme de vengeance). Il s'est construit un mécanisme qui fonctionne parfaitement et grâce auquel il est à même de se justifier devant lui-même.

Il est assez difficile de se rendre compte de la présence de cet enfant intérieur sombre ; se confronter à cet élément intérieur sombre en soi exige d'ailleurs un haut degré d'attention mais également pas mal de courage et d'amour de soi. S'il te plaît, n'aie pas honte si tu découvres un enfant intérieur sombre en toi.

Cet enfant intérieur sombre a besoin d'amour et de compréhension, mais aussi d'une limite précise, bien davantage que tous les autres éléments en toi. Aller à sa rencontre te confrontera certainement à une facette de ta personnalité dont tu aspires à nier l'existence et qui est dissimulée derrière un nombre considérable de paramètres résultant de ton éducation, de préceptes moraux et de contrôle de soi. Plus le comportement que tu affiches à l'extérieur est compulsivement serviable, gentil mais aussi spirituel, plus grande est la probabilité qu'un enfant intérieur sombre se dissimule derrière le joli décorum. L'enfant intérieur sombre n'agit certainement jamais en toi dans sa forme pure, mais il se contente de transparaître de temps à autre à travers le joli glaçage décoratif. Il n'empêche qu'il est capable de développer une puissance gigantesque. C'est exactement pour cette raison que le fait de tenir l'enfant intérieur sombre en bride exige une énergie considérable. Es-tu maintenant prêt à le considérer avec prudence, à t'en approcher avec précaution ?

C'est l'enfant intérieur sombre qui est activé lorsque le vaincu est allongé par terre et que le vainqueur lui inflige malgré tout encore un dernier coup. C'est l'enfant intérieur avec tous ses éléments sombres qui est en mesure de torturer autrui, d'être cruel, d'agir sans aucune compassion. Il se réjouit de la douleur et de la souffrance des araignées auxquelles il arrache les pattes. Il affiche un comportement infâme, il torture ses camarades de classe jusqu'au sang, harcèle ses collègues au bureau. Il se venge de toutes les humiliations qu'il a subies directement ou indirectement en tant qu'enfant, que ce soit personnellement ou à travers l'histoire familiale. Il est totalement sourd aux arguments rationnels sauf s'ils correspondent à son projet ou s'ils favorisent ses objectifs. L'enfant intérieur sombre ne pense qu'à lui-même tout en connaissant pertinemment le comportement qu'il doit adopter pour imposer sa volonté. Il est le maître de la manipulation pour la simple raison qu'il n'est pas freiné par la moindre compassion.

Se venger signifie dissocier sa propre souffrance de soi-même et la projeter à l'extérieur. En lieu et place de l'agresseur intérieur, c'est la personne en face de lui qui est torturée. Il s'agit en fin de compte de la tentative désespérée de dépasser sa propre impuissance afin de procéder à un équilibre des forces. C'est exactement à ce point que tu peux intervenir car c'est ici que se dissimule la possibilité d'une guérison. Le besoin de l'équilibre des forces est absolument naturel et sain.

Je te propose ci-après un voyage intérieur à l'attention de l'enfant intérieur sombre quelle que soit la manière dont il montre sa puissance dans ta vie. Il libère l'enfant intérieur sombre de l'obligation d'autoriser et de préserver la dissociation intérieure, il pourra ainsi guérir, tout simplement, car c'est cette dissociation intérieure qui représente sa souffrance la plus profonde.

De la même manière que Lucifer, à la fois l'ange majeur et le plus clair, celui qui apporte la lumière, s'est déclaré prêt à réaliser les vibrations les plus profondes de la peur, de la souffrance et de la douleur, l'enfant intérieur sombre te permet de faire l'expérience de la dissociation. D'une manière analogue à celle de Lucifer, il a renoncé à sa place à côté de Dieu afin de t'accorder une faveur hautement désintéressée. L'enfant intérieur sombre s'est déclaré prêt à dissocier sa conscience de la lumière, à se sentir solitaire et mal-aimé, à trouver sa solution dans la vengeance et dans l'isolement afin de te permettre de faire ces expériences. Sans cet enfant intérieur sombre, il ne serait pas possible de comprendre la dualité dans la mesure où tu ne ressentirais pas réellement sa présence.

Es-tu prêt à observer l'enfant intérieur sombre en toi, à le faire revenir auprès de toi afin que sa douleur de dissociation fondamentale, inévitable, puisse se dissoudre une bonne fois pour toutes ? Pour ce faire, il est essentiel que tu reconnaisses la souffrance de cet enfant intérieur sombre et que tu le lui fasses également comprendre. Lui-même n'acceptera en aucun cas d'éprouver cette souffrance, mais tu peux lui offrir malgré tout et à plus forte raison ton entière compassion. Réfléchis s'il te plaît sérieusement pour savoir si tu es prêt à entreprendre cette méditation seul ou non. Au premier abord, elle n'a pas l'air si aisée. Peut-être vaudrait-il mieux que tu te fasses accompagner.

VOYAGE INTÉRIEUR :
LA RÉDEMPTION DE L'ENFANT INTÉRIEUR SOMBRE

Installe-toi confortablement, assis ou allongé, ferme les yeux. Invite tes anges gardiens, tes guides et maîtres spirituels à t'accompagner, demande maintenant le droit d'apercevoir ton enfant intérieur sombre. Il peut se manifester sous la forme d'une sensation de présence, d'un brouillard, mais peut-être également sous celle d'une silhouette concrète. Débarrasse-toi de tout ce que tu as pu imaginer jusqu'alors. Tu n'as jusqu'à présent probablement encore jamais rencontré l'enfant intérieur sombre de manière aussi directe. Observe attentivement cet enfant et rends-toi compte qu'il a l'air totalement isolé. Il est possible que tu ne l'aperçoives que de très loin. Tandis que toi-même tu te trouves peut-être en pleine lumière, tu observes maintenant quelque chose de sombre qui s'est détourné de toi. Essaie de t'approcher de l'enfant. Il est possible que cela ne marche pas.

Cet enfant intérieur sombre est si radicalement séparé de toute lumière que ce qui l'entoure est peut-être devenu très lourd, en proie à une certaine fatigue, sans entrain. Il ressemble à un trou noir capable d'aspirer chaque étincelle de vivacité et de joie en lui pour la faire disparaître dans le néant. À mesure que tu t'approches, tu ressens toujours davantage la présence de cette force pesante qui aspire à tout entraîner. Il n'y a plus aucun fourmillement, aucune joie, aucune vivacité, tout semble lourd et visqueux. Il se peut que tu ressentes la présence de ton corps avec une grande précision. Tandis que tu te rapproches en tâtonnant de l'enfant sombre, d'anciens sentiments familiers t'envahissent. Il s'agit de l'enfant intérieur sombre qui porte en lui ses blessures sous forme de tensions, ne sois donc pas étonné si tu éprouves d'un seul coup une irritation, voire des douleurs d'estomac. Il ne s'agit certes pas d'une expérience agréable, mais reste néanmoins ici, car c'est exactement pour cette raison qu'il a un besoin si urgent de rédemption. Implore encore et toujours le secours des énergies spirituelles pour qu'elles t'aident au cours de ce processus et rends-toi compte de l'urgence de procéder à la rédemption de cet enfant intérieur sombre.

Il se peut que tu ressentes très précisément à quel niveau de ton organisme l'enfant intérieur sombre agit, où exactement il est accumulé. Il est présent partout là où tu te sens coupé du monde et isolé, il réside dans les domaines que tu crois être obligé de maîtriser entièrement seul. Admets également cette sensation, même si elle n'est pas agréable, afin de permettre à ta conscience de se rendre compte de l'immense souffrance que tu portes.

Tu te rends à présent très précisément compte du caractère de l'enfant intérieur sombre. Il est actif dans tous les domaines où tu insistes avec obstination sur le fait que tu es seul, qu'il n'existe aucun salut, aucun secours.

Approche-toi de lui aussi près que possible, déclare-lui : « Je constate ta souffrance. Ma compassion entière et profonde t'accompagne, sache que je suis là. » Affirme-lui tout simplement ça. Il n'est pas obligé d'y réagir. Mais dis-le-lui uniquement si c'est vrai, si tu es réellement capable de le considérer avec compassion. Si tu te trouves toi-même dans une position défensive, tu ne feras qu'accroître son obscurité. Car c'est justement à cause de cette dissociation qu'il est devenu si sombre.

Envoie-lui ta compassion sous la forme d'un flux lumineux ou bien d'une vague émotionnelle. Tu peux même lui chanter une chanson si tu penses que cela peut contribuer à faciliter les choses pour toi. Efforce-toi de ressentir précisément cette compassion avec cet élément si sombre ; d'un seul coup, tu te rends alors compte que c'est exactement ce que tu avais l'intention de développer. C'est exactement cette compassion avec toi-même que tu voulais déployer.

Demande maintenant aux anges gardiens de se charger de cet enfant intérieur sombre. Demande que le voile soit ôté de toi, à ce que le mur de séparation qui se dresse entre l'enfant intérieur sombre et tes véritables sentiments soit enlevé.

Soudain, alors que tu es encore en train de déployer tes antennes en direction de l'enfant intérieur sombre et que tu t'étonnes peut-être de ne pas réussir à l'apercevoir correctement, tu finis par le reconnaître avec précision, il s'agit d'une construction mentale. Cet enfant intérieur sombre n'existe pas réellement, tout comme le faux moi n'existe pas véritablement. Il s'agit d'une sorte d'échafaudage. Il agit de l'extérieur avec l'objectif de ne pas t'obliger à ressentir la souffrance de tes blessures, il fonctionne, il veille à maintenir ensemble toute la construction à partir de l'extérieur. Il invente sa propre réalité. Cet élément ne représente pas une véritable dimension intérieure.

Permets donc que cette construction mentale soit soigneusement retirée de toi. Il se peut que tu t'en aperçoives en éprouvant la sensation que le sang se remette lentement à circuler dans une région de ton corps qui aurait longtemps été garrottée et dont tu viens de relâcher les bandages. Peut-être cela te donne-t-il également l'impression d'une pièce sombre restée longtemps fermée mais dont tu viens d'ouvrir la porte et les fenêtres afin que la lumière et l'air puissent y circuler. Il se peut qu'il n'y ait même plus d'enfant que tu pourrais envoyer vers la lumière. La construction mentale se dissout, ton corps et tes sentiments se fondent en une seule unité. À l'intérieur de cet élément dissocié qui était obligé de vivre sa propre vie, qui devait prendre ses propres décisions dans la mesure où il ne recevait aucune énergie, aucune information de l'intérieur, de la part de ton cœur et de ton âme, se répand désormais ta vivacité. Il est désormais parcouru par toi-même et par tout ce qui te caractérise.

Si jamais tu apercevais maintenant encore la présence d'un enfant intérieur sombre, demande qu'il soit détaché de toi, qu'il soit reconduit tout simplement avec légèreté et facilité à l'intérieur de la terre. Il se peut que tu n'en ressentes qu'un souffle dans la mesure où il ne s'agit pas d'un véritable élément spirituel, mais bien d'un champ énergétique de dissociation artificiellement construit, rends-toi bien compte de cela. L'enfant intérieur sombre n'existe pas en vérité, il n'existe qu'à travers la dissociation d'avec toi-même. Il est né dans l'isolation, et dès que celle-ci est levée, il se dissout tout simplement.

Autorise ce processus à occuper autant de temps que nécessaire. Il peut se dérouler très rapidement, mais il peut éventuellement avoir besoin de bien davantage de temps. Reste encore un peu assis ou allongé, recueille-toi lentement, retrouve l'harmonie avec toi-même, prends tout ton temps pour diriger de nouveau ton attention sur ton entourage, rejoins lentement le monde des formes et des structures.

L'enfant intérieur sombre n'existe donc pas en vérité. C'est comme si une partie de ton énergie naturelle avait quasiment été isolée de force afin que tu puisses survivre. L'enfant intérieur sombre (tel que je le conçois et tel que je le définis) ne peut ni ne doit être délivré. Dès que la dissociation artificielle est enlevée, et il faut qu'elle le soit, il est automatiquement libre.

Il se peut que dans certains domaines de ta vie, tu sois encore beaucoup influencé par la présence de l'enfant intérieur sombre, mais sans t'en rendre compte. C'est ainsi que fonctionne l'enfant intérieur sombre, son action se situe totalement à l'extérieur de la conscience, c'est d'ailleurs obligatoire puisqu'il te protège des sensations que tu éprouverais sans sa présence. Si tu veux donc te libérer, demande courageusement et tout à fait ouvertement à l'enfant intérieur dans quels domaines il agit, de quelle manière il se manifeste, sans oublier que c'est tout à fait normal. N'essaie pas de discuter avec lui s'il se manifeste. Tu n'as absolument pas besoin de le juger, bien au contraire. Remercie-le, envoie-lui ta compassion. Plus grande est l'affection, la compassion, la sollicitude dont tu apprendras à faire preuve vis-à-vis de toi-même, plus facilement la dissociation fondamentale ayant pour objectif l'évitement de la souffrance peut être abolie.

L'ENFANT INTÉRIEUR DU PARADIS

Il y a quelques jours, alors que je venais de commencer la lecture d'un livre dans la matinée, je ressentis soudain la présence d'une énergie très douce, tendre et affectueuse. Il ne s'agissait cependant pas d'anges, je m'en rendis aussitôt compte. Tandis que je m'apprêtais à me livrer à une méditation, j'entendis : « Nous avons encore besoin d'un peu de temps, nous ne sommes pas encore suffisamment terrestres pour pouvoir nous exprimer clairement par des paroles, par une image mentale. » Puis, quelques minutes plus tard, je reçus soudain comme un ordre : « Ferme les yeux, écoute ! » Je ressentis alors la présence d'une force qui ressemblait à l'expression de l'énergie très pure, authentique, intacte d'un enfant. Il s'agissait de mon enfant intérieur spirituel qui n'est pas incarné. Il est très doux, extrêmement imaginatif. Il ne peut agir sur terre dans la mesure où il est trop immatériel, même si cela peut paraître étrange aux yeux de certains. Son énergie ne résisterait pas à la pesanteur, il s'effondrerait. Même ses couleurs ne sont pas celles de ce monde. Je n'ai pas de nom pour cet enfant intérieur, il ressemble plutôt à une dimension spirituelle. Souvent, j'éprouve une grande nostalgie de sa présence, celle-ci n'est en revanche absolument pas compatible avec toutes les obligations auxquelles nous sommes confrontés en tant qu'adultes. Il a besoin d'un espace intérieur d'une telle liberté que je ne saurais vraiment pas comment concilier sa présence sur terre avec toutes les obligations que j'ai à accomplir ici. Cette réalité m'est douloureuse, il me manque, il existe néanmoins tant d'autres belles choses ici pour les autres aspects de mon enfant intérieur que je pensais que le moment n'était pas venu pour la présence de cet enfant spirituel (je ressens d'ailleurs la présence de plusieurs d'entre eux en moi). J'en étais donc là de mes pensées.

Et c'est exactement cette énergie qui se présenta soudain à moi. D'un seul coup, une vague d'énergie me submergea, j'entendis : « Nous représentons la prochaine vague de l'enfant intérieur. Nous ne sommes pas blessés, nous n'avons jamais été incarnés. » Ma tâche principale consistait jusqu'à présent à sauver l'enfant intérieur, puis à le conduire jusque dans le jardin magique à travers un voyage intérieur. Puis soudain j'entendis : « Oui, c'était parfait, vous avez ainsi appris à quel point vous êtes fragiles, vous vous êtes rendu compte de l'importance considérable que revêt le fait de prendre soin de vous-mêmes, vous avez appris la compassion avec vous-mêmes. Et pourtant, quel que soit le degré de guérison de cet enfant intérieur émotionnel auquel vous êtes parvenus, il portera toujours le souvenir de la souffrance en lui. L'enfant intérieur a été blessé, c'est pour cette raison qu'il a fait l'expérience des souffrances dues aux blessures. Tu peux le guérir et le protéger autant que tu voudras, son comportement restera néanmoins toujours motivé par l'évitement de la souffrance. En fin de compte, que tu le veuilles ou non, tu reproduis encore et toujours de la souffrance. Mais à présent une nouvelle possibilité s'offre à vous. » Je demandai alors : « Quel est votre nom, comment puis-je vous transmettre ? » J'entendis : « Nous sommes les enfants arc-en-ciel. » Je me mis à penser : « Eh bien, qu'y a-t-il donc de si neuf, j'ai déjà entendu parler de vous. Je ne crois pas que vous soyez totalement nouveaux sur terre... » Puis j'entendis soudain : « Dans ce cas, appelle-nous les enfants intérieurs du paradis. Car nous n'avons jamais quitté le paradis. Nous connaissons la sensation que procure la vie au paradis, nous n'en avons jamais été chassés. Alors que l'enfant intérieur blessé, lui, l'a été. Tu peux le protéger autant que tu le voudras, il gardera toujours en lui ce souvenir d'avoir été chassé du paradis, il fera tout pour éviter d'en être chassé une nouvelle fois. Il y a une différence considérable entre un enfant "guéri" et un enfant "intact". C'est cet enfant intérieur qui aspire maintenant à venir, à vous apporter le paradis. Il en possède la faculté dans la mesure où il n'en a jamais été chassé. Afin que nous puissions venir, l'enfant blessé, quoique guéri, a le droit de retrouver son chez-lui. » Je me consacre souvent à ramener des éléments spirituels vers leur chez-eux, mais là, la tâche semblait autrement plus considérable. « Les animaux totems qui viennent chercher l'enfant intérieur sont les licornes. Dans la mesure où les licornes ont été si présentes durant les dernières années chez vous, qu'elles sont maintenant totalement acceptées, la voic a été libérée pour nous, les enfants intérieurs du paradis. »

J'en fus extrêmement touchée ; d'un seul coup, j'aperçus la petite Suzy à laquelle je suis intimement liée, que j'adore, que je protège. Je me rendis alors compte que cette petite Susanne devait maintenant quitter mon corps afin de retrouver son chez-elle. Mais elle n'en avait pas envie et moi, je ne le souhaitais pas non plus ; la licorne s'est néanmoins présentée. Elle s'est mise à tendre ses petits bras en direction de cette licorne, qui a donc commencé à extraire la petite Susanne de moi. J'éprouvais soudain une réelle douleur de séparation. J'ai néanmoins compris que la profonde souffrance à laquelle avait été confrontée cette petite Susanne ne cesserait finalement jamais de provoquer une douleur dans ma vie, quelle que soit l'intensité de la protection de laquelle je l'entourerais. La licorne extrayait donc cet enfant intérieur de moi, permettant ainsi à l'enfant intérieur du paradis, à cet aspect intact, non blessé, de se répandre en moi. Pendant environ une demi-journée, je me sentais assez mal tant je ressentais le deuil et la douleur de la séparation de cet enfant intérieur dont j'avais si longtemps pris soin.

Dorénavant, c'est l'enfant intérieur du paradis qui agit en moi. Qu'est-ce que ça change pour moi ? J'ai l'impression de me sentir plus douce, plus libre, plus limpide, tout à fait nouvelle. Je ne parviens pas encore à décrire cette sensation avec précision, j'ai l'impression qu'elle est si nouvelle que je n'ai pas encore trouvé les termes exacts pour la définir, je n'en ai pas encore pris totalement conscience. Je peux seulement dire que des miracles sont en train de s'accomplir. Tout devient si facile que j'ai vraiment l'impression que quelqu'un en moi est réellement en train de cesser de provoquer de la souffrance.

Je voudrais néanmoins insister sur une précision essentielle : grâce à cette méthode, tu ne parviendras pas tout simplement à te débarrasser de ton enfant intérieur blessé, tu ne peux pas le renvoyer comme ça. Bien au contraire, dans un premier temps, tu dois établir une relation réellement affectueuse, protectrice avec ton enfant intérieur. L'étape suivante ne peut avoir lieu qu'à la condition expresse que tu aies appris à accepter pleinement ton enfant intérieur, à le prendre dans tes bras malgré toute la souffrance qu'il a dû endurer, à admettre également tous les éléments qui font partie de lui mais dont, dans le fond, tu ne veux pas, à le protéger, à l'écouter malgré tout, je me répète, qu'à la condition que tu aies réellement acquis cette compassion profonde pour toi-même ainsi qu'une responsabilité absolue de tes propres actions censées s'être développées en toi suite à toutes ces souffrances et que tu les aies aussi véritablement mises en pratique. La présence de la douleur de séparation d'avec ton enfant intérieur constitue le signal que tu es prêt. Car si tu étais content de te débarrasser de ton enfant intérieur, celui du paradis ne se présenterait pas. Plus que jamais, il a besoin de ta faculté de compassion avec toi-même et de ta responsabilité individuelle. Afin qu'il puisse rester intact et dépourvu de blessures, il a d'autant plus besoin de ta protection.

Es-tu désormais prêt ? As-tu développé suffisamment de compassion avec toi-même, d'autonomie, d'amour de toi ? Ton enfant intérieur, y compris sa stratégie d'évitement de la souffrance qui continue toujours d'agir, a-t-il maintenant le droit de regagner son chez-lui pour que l'enfant intact du paradis puisse se présenter ? Je ne le sais pas. Tu l'ignores probablement tout autant. Ton enfant intérieur, en revanche, le sait.

VOYAGE INTÉRIEUR :
L'ENFANT INTÉRIEUR DU PARADIS

Installe-toi confortablement. À présent, tu n'as plus rien à faire. Prends quelques respirations profondes, aborde la situation avec ta pleine conscience. Tu n'as pas besoin de plaire à qui que ce soit, tout tourne désormais autour de toi. Tu es maintenant en sécurité, autant qu'il soit possible sur cette terre. Tu es en sécurité et parce qu'il en est ainsi, tu as le droit de te détendre encore un peu plus profondément. Tandis que tu es en train de te détendre, autorise-toi à te mettre à rêver.

En rêve, tu aperçois maintenant un portail que tu franchis, survoles, ou que tu parviens à contourner sans la moindre difficulté. Derrière ce portail s'étend un paysage réellement magique. Tu t'y promènes un peu. À chacun de tes pas, tu sens la paix se répandre un peu plus en toi. Tu te rends compte que tu as fait aujourd'hui un long chemin, un long chemin en direction de toi-même. Ce faisant, tu t'es recueilli, tu as fait le point, tu as rassemblé tous tes éléments. Ce fut un travail très dur. Offre-toi un sourire, accorde-toi un jugement favorable tout en poursuivant ton chemin. Et oui, tu as le droit à une récompense en échange du fait d'être parvenu jusqu'ici. Tu as persévéré, tu n'as pas abandonné la partie, tu as désormais scellé la paix avec beaucoup d'éléments qui autrefois étaient très blessés, très douloureux, très figés. Tu as peut-être même l'impression que cela pourrait perdurer. Tu poursuis donc ta route à travers ce paysage tout en continuant à absorber cette paix.

D'un seul coup, ton enfant intérieur vient à ta rencontre, celui-là même que tu connais bien, qui t'est familier, qui te fait confiance, avec lequel tu es en bons termes, avec lequel tu es en paix, que tu nourris et protèges volontiers. Tout cela, c'est toi qui l'as rendu possible. Tu as appris à le protéger, il se sent à l'aise auprès de toi. C'est donc cet enfant intérieur qui s'approche maintenant de toi, tu le prends dans tes bras, tu le serres entre tes bras, tu éprouves le lien étroit qui s'est établi entre vous ainsi que la gratitude qui règne entre vous. Demande alors à ton enfant intérieur : « Le temps est-il maintenant venu pour toi de rejoindre ton chez-toi ? »

Ton enfant intérieur te regarde droit dans les yeux. Il se peut qu'il dise « non ». Dans ce cas, ne mets pas en doute ses paroles, passe tout simplement encore un peu de temps en sa compagnie, puis repose-lui la même question quelque temps plus tard. Il se peut qu'il acquiesce alors d'un signe de la tête, peut-être s'attendait-il déjà à ta question. « Oui, il est temps, répond alors ton enfant intérieur. Il est temps que je retourne chez moi. Quelle que soit l'étendue de ta protection, j'ai fait l'expérience de la douleur, je te rappellerai donc encore et toujours cette souffrance, que je le veuille ou non. Il est temps que mon deuxième moi arrive. Il s'agit également de moi, il est temps que je me présente à toi totalement neuf, intact, tout à fait nouveau. Mais cela ne se peut qu'à la condition expresse que tu me laisses partir. »

Tu prends alors ton enfant intérieur dans tes bras tout en te rendant compte à quel point tu l'aimes, que tu n'as pas envie de le laisser partir. Vous avez traversé bien des épreuves ensemble, le chemin était si long avant que tu réussisses à être une bonne mère, un bon père pour lui. Tu as néanmoins l'impression qu'il a raison, oui, c'est exact, l'enfant intérieur connaît la souffrance, c'est pour cette raison qu'il entre encore et toujours en résonance avec la douleur. Tu as atteint un seuil où une dimension parfaitement nouvelle peut apparaître.

Cela fait déjà un petit moment que tu l'as compris, tu ignorais cependant que pour ce faire, il fallait que tu lâches ton enfant intérieur. Accorde-toi un peu de temps pour comprendre que cet enfant intérieur ne fera que quitter ton corps, mais qu'il ne t'abandonnera en aucun cas toi-même. Bien au contraire, il regagnera son chez-lui, retrouvera son unité, se transformera dans ton élément spirituel le plus lumineux. Tu serres ton enfant intérieur encore une dernière fois contre toi tout en affirmant : « Parfait, si c'est bien ce qu'il convient de faire, si cela correspond aussi bien à ta voie qu'à la mienne, je suis prêt à m'ouvrir autant qu'il le faut pour que toi, mon enfant, tu puisses quitter mon corps. »

Tandis que tu es en train de prononcer ces paroles, les énergies qui aideront ton enfant intérieur à regagner son chez-lui en toute sécurité font leur apparition. Il s'agit d'un troupeau de licornes, la licorne de ton enfant intérieur vient maintenant à ta rencontre. Tu ressens sa présence, tu parviens à la toucher, tu la sens physiquement, tu la perçois à travers tous tes sens. Et tu comprends également que tu lui fais une profonde confiance. Ton enfant intérieur connaît cette licorne, oui, il semble même que cette licorne et ton enfant intérieur ne forment qu'une seule et même entité. Tu soulèves l'enfant pour le poser sur le dos de la licorne, il se fond pour ainsi dire en elle. La licorne se retourne à présent, te jette encore un dernier regard profond, s'ébroue et s'apprête à ramener ton enfant intérieur à la maison, elle le retire de ton corps ; ils disparaissent ensemble dans les hauteurs.

Tu sais que tout cela est encore toi, qu'il ne s'agit que d'autres dimensions de toi-même, l'enfant intérieur continuera toujours à représenter un élément de toi. Il se peut que tu le ressentes physiquement, peut-être seras-tu triste et c'est très bien ainsi dans la mesure où tu aimes cet enfant intérieur.

D'un seul coup, tu as l'impression qu'une sorte de voile est retiré de ton corps. Tu te rends aussitôt compte qu'il s'agit du corps-souffrance, du corps-souffrance appartenant à ton enfant intérieur. Ce voile se met à se désagréger en une très fine poussière. Tu te demandes alors si cela implique que tu n'éprouveras plus aucun sentiment, mais bien évidemment, tel n'est pas le sens de ce qui vient de se passer. Tu conserveras la faculté de tout éprouver, en revanche, tu n'attires plus la douleur. Tu ressentiras également des souffrances à l'avenir, sans pour autant être obligé ni d'aller à leur rencontre, ni de les éviter, voilà l'élément nouveau.

Tandis que tu suis la licorne du regard, un grondement se fait entendre, une extraordinaire énergie lumineuse se met soudain à flotter au-dessus de toi, elle est simultanément si délicate et si fine que tu en es profondément touché. Ton enfant intérieur du paradis fait alors son apparition devant toi. Cet aspect de ton âme n'a encore jamais été incarné. Il vient directement du paradis, il est issu de l'unité avec toi-même et de ta famille spirituelle. Il n'a jamais fait l'expérience de la séparation, il reste toujours dans l'unité tandis qu'il se répand maintenant en toi, qu'il t'enveloppe, qu'il modifie profondément tous les chakras, les corps astraux, toutes tes énergies. L'enfant du paradis arrive chargé de paix, accompagné d'une joie intérieure profonde, il est confiant et imperturbable, dans la mesure où il n'a jamais été blessé. Il est intact, totalement intact. Observe attentivement ce qui se passe lorsque cette énergie se répand en toi, lorsque ton profond désir d'unité est enfin exaucé. Cet enfant du paradis apporte de nouvelles facultés, peut-être même un nouvel objectif spirituel, de nouveaux désirs et rêves. Mais il apporte avant tout la paix. Tout ira bien. Tu en as réellement l'impression, tout au fond de toi-même, tu sens que tout va bien.

Soudain, un portail se dresse dans ton imagination. Lorsque ce portail s'ouvre, tu comprends que durant toutes tes vies sur terre, tu as constamment tourné sur toi-même, que tu as effectué une très longue route. Après avoir franchi ce portail, tu te retrouves soudain à l'intérieur de ton jardin d'Éden, de ton propre lieu d'origine. D'un seul coup, tu as l'impression de ne jamais l'avoir quitté. Sur ta longue route, tu as pris conscience d'énormément de choses, c'était d'ailleurs également l'objectif de ce voyage. Regagne à présent ton chez-toi.

Ce paradis abrite une chute d'eau qui t'attend. Après t'être déshabillé, tu exposes ton corps à l'eau, tu en laves toutes les incarnations, toutes les expériences de cette longue route. Tu poursuis ton chemin comme Dieu t'a créé, ou qui que ce soit d'autre qui t'a conçu. Car même le paradis te réserve une voie. Celle-ci commence aujourd'hui, ici et maintenant.

Prends tout ton temps pour regagner lentement l'espace dans lequel tu te trouves. Le monde a

> changé. Tu as fait un saut dans une autre dimension. Tout a pourtant l'air comme avant, mais dorénavant, c'est une musique spirituelle différente que tu perçois, tu as changé de tonalité. À partir de maintenant, tu interprètes la musique de la paix.

Je le répète, l'enfant intérieur qui a subi toutes tes expériences dans l'enfance est protégé et en sécurité en toi pour peu que tu adoptes un comportement affectueux avec lui. Mais en fin de compte, quelle que soit l'étendue de ta protection, il connaît néanmoins la peur et la souffrance. C'est d'ailleurs exactement l'ordre normal des choses. Il n'y a que de cette façon que tu pouvais développer la compassion avec toi-même et faire toutes les expériences auxquelles tu aspirais. Mais à un moment donné, tu finis par atteindre un point où tu te rends compte que l'enfant intérieur ne pourra guérir davantage, qu'un résidu de ses blessures persistera pour toujours. C'est cette crainte des blessures qui fait que tu entres encore et toujours en résonance avec la souffrance et les blessures, c'est elle qui te fait adopter une stratégie d'évitement. Cet évitement même constitue également une résonance. En présence de l'enfant du paradis, cela ne se produit plus. Dès qu'une situation susceptible de te blesser surgit, tu ressens très rapidement une sorte de lassitude et tu lui opposes une réaction foncièrement négative. Tu n'as même pas besoin de te pencher sur la situation, ce sont tes propres mécanismes qui t'en protègent automatiquement. Si tu te trouves dans une stratégie d'évitement de la souffrance, tu as besoin d'une énergie considérable afin de pouvoir maintenir cet état d'évitement. Si en revanche tu n'es plus dans une situation de résonance, tu n'as pas besoin de cette énergie. Tu te contentes de ne pas aller là où cela fait mal. Il est donc possible que tu te mettes soudain à réagir de manière tout à fait différente dans une situation dans laquelle tu as encore et toujours été blessé parce que les blessures ne te touchent plus désormais. Es-tu devenu invulnérable pour autant ? Bien sûr que non. Tu es en revanche devenu beaucoup plus résilient, plus robuste dans la mesure où il n'y a plus rien à guérir. Puisque rien n'est blessé. Dans la mesure où il n'y a rien à guérir, tu n'as plus besoin de revivre sans cesse un certain nombre de situations. Cette expérience est un peu compliquée à faire partager à quelqu'un qui ne l'a pas encore vécue lui-même.

Voici le récit d'une expérience vécue au terme de cette méditation : « Tu as annoncé sur Facebook que nous pouvions volontiers relater nos expériences concernant l'enfant du paradis... Je me suis donc immédiatement installé confortablement, j'ai écouté tes explications affectueuses qui me paraissaient absolument logiques. Dans la mesure où j'ai ressenti en moi quelque chose qui ressemblait au son d'une cloche, je me suis donc immédiatement plongé dans cette merveilleuse méditation. Généralement, lorsque je médite, je vois davantage d'images que je n'éprouve de sensations, mais cette fois-ci, de très fortes impressions physiques sont aussitôt survenues. J'ai alors eu le sentiment que mon chakra du cœur et mon chakra du plexus solaire s'ouvraient largement pour former une sorte de canal dans lequel se créait un remous aussi bien vers l'extérieur qu'en direction de l'intérieur. Pendant toute la durée de la méditation, je me suis senti extrêmement bien, j'ai reconnu mon enfant intérieur tel que je le connais, puis il est parti joyeusement en compagnie de la magnifique licorne. Mon enfant du paradis ressemblait en tout point à mon enfant intérieur, il était seulement un peu plus clair, un peu plus lumineux. Je me suis ensuite pelotonné dans mon lit. Trois heures plus tard, je me suis réveillé en éprouvant une sensation physique étrange. Je me suis senti différent, mon cœur battait la chamade, en voulant me lever, j'ai eu des vertiges. Le reste de la nuit a été très perturbé, mais à présent, je vais extrêmement bien. Je suis content que tu aies raconté que tu ne te sentais pas très bien non plus, je savais donc d'où ça venait, mais aussi qu'une telle modification profonde en nous-mêmes peut dans un premier temps provoquer aussi un certain nombre de craintes. Mais comme je l'ai déjà dit, à présent tout va bien, même certainement mieux qu'avant... »

POSTFACE

Chère lectrice, cher lecteur, suis-je parvenue à te toucher un tant soit peu, à te prendre quelque peu en charge, à te montrer la possibilité de se sauver soi-même et de s'accompagner dans un espace intérieur meilleur ? J'espère vraiment de tout cœur que certains de ces outils te feront avancer, qu'ils te permettront de bâtir une bonne relation affectueuse avec ton enfant intérieur, car construire et entretenir une bonne relation avec son enfant intérieur est bien l'objectif de cet ouvrage. Tu t'es rendu compte à présent que l'enfant intérieur ne constitue pas un élément qui doit être éliminé petit à petit afin qu'il te laisse en paix à un moment donné. Il représente en revanche un élément de toi qui est extrêmement vital, vivant, sensible, avec lequel tu peux entrer dans une relation aussi bien de paix que d'amitié, mais qui a aussi un besoin urgent de ta sollicitude et de ta protection. Bien souvent, certaines personnes ayant emprunté cette voie tout à fait consciemment affirment : « Le travail avec mon enfant intérieur est désormais derrière moi. » Est-ce vraiment l'objectif ? À mon avis, tel n'est pas le cas. Pour ma part, je voudrais bien continuer à entretenir une relation intime avec cet élément si magique qui, pour peu qu'il se sente en sécurité, apporte des perspectives, des idées si joyeuses, vivaces et sensibles à ma vie. Je ne le répéterai jamais assez, ou bien tu prends consciemment soin de ton enfant intérieur, ou bien tu ne prends pas soin de l'enfant intérieur de manière inconsciente. Aucune alternative n'existe. J'aime mon enfant intérieur, même si sa sensibilité est parfois plus aiguë que je ne le souhaiterais. Il exprime des besoins tout à fait différents de ceux que j'ai en tant qu'adulte, ils sont aussi radicalement différents de ceux de l'animatrice de séminaire et de l'autrice que je suis. Parfois, on a vite fait de confondre les énergies intérieures. Quelque chose peut tout à fait faire du bien à l'un de ces éléments tout en se révélant nocif à un autre. Comme d'habitude, il s'agit d'une question d'équilibre des énergies. En procurant à ton enfant intérieur un espace approprié à l'intérieur de toi-même, en restant attentif à lui, en ne le confrontant pas à des situations blessantes ou à celles susceptibles de le dépasser, mais en le conduisant pendant ce temps dans le jardin magique, en l'autorisant délibérément à jouer de temps en temps (voir « Quelques rituels courants à destination de l'enfant intérieur », p. 159), tu disposeras de bien davantage d'énergie que précédemment, que tu pourras ainsi consacrer aux autres domaines de ta vie.

N'hésite pas à te servir de tous les outils que je te propose ici. N'élimine pas petit à petit le travail avec ton enfant intérieur, mais considère-le au contraire comme un enrichissement, comme un cadeau.

Si j'ai pu t'émouvoir quelque peu, je t'en remercie de tout cœur.

Que la paix soit avec toi et avec ta voie,

Susanne

BIBLIOGRAPHIE

ANDERSEN Hans Christian, *La Petite Fille et les Allumettes*, dans une traduction de David Soldi de 1876 : https://fr.wikisource.org/wiki/Contes_d%E2%80%99Andersen/La_Petite_Fille_et_les_allumettes

ANDERSEN Hans Christian, *Le Vilain Petit Canard*, dans une traduction de David Soldi de 1876 : https://fr.wikisource.org/wiki/Contes_d%E2%80%99Andersen/Le_Vilain_Petit_Canard

GRIMM Jacob et Wilhelm, *Blanche-Neige*, dans une traduction de Félix Frank de 1869 : https://fr.wikisource.org/wiki/Blanche_Neige

GRIMM Jacob et Wilhelm, *Les Ducats tombés du ciel*, contes choisis des frères Grimm, p. 98-100, dans une traduction de Frédéric Baudry de 1859 : https://gallica.bnf.fr/ark:/12148/bpt6k5565015v.pdf

MILLER Alice, *Le Drame de l'enfant doué. À la recherche du vrai soi*, Paris, Presses universitaires de France, 1983

NORWOOD Robin, *Ces femmes qui aiment trop*, Paris, J'ai lu, 2013

À PROPOS DE L'AUTEURE

Physiothérapeute holistique, Susanne Hühn a également une formation de coach de vie. Par ailleurs, elle écrit des livres pratiques consacrés au développement personnel et spirituel. Elle donne en outre des cours de channeling et de méditation à destination des adultes et des enfants. C'est depuis 1986 qu'elle accompagne ses patients sur la voie de leur guérison. Elle a commencé à publier en 1992. Dans un premier temps, elle a produit quelques romans spirituels, puis elle a décidé de transmettre son savoir à travers des ouvrages pratiques mais aussi des CD qu'elle a publiés à ce jour un nombre considérable.
www.susannehuehn.de

ISBN : 978-2-7029-1489-2
Le Courrier du livre, janvier 2019

ISBN : 978-2-7029-1429-8
Le Courrier du livre, novembre 2017

TABLE DES MATIÈRES

Partie 2

pca
cmb
édition pré-presse
livres numériques

44400 Rezé

Imprimé en Espagne

Achevé d'imprimer sur les presses de Espacegrafic
en juillet 2019.